吴晨阳◎著

学霸蛙

初一修炼记

中国青年出版社

初一，是发力中考、

家长们眼中的理想孩子是健康乐观、全面发展、充满自信的孩子，是读万卷书、行万里路的孩子，而不是只会学习的书呆子。所以，学习不是孩子全部的生活。尤其初中阶段，是孩子成长最关键的时期。在当前高考一卷定终身的大环境下，分数虽然不是万能的，但没有分数是万万不能的。万丈高楼平地起，在初一这个新的起点上，家长又该如何应对？

阿基米德说，给我一个支点，我可以撬起整个地球。

家长说，给我一个孩子，我可以创造一个奇迹。

每个孩子都是上天给我们的最好礼物，陪伴着他一起健康快乐地成长，是人生的乐事。

慢慢地陪着孩子一起成长，长大的何止是孩子？学海无涯，家长也要

决胜高考的新起点

和孩子一起好好学习，天天向上。只要耐心修炼，每个家长都能成为平民教育家，培养出优秀的孩子。

孩子上初中了，家长们准备好了吗？面对孩子的飞速成长，用爱心陪伴，和孩子一起成长，是初中生家长送给孩子们最好的礼物。

当初中生的家长很辛苦：既要当好营养配餐师，又要关注孩子的成绩；既要关注孩子的身体成长，又要关注孩子的心理健康；既要了解孩子的功课，又要掌握和老师打交道的秘诀；既要关心柴米油盐、汽油的价格，又要关心国家大事，更要关注教育改革对将来升学的影响……每天忙碌又快乐。

作为一个从教多年，教了无数学生的教师，我经常思考一个问题，在同一个班级里，同样的老师教出的学生，为什么学习水平会有天壤之别？

每次考试批改完学生的试卷后，我都会发现，成绩靠前的都是平时听课认真，跟着老师思路走，学习自觉性也很好的学生。他们在多年的求学生涯中，养成了良好的学习习惯，总结出了高效的学习方法，他们内心有着渴望成功的强大动力，因而学习非常积极主动，效率很高。他们似乎没有花费多少时间，轻易就能取得优异的成绩。

然而也并不是说只要花时间学习了，成绩就能提高。一些在学习上花费大量时间和精力的学生，有些成绩很好，但也有些学习却没有太大的起色。由此可见，学习是有规律的思维活动，与所用的时间不完全成正比。

学习是一个动态的过程，有些学生开始并不出色，但经过一段时间的努力后，最终会羽化成蝶，变成一匹黑马，这样的例子不胜枚举。

那些名列前茅的孩子，除了基础不错以外，有些非常刻苦，态度非常端正，还有一些孩子在学习方法上有过人之处。

教学多年，自以为很懂教育，但当自己的孩子上初中的时候，才发现和孩子一样无所适从。从小学到初中，学习压力突然增大，在孩子面前，有一个很陡峭的坡。这时候，我才发现，别人的孩子容易教，但自己的孩子却教不好，分析别人的孩子容易，但轮到自家孩子还是感到手忙脚乱。

这样的例子不少，我的一些朋友，也是非常优秀的教师，他们学富五车，从事教育多年，可谓桃李满天下，对教育有着很多感悟，谈起工作，谈起学生眉飞色舞，但对自己的孩子却一筹莫展，他们和孩子的关系很对立，自愧孩子的成绩不尽如人意。

经常感慨，搞了那么多年的教育，怎么自己的孩子却没有教好！究其原因，还是方法和观念的问题。

众所周知，孩子们成绩高低差别的分水岭在初中，初一尤其重要，这个阶段对孩子的成长很关键，一定要走好。有好多高中生，由于初中基础没打好，高中懂事后明白学习的重要性，真想学习了，却有力不从心之感。因此，一定要打好初中的基础，方能在今后的求学之路上越走越顺畅。

此外，初一也是人生中最为关键的一段时间。这个阶段的孩子，除了学习之外，在成长中也会遇到很多问题。这个阶段也是家长能对孩子施加较大影响的最后时机了。

如果家长能在小学阶段帮助孩子打好基础，初中的教育会省心许多。如果家长对孩子小学阶段的教育存在一些不足之处，但能在初中阶段及时发现，及时纠正，及时弥补，孩子依旧会顺利成长。而一旦错过初中的最后时机，到了高中恐怕就很难纠正了。

家长要知道，对初中的孩子，如果再用小学那样的办法去管制，势必会引起孩子的反抗，他们会逐渐远离你，逃避你，最终把你关在他内心世界的大门外，使你成为最熟悉的陌生人。这样，家长就失去了对孩子的影响力。

所以，初中生的父母必须面对孩子正在长大的事实，做个合格的父母，和孩子一起成长，不仅是做孩子的父母，还要做孩子的好朋友。家长应该站在孩子的角度上思考问题，弄清他在想什么，做什么，在孩子最困难的时候，需要哪些帮助。在孩子面临新挑战的时候，家长要和他们一起面对，按照孩子成长的需要为他当好向导。此时最好的办法就是走进孩子的内心世界，怀着一颗童心，做孩子最好的朋友，赏识孩子，和孩子一起成长！在对孩子进行教育的同时，会渐渐明白，很多时候孩子也是我们的老师。

很多家长看到孩子的成绩不好就会大动肝火，其实，孩子的成绩和家长的教育理念密切相关，孩子成绩的好坏，家长负有一半的责任。在孩子的成长中，我发现在对孩子的教育上存在很多问题，没有跟上初中学习的节奏，也没有掌握初中学习的正确方法，还是生搬硬套小学的那一套办法，最终影响了进步。

亡羊补牢，为时不晚，好在我及时发现问题。为了找到合适的方法，我阅读了大量关于教育的书，留意优秀家长的教育心得，找出教育的经验，厘清思路，因材施教，和孩子一起分析学习中面临的问题，找出薄弱之处，及时纠正，设法弥补。我发现只要用心，每个家长都能总结出一套适合孩子学习的最佳路径。在这条路上，孩子不仅不累，还能取得好成绩。

是的，每个家长都会拿到这把打开孩子心灵、促使孩子飞速进步的金钥匙。那就是陪着孩子成长，陪伴着孩子学习，唤醒孩子心中沉睡的内力！

父母需要做的，就是点燃孩子的火花，激发孩子的热情和上进心，让孩子朝着目标一直走下去，成长为优秀的自己。即使经过努力，孩子的成绩达不到预想的高度，我们也应该为孩子成长为一个健康快乐、充满自信的人而欣慰。

目 录

NO.1 开学前夜，风雨欲来

王晓妍对孩子即将到来的初中生活，心里七上八下的，有种莫名的恐慌，很不踏实。仿佛等着孩子的不是什么新学校，而是充满泥泞和荆棘的沼泽泥潭，或者说是虎穴龙潭。

开学了，李兴宇很早就来到新的学校，他想着早些去占个离讲台、离老师近的好座位，这样听课的效果会好些。听课效果好，成绩自然会好。

小学的时候，每次去辅导班上课，他都抢最靠前的座位，现在走进初中的大门，他下定决心好好学习，专心听讲，更要坐在教室的最前面。

李兴宇怀着忐忑不安的心情，走进新教室。太好了！教室里人不多，只有稀稀拉拉的几个人。

李兴宇激动地发现，离黑板近的座位还空着几个，便三步并作两步走，赶紧把书包放到课桌上坐下，心里长舒一口气。

突然，他的头上响起了炸雷一般的声音。

"这是我的位置，你走开。"还没等他坐稳，旁边一个五大三粗的男孩子恶狠狠地敲着桌子吼道。

"什么你的位置，我明明看见这里没有人。"

"那是刚才，现在没看见我来了吗？赶紧让开。"

"凭什么要让给你？"

"因为我是学霸，这就是理由。"

"你是学霸，我还是学霸呢。"能考进这里的孩子，哪个不是人尖？谁又服谁？

这竟然也是给他让座的理由？哪有这么不讲理的人？李兴宇气得直拍桌子。

"你也是学霸？歇歇吧，赶紧走开。"旁边的男孩子不屑一顾，一阵冷笑。

"就不走，你能把我怎么样？"李兴宇倔强地坐着。

"啰唆什么，一边待着去。"那个男孩子说完便使劲把李兴宇推到一边。

"你……"冷不丁被人一推，李兴宇往后退了几步，直接摔倒在地上。

还没等李兴宇从地上爬起来，那个五大三粗的男孩子从桌子上拎起他的书包，砸到他的头上，然后悠闲自得地坐下了。

李兴宇憋了一口恶气，想发作，但看看对方人高马大的样子，根本不是对手，只能把一肚子的气咽下去。

他很委屈，想哭，但看看四周陌生的同学，不好意思开口。

李兴宇看着站在讲台上的老师，希望老师能走过来为他做主。

老师分明看见了眼前的一切，但却熟视无睹地装作路人，冷漠地一言不发。

李兴宇无可奈何，满心屈辱地走到了别的座位。这个座位虽然不靠前，但也在中间位置，勉勉强强也算不错。

"这是我的位置。"没想到，一个个头矮小的男孩子，一个箭步蹿上来，紧接着把书包放到桌子上。然后，坐到那里就不动了，只见他警惕地看着李兴宇，就像看着敌人，生怕对方卷土重来，把自己得来不易的疆土抢走。

李兴宇无可奈何地看着他，已经无心再战，只想着赶紧找个什么位置坐下，但连这个小小的要求都满足不了。

不知道什么时候，教室里已经坐满了人，没有一个空位子了。

他只好走到最后一排，无奈地站着，不知道该怎么办。

他环顾四周，发现所有的人都无视他的存在，对他非常冷漠。

此时，李兴宇就像掉进了冰窟窿里，浑身上下冰凉。他的心也结出块块坚冰，犹如生活在冰冷的南极。新同学怎么个个都不讲理？难道就要在这样阴冷的环境里待三年？难道这就是期盼已久的初中生活？

想到这里，李兴宇再也忍不住了，放声大哭起来。

"不哭，不哭，咱不哭。"一阵温柔的声音响起。

奇怪，这又是谁？

李兴宇腾地从床上坐起来，茫然四顾，原来做了一场梦。他看看表，现在是晚上六点，原来刚才满腹心事躺在床上睡着了。

"你怎么了？"王晓妍着急地看着李兴宇，听见李兴宇的哭声，她很焦急。

"没什么。"李兴宇偷偷地擦掉眼角的泪，不愿多说话，坐在床上发呆。

屋里的气氛凝固了，空气里弥漫着山雨欲来的压抑。

过了一会儿，王晓妍问道："明天就要去新学校报道了，你是不是很激动？"王晓妍边说边帮孩子收拾书包。她把白天刚从文具店买来的签字笔和笔记本装在孩子的书包里。每次开学，王晓妍都会买一批新文具，好似一种仪式，意味着新的开始。

"哎，又开学了，暑假真的过完了？我记得在小学的时候，不是每年的9月1号开学吗？怎么现在才8月20号，就要报道去？"李兴宇唉声叹气，脸上没有一丝开心的表情。

"开学多好。"王晓妍言不由衷地劝道，她也知道这句话有多苍白。

这个在全国范围内，所有上学孩子的家里都要上演的开学大片，也在家里上演了。孩子马上就要去陌生的新学校报道，那是一个全新的环境，王晓妍不知道会有什么样的生活等着孩子。

"别逗了，开学有什么好？你就会哄孩子，没人信你的话。"李兴宇直撇嘴。

说句实话，王晓妍也不信自己的话。作为老师，她也不想开学，暑假多么自由啊，可以按照个人的想法干一些喜欢的事，开学后，一切都将是另外一幅景象。

开学后，她的周围可以说是危机四伏，工作面临诸多挑战：放假前就有小道消息说，学院的主任要调走了，系里一把手的宝座马上要空出来。王晓妍和院里另外一个副主任张兴华都在惦记主任的宝座。下一步马上要评职称了，正高职称就一个名额，但有三个人虎视眈眈地盯着这个职称。

现在假期马上就要过完了，她要做个真的勇士去面直职场上最残酷的现实了。

俗话说，饭要一口一口地吃，仗要一场一场地打。攘外必先安内，王晓妍想着把孩子的事先安置妥当了，再去应对单位那些焦头烂额的事。人到中年，家庭、单位双肩挑，国事家事，千斤的大事，都得扛起来。

王晓妍看得出来，孩子很焦虑。

其实，焦虑的何止是孩子？家长又何尝不焦虑！

王晓妍对孩子即将到来的初中生活，心里七上八下的，有种莫名的恐慌，很不踏实。仿佛等着孩子的不是什么新学校，而是充满泥泞和荆棘的沼泽泥潭，或者说是虎穴龙潭。

她心里非常不踏实，心像灌了铅，压得她很难受。

还有，孩子的新学校离家很远，每天光花在上学、放学路上的时间就接近两个小时。为了给孩子一个好的学习环境，她想着在学校附近租个学区房，但由于下手太晚，一直都没有找到合适的房子，这成了王晓妍的一块心病。

但在孩子面前，她尽量做出很淡定的样子，想说点什么以缓解家里的紧张气氛。家长是孩子的后盾，现在最重要的事情是缓解孩子的焦虑，疏导孩子的紧张心情，绝对不能再火上浇油了。

"多好的事啊，经过这么长时间的努力，终于进入了梦寐以求的学校，那里的学习气氛很浓，怎么能不高兴？你不知道，多少孩子都羡慕你！"

"我也不知道为什么，总想着还是小学同学好，我们都在一起六年了。"李兴宇一脸心事。

"你原来学校的同学也有不少考进这个学校的。"

"谁知道我们在不在一个班？"

"很有可能会在一个班的。"

"万一不在一个班怎么办？"李兴宇想起刚才那个可怕的梦，眉头紧皱，有一句话他没好意思说出来，"有人欺负我没有人帮忙，老师也不管怎么办？"

"没关系，和新同学相处时间长了就熟悉了，你刚上小学的时候不也是谁也不认识吗？"

"可是，可是我不知道到了初中后都该学什么，据说要考八门课！你知道，我们在小学只考三门课，那就是说有五门课我们都没有学过，也不知道怎么学，万一到时候，我考不好，别人都看不起我怎么办？"李兴宇的问题像泡泡一样，越冒越多。

是啊，这该怎么办？王晓妍也发愁，但为了安慰孩子，她嘴上却说"没关系"。

"怎么没有关系，你知道都是哪些课吗？"

"这个？"王晓妍使劲咽了一口吐沫，她还真不太清楚都有哪些课，于是，掰着手指头算着："语文，数学，英语，还有地理、生物什么的吧？"

"天啊，这么多，难不难？现在我什么都不知道，老师会不会笑话我？"

"难者不会，会者不难，想当年，妈妈初中的时候是全校第一。"

"真的，假的？你不是又在吹牛皮吧？"李兴宇半信半疑，他不像小时候那样，家长说什么就信什么了，作为一个准中学生，他已经学会了质疑。

"告诉你，火车不是推的，泰山不是垒的，我从来都不吹牛，怎么样，想当年，我厉害吧？"王晓妍底气明显不足。

"好吧，好吧，反正我又不能到你当年的学校调查去，你说什么就是什么吧。"李兴宇的眉头解开了，情绪明显好转。

王晓妍的兴致也高起来，虽然她有些口干舌燥，但能缓解孩子的焦虑情绪，值！

她突然想起一个孩子感兴趣的话题，赶紧说："对了，你还记得哈利·波特的表哥上初中那段故事吧？"

哈利·波特的表哥马上要去上初中了，他得意扬扬地穿着新学校的校服，在屋里走来走去。

表哥的爸爸妈妈看得兴奋无比，连连大喊："儿子长大了，儿子长大了。"说着说着眼泪就哗哗地掉下来了，这幕滑稽的场景害得哈利·波特躲在一边，如果不是他使劲咬住手指，强忍住笑，肯定会笑到浑身抽搐，在地上打滚。

"哈哈。"李兴宇想起那个滑稽的片段，果然开心得眉飞色舞起来，"等我穿上中学的校服，你会不会也做出这么搞笑的事？"

"怎么会？我肯定不会干出这样低智商而又搞笑的事。"

看见李兴宇笑起来，王晓妍也高兴了，气氛顿时轻松起来。

"昨天晚上，和几个小学同学在班级群里聊天，大家都在讲鬼故事。"李兴宇从床上爬起来，跑到桌子前，拿起一块巧克力津津有味地吃起来。

"什么鬼故事？"

"开学呗，开学就是世界上最恐怖的鬼故事嘛！转眼就要开学了，时间过得飞快，真不知道老天赐给我一个什么样的同位。我们的开学愿望是：学校塌了，老师疯了，作业不做了。"

"太狠了吧？不想上学，还要学校塌了，真是满脑子的胡思乱想，开学有什么大不了的！真正的学生要敢于面对开学这件事。"

"不想面对，傻瓜才去面对。我就想，要是我能接到这样的通知该多好：学校在另一地点重建，大家被迫延迟开学。经校委会研究决定，学校放假一年。"李兴宇心情不错，又开始剥第二块巧克力金色的包装了。

"美得你，天上是不会掉这样的馅饼的。"王晓妍说着笑起来。李兴宇也笑了。

"徐阳说了，他正在研究化学，要发明一种怪味油漆，刷到学校的墙上，这样为了不让学生们受到污染，校长就被迫延迟开学了。"

"啊，他竟然想出这样的主意，不怕被校长听见写检查？"

"只要不开学，写份检查怕什么？"

"看来开学不是好事，折磨孩子，也折磨家长。"王晓妍想着要把开学给孩子造成的冲击降到最低。

"要是有时光机器该多好，我真想回到刚放假那段时间。"

"等着你长大发明一台吧。"

"为了不开学，我也不想长大，再说我长大了你不就老了吗？我不想让你变老。"李兴宇说。

"原来不想开学是为了叫我永远年轻！"

"当然。"

随便说着，家里的气氛渐渐活跃起来，母子俩仿佛忘记了开学这个即将到来的魔鬼。

突然，王晓妍的手机急促地响起来，她赶紧拿起手机，"哪位？"

"你好，请问是李兴宇的妈妈吗？我是孩子的班主任汤老师。"

"啊，汤老师，您好！对，我是李兴宇的妈妈。"

"什么？"李兴宇手中那块已经剥开皮的巧克力掉到了地上，他的眼睛瞪得很大，嘴张得差不多可以塞进一个鸡蛋，他竖起耳朵，惊恐地看着王晓妍手中的手机，仿佛她拿了一颗随时就要爆炸的重磅炸弹。

李兴宇发现，原来开学这个魔鬼并没有走远，它虎视眈眈地躲在家里的某个角落，只要时机适宜，就会随时蹦出来吓人。

"你好，我打电话是为了通知你，孩子明天早上八点准时到校报道，后天我们就要军训了。我们要根据军训的表现给孩子量化成绩，所以，军训对每个孩子都非常重要，如果没有特殊情况，孩子们都要参加。请问孩子最近的身体状况如何？"

"孩子的身体很好，完全可以适应军训的生活。"王晓妍骨子里对军训很恐慌，她怎么舍得让孩子跑到荒郊野岭待上一个星期，但一听到军训的成绩还要量化记入成绩，赶紧表明态度。

"好的，我知道了，那就为孩子准备军训的行李吧。"

"谢谢汤老师，请问还有什么需要交代的？"王晓妍想着赶紧和孩子的新班主任套近乎，但遗憾的是，平时伶牙俐齿的她，今天突然之间大脑短路，她不知道该说什么话，可以迅速拉近与汤老师之间的距离，以便使汤老师重视孩子，今后对孩子多关照一些。

"对了，顺便问一下，孩子有什么特长没有？在小学阶段担任过什么班委之类的职务吗？"

"有的，有的，孩子的兴趣爱好极为广泛，小学的时候，担任过班干部，他具有这方面的才能，希望汤老师在这方面多给孩子一些机会。"在王晓妍的眼里，李兴宇是无所不能的超级孩子，她希望孩子在班里得到老师足够的重视，并且被委以重任，在新班级有个良好的开始。

"好的，您放心，我会考虑的。现在我还要通知其他家长，再见。"

"再见，汤老师。"王晓妍感觉有很多话还没有说完，听见对方说再见，只好把电话挂断。

"你说什么，你说什么？"李兴宇跺着脚，恶狠狠地喊起来。

"我，没有说什么……"看见李兴宇情绪突然激动起来，王晓妍感到非常心虚。

"你，还没有说什么？你说请老师安排我做班委，还对老师说我当过班委。我哪里当过，你就会吹牛不纳税，我再也不相信你的话了，你就会吹牛。"说这话的时候，李兴宇带着哭腔。

"你怎么没有当过？"看见孩子这副模样，王晓妍心里像灌了铅，她使劲转转眼睛，支吾一会儿，说道："你不是当过课代表吗？"

"课代表怎么就是班委了？"李兴宇一副鄙视的表情。

"课代表就是班委。"王晓妍就像抓住了救命稻草，赶紧说道。

"不是班委，根本就不是班委。"

"啊，难道课代表不是班委？"王晓妍赶紧给自己找台阶下。

"你别装蒜了，本来什么事都没有，你偏偏给我没事找事，我不想干的事，你偏叫我干，你什么意思？你到底什么意思？有你这样的家长吗？"说完，李兴宇大哭起来。

王晓妍手足无措地站在一旁，她不知道为什么突然之间孩子变成了这样。

"我不是为了你好吗？"

"为了我好？你知道我想什么吗？最讨厌你这样了，总是替别人自作主张拿主意，我的事，你凭什么管，用得着你管吗？"

"你这孩子怎么说话，还有没有良心？我不管你，你早就睡大街了。"王晓妍的声音也高了八度。

"没理了吧，除了会说这句话，你还能说什么？"李兴宇一边说，眼泪一边哗哗地流。

"真受不了你，怎么这种性格？"王晓妍的声音又高几度。

"我也受不了你。"李兴宇气愤地瞪着王晓妍。

"又怎么了？"李兴宇的爸爸李一帆从书房走出来，"刚才你们说话我都听见了，妈妈是为你好，到了新的学校，如果有锻炼的机会，为什么要放弃。"

"什么为我好，到了新学校，我只想好好读书就行了，什么班干部之类的，都是我没能力、没兴趣干的，你们凭什么给我没事找事？"

"什么？你这么没出息？想当年，我们都是拼命抢着干，想干还竞争不上。哪像你？你怎么这个样子？还像男孩子吗？"

"我怎么就不像男孩子？"

"男孩子就要活得顶天立地，敢于承担，老师有什么事，都应该抢着干，老师每次提问，都要抢着去回答，那样老师才会重视你，高看你一眼。可你却像个胆小鬼，不愿意表现自己，叫我怎么能看得起你？"李一帆指着李兴宇严厉地说。

"用不着你看得起。"

"我真是恨铁不成钢！"

"我宁愿做铁，也不愿意做你眼中的钢，我就是我。"

"你这个孩子怎么这样跟家长说话，我说一句，你怎么有三句话等着？"

"我愿意，我愿意。"李兴宇大吼一声，二话不说，走进自己的房间，砰地关上门，不再出来。

王晓妍和李一帆面面相觑，两个人愣了半天，不知道该怎么办。哎，青春期的孩子，就是这样莫名其妙，不可理喻。

"新环境，孩子心里不踏实，也属正常现象，你干吗说这么重的话？"王晓妍很不满。

"什么？还说不得了，男孩子哪有这么娇气？都是你把孩子惯坏了。"

"根本就是两码事，孩子开学焦虑也属正常现象，你不懂教育，就不要乱给孩子扣帽子。"

"好像你懂教育，你看你把孩子惯成什么样了？知道玉不琢不成器吧，改天我得好好收拾他一下。"

"这是最失败的教育，根本不了解青春期的孩子。"王晓妍说。

"事实证明，不了解孩子的是你，要是你真了解，孩子怎么这么不争气？"李一帆说。

"行，算你了解孩子，了解青春期。"王晓妍说。

"才知道！"李一帆满脸不屑。

"遇见解决不了的问题，就用粗暴的办法教训，这是最失败的教育。"王晓妍抓起一顶大帽子扣过去。

"我看你貌似什么都知道，但只会嘴上谈兵，遇到事就完蛋，犯了那么多错误，还不肯承认。"李一帆很不服气。

"好好好，你整天不管孩子，反倒啥错都没有，现在我才发现，真是干活越多，犯错越多，以后你管孩子吧。"说完，不管李一帆在大厅里发愣，王晓妍一扭头回到卧室，坐到床上，想起了心事。

经历过小升初的洗礼，又经过等待录取的煎熬，最终接到了心仪学校的录取通知书，她和孩子一路风雨坎坷地走过来，虽然过程很曲折，但结局也算是天遂人愿。李兴宇的小学生活划上了一个完美的句号，但王晓妍的心里却一直没有踏实过。

现在终于开学了，她看见孩子这样，更不放心了。孩子从小的性格就很内向，上小学的时候，由于工作变动，孩子转了一次学，在陌生的环境中，本来性格就内向的孩子，变得更加沉默寡言。在班里，他没有一个朋友，成天离群独处，害得王晓妍以为他得了自闭症。这种情况持续了很久，直到孩子熟悉了新环境，找到了朋友，性格才开朗起来。

现在又到了新的环境，又要面对新同学，他能适应吗？孩子太内向，在班里，他会不会被别的孩子欺负？不知道孩子的新老师会是什么样的，要是遇上太严的老师，和班主任处不好关系，孩子会不会成为班主任老师发火的替罪羊？像儿子这种弱势的孩子，到了新的环境，会遇到什么样的问题？

想到这里，王晓妍浑身直冒冷汗，她走到餐桌前，拿起杯子，大口喝水。喝完水，躺到床上，她又拿起电话，寻找联系人，想和谁聊聊，缓解一下内心的焦虑，因为叫她担心的事还不止这一件。

孩子的成绩是她心中的大事，初中的课程和小学的完全不一样，功课的门数增加了，难度加大，有很多是孩子从来没有接触过的功课，不知道他能否适应初中紧张的学习生活。在一群牛蛙中，成绩会不会被比下去？

要是成绩被比下去了，孩子的信心会不会受到打击，丧失学习的兴趣？

在牛蛙成群的新学校，孩子之间的竞争极为激烈。据说在全校的排名中，半分之差就是几十名，那是什么概念？那意味着，孩子只要稍微有点粗心，有点小失误，或者是错了一道题，排名立刻就会一落千丈。孩子平时非常粗心，很多会做的题他也能写错，不会的自然也得不到分，每次卷子得分都不算高。

王晓妍找到孙珊妈妈的电话，想打过去，但转念一想，这么晚了，会不会打搅人家休息？于是，又放下电话。

在孩子开学前的这个晚上，王晓妍很茫然，她翻来覆去地睡不着觉，大脑在飞快地运转着，里面就像装有几十台蜂箱，嗡嗡作响，她失眠了。

王晓妍从床上又爬起来，在屋里转了一圈，想干点什么，却不知道该做什么。她又坐在床上，接着站起来，打开电脑想备课，精力却怎么也集中不起来。

于是，她拿起杯子，倒了一杯水，喝完发现更渴了，接着又喝了一大杯，喝完后，坐在电脑旁边，还是静不下心来备课。

她感到自己的紧张程度已经到了极点，干脆还是找个什么人聊聊天吧，也好缓解一下内心的焦虑。于是，王晓妍拿起电话给孙珊妈妈打过去。她没想到，此时孙珊家里也是战火纷飞。

学霸牛蛙 修炼攻略

经历了小升初后，孩子们又站到了一个新的起点上。这个起点比小学更关键，因为关乎未来的高考。进入初一，一切都面临着新的洗牌。新生如何适应初一的新生活，顺利实现从小学到中学的过渡？

这个阶段，焦虑的并不只是孩子，很多家长甚至比孩子更焦虑。因此，家长关键是要调整好心态，帮助孩子消除紧张和焦虑，以便和孩子能够适应初一的新生活，顺利实现从小学到中学的过渡。

NO.2 假期，补课还是旅游？

"哪有心情跑那么远的地方？只是在近郊转悠了几天。哎，孩子进了好学校，竞争太激烈，不抓紧时间充电，到时候落在别人后面，可不是闹着玩的。"

"凭什么我要剪发？我就是不想剪，好不容易留长了，剪掉再也留不长了。"孙珊一边捂住散乱的头发，一边跺着脚大哭起来。

"凭什么你不剪头发？这是学校的规定，国有国法，校有校规，你不剪头发，就等于违纪。"孙珊妈妈针锋相对。

"你骗人，老师根本没有说过，就是你说的，整天嫌我不剪头发，耽误学习，我留个头发招谁惹谁了？你凭什么和我的头发过不去？"孙珊愤怒地吼叫。

"奇怪啊，当初你报这个学校的时候，就知道要剪头，怎么到现在你又反悔了？"

"现在还没有开学，干吗剪头发？我只相信老师亲口说出来的话。"

"你留着辫子上学，老师肯定会叫你回家重新剪头，到时候还要写检查，丢人的是你。"

"我愿意丢人，你管不着。"

"你……"孙珊妈妈被堵得张口结舌。

正在这个时候，孙珊妈妈的手机响起来了："你好，是李兴宇的妈妈？哎，你们家牛蛙多好啊，考进了咱们全市最好的中学，真叫人羡慕。"孙珊妈妈说。

"你家孩子也很不错，一中的升学率是有名的高，进了一中，就等于进了保险箱，前途无量。"王晓妍说。

"哎，就是奔着这个前途去的。不过，一中的管理太严格了，要求孩子剪头。这不，她拼命地护住头发，大哭大闹，好像剪头发就要了她的命似的，真受不了。"孙珊妈妈说。

"都一样，我们家这个也开始护住头上那两根毛毛，生怕我给他剪了。"王晓妍说。

"太岁头上动土还真动不得了，这叫什么事儿！"孙珊妈妈余怒未消。

"你们家里是女孩子，不能着急，你想好给孩子剪什么发型了吗？"王晓妍问。

"这个还没有想过，我倒是看见街上有穿她们学校校服的孩子，剪着蘑菇头，确实不太好看，像被狗啃的一样，典型一个乡下妹子，要多土气有多土气。现在我都不敢跟她提剪头的事了，为了这事，在家里一哭二闹三上吊的，真受不了她。你们学校多好，不要求女孩子剪头，还不用住校，你可以天天见到孩子了。"孙珊妈妈说。

"天天见到这个小祖宗，天天战斗，给他做饭洗衣服，当老妈子，还不如把他送到学校里耳根子清净，话说你闺女要去学校，你心疼不？到时候，会偷偷抹眼泪的。"王晓妍说。

"这个？哼，谁哭啊，我还巴不得把这个小祖宗请走，一个暑假在家里整天气我，要是她去住校了，我高兴还来不及呢。"孙珊妈妈嘴很硬。

"你就吹吧，到时候送孩子住校了，你的嘴就老实了。"王晓妍调侃道。

俗话说，说者无意听者有心，王晓妍这句话正好戳在了孙珊妈妈的泪点上。她突然想起，马上就要把从小没有离开过家的孩子送到陌生的学校去住校了，两周才能回家一次，心里一阵酸楚，眼泪不争气地流了出来。

自小孩子就没离开过家，现在叫她一个人独自面对陌生的环境，生活上的一切琐事都得自己料理，得遭多少罪啊！当初自己怎么会做这样的选择？干吗把这么小的孩子送走？

为什么要这样，为什么要这样？孙珊妈妈的心里越想越难过，她强忍住没哭出声来，赶紧说道，"抱歉，有个电话，待会再联系啊。"没有等对方道别，就扣上了电话，此时她再也控制不住情绪，流着泪疾步走进洗手间，关上门，泪水已经哗哗地流到脸上。她赶紧打开水龙头洗洗脸，平复一下情绪。

坚强，坚强，不能哭，不能哭，孩子还没住校就开始哭，等孩子真的去住校了，想孩子哭的日子还多哪。虽然这样想着，泪水却流得更多了。

孙珊妈妈这才发现，原来住校生的家长不好当啊，人家都以为是孩子小离不开家长，可谁又知道，其实家长更离不开孩子，家长对孩子的依恋之情，谁又能知道？

"你不是刚剪完头吗？怎么又来了？"美发师见怪不怪地看着孙珊母女俩走进来。美发师是一个很喜欢打扮的中年妇女，脸上画着淡妆，说话不紧不慢。

"老师说不合格，还要重新剪，必须剪很短，要不过眉不遮耳的短发才可以。"孙珊说。

"早就说叫你剪短点，你不听，现在又来返工。"孙珊妈妈抱怨道。

"不就是剪两次吗？有什么大不了的，班里几十个女生，很多都重新剪头，听说有个班的学生被老师叫回家剪了三次，才允许上课，我已经够好的了。"孙珊很不服气。

"什么，你够好的？"孙珊妈妈不愿意了。

眼看母女俩又要干架，美发师赶紧和稀泥，"重新剪头不算什么，最近两天很多学生都重新剪过头，有个最夸张的来了三次。"

"今天你这里的人这么多，我孩子什么时候能剪上？"孙珊妈妈问。

"得等等，你看在座的大部分都是学生。"美发师说。

"好吧。"孙珊妈说。"真巧，李兴宇也来了，你们学校也要剪发？"

"这不，明天就要军训了，老师要求男孩子都要理成小平头。"王晓妍说。

"看来大部分学校都和孩子的头发过不去，进入初中的第一件事就是从'头'开始。"孙珊妈妈笑着说。

"谁说不是？真巧，你们都来了？"王鹏妈妈领着王鹏也走进来。"一中这是怎么回事？看来非得叫孩子理个和尚头才行，我这也是二进宫了，小兔崽子就会给我惹事儿。"

看见王鹏无可奈何地走进来，李兴宇得意地说："据说你们学校属于监狱化管理，过的是地狱般的生活。"

"谁说不是，家里真是把我往火坑里推，本来我的成绩差了两分，可以进直升的十一中，那也是不错的学校，升学率很高的。但他们偏偏托人找关系送礼，给我花了几万，把我送进监狱了。校门一入深似海啊！开始我还以为可以蒙混过关，随便剪个头就行。况且，老班还是我妈以前的邻居，没准会给我网开一面。现在才发现，原来不是那么回事，魔鬼老班修炼成了火眼金睛，稍微超过一毫米，她一眼就能看出来。哎，可怜我们班，不管男生，还是女生，几乎是全军覆没，无一幸免都被她撵到了理发店。"王鹏一见同学们就大倒苦水。

"哎，悲剧，真是悲剧啊！"李兴宇叹气。

"我的头发还算好的，那些长头发的同学当场就被老班押送到了学校的理发店。据说学校理发师的速度超级快，下手狠，手下出来的都是一个发型，剪完后脖子里还会掉下各种头发渣，难受一天。最可气的是，为了这个狗啃一般的和尚头，还要自掏腰包交上 10 元钱，严重怀疑学校理发的师傅是老班的亲戚。"王鹏说。

"有这种可能。"孙珊点点头，"我们班的情况大体也是这样，都走的是一个风格。"

"所以，我劝你也老实点，直接把头发理短一些，否则你们学校的老班也饶不了你。"王鹏推心置腹地对李兴宇说。

"我们貌似没有这么严，不过，为了不被老班折磨，我还是先理个平头吧。"李兴宇无可奈何地摸摸脑袋上的头发，剪发如割肉，他有些心疼。他猜测，父母肯定想着请理发师剪得短点，最好剪成秃子，到时候头发长得慢，他们也多省点钱。

"假期里你们都去哪儿旅游了？"李兴宇问。

"游什么游啊，在辅导班过了一个暑假，老妈说我的成绩不好，是花钱进的，在班里的成绩肯定不占优势，就把我撵到辅导班了。奥数，英语，语文轮翻大轰炸。哪有什么暑假！我猜你们也好不了吧？"王鹏说。

"上辅导班怎么就不好了？谁没有去过！"孙珊不屑一顾。

"怎么没有？徐阳就没有去过，他天生数学好。"王鹏说。

"你胡说，从一年级开始，他爸爸就带着他去上奥数辅导班，坐在教室里和他一起听课。"孙珊很不满。

"你怎么知道的？"王鹏很好奇。

"这点智商，难怪考不上好学校，还得叫家里白花几万元。"李兴宇在王鹏面前，突然变得非常自信起来，凭本事考上好学校的学生，自然比拿钱上的学生在心理上高个档次。

"什么意思？"王鹏不高兴了。

"白痴都知道，肯定她也上了，没准还是一个奥数辅导班的。"李兴宇撇撇嘴。

"真的？"王鹏不相信地看着孙珊，结果她点点头。李兴宇得意地看看王鹏。

"好吧，好吧，算你狠。"王鹏很无奈，没有办法，怪自己运气不好，少考了两分，害得家里多掏几万元。在这些凭本事考上好学校的同学面前，他这个花钱进去的学生，在心理上感觉不太好。

"我这次主要是运气不好，考试的时候，太紧张，所以没有发挥出正常的水平。"说完这句话，王鹏感觉底气不足，便顿了顿，咬着牙说，"哼，不能白白叫家里花那么多钱，到时候我一定要发奋，全校第一就是我了。"

"吹牛不纳税。"孙珊冷冷地哼了一声，"有我在，有你的事？"

"到时候用成绩说话，对不对？"王鹏说。

几个孩子说得正带劲，那边家长也聊得热火朝天。

"你们假期都到哪里旅游去了？"王晓妍问。

"没时间。"孙珊妈妈叹了一口气，"考上一中了，我心里反倒更加不踏实了，想想面对的都是牛蛙，竞争该有多激烈啊！所以也没有心情去玩。人家不都说嘛，良好的开端是成功的一半，谁跑赢了初一，谁就跑赢了中考。真担心孩子不适应初一的学习落在后面，干脆哪儿也没有去，就在辅导班泡了一个假期。"

"啊，你们在辅导班泡了一个假期？"王晓妍很吃惊，"人们都说读万卷书，行万里路，假期应该领着孩子四处走走。"

"唉，都是应试教育惹的祸，不这样不行，现在的家长们都领着孩子抢跑，咱们也不能落后吧。记得你们几个假期里喊着要报团带孩子去大草原，这是已经回来了？"孙珊妈妈问道。

王鹏妈妈一脸无奈，头摇得像拨浪鼓一样。

"哪有心情跑那么远的地方？只是在近郊转悠了几天。唉，孩子进了好学校，竞争太激烈，不抓紧时间充电，到时候落在别人后面，可不是闹着玩的，一想起孩子被牛蛙压得抬不起头来，心里就七上八下的。都说笨鸟先飞，我们入学成绩不理想，孩子的信心已经被打击得很厉害了，再不努力，就太危险了。给孩子花费重金，并不是叫他给牛蛙们垫底的，不惜一切代价也要跑赢初一。"王鹏妈妈说。

"看来我们都把钱扔到辅导班了，本来说好的，小升初后不再给辅导班送钱了，结果又傻乎乎地交钱去了。"孙珊妈妈说，"辅导班之所以给我们吐点骨头，为的就是要我们继续报班，为了将来更多地挣我们的钱。我想着要是报了辅导班，孩子的成绩能提高，他们想挣钱尽管去挣吧，但不知道效果如何。"

"唉，学习如逆水行舟，不进则退。大家都在学，咱也得跟上时代的潮流，我跟孩子说了，这次考试失利，不是咱们不行，而是敌人太强大了。"王鹏妈妈说。

"是啊，周围的大环境如此，我们也不能独善其身，只能紧跟潮流，才不会被周围的牛蛙们甩得太远，所以，利用暑假的时间督促孩子充电，把初一的基础打好，才能给孩子更多自信。"孙珊妈妈说。

"孩子们还没开学，我就已经感到是硝烟四起，到处都是火药味了，搞得我浑身上下好有压力。都以为孩子进了好学校，就等于进了保险箱，心里应该也踏实，谁知道竟是外表光鲜，内心焦虑。"

"昨天晚上，孩子睡着睡着觉，哭醒了。"王鹏妈妈唉声叹气地说，"叫人心里真难受。"

"是啊，我孩子昨天也没怎么吃饭，情绪低落，还发脾气，明显的焦虑。"

听了两个家长的谈话后，王晓妍更加焦虑了，别人家的孩子都已经抢跑了，自己家孩子只上了很短时间的辅导班，明显不占优势。唉，初中的学习生活还没有开始，就已经落了一大截，真是失策啊！王晓妍想到这里，心里不免有些懊恼。

"也不知道迎接孩子们的是什么？家长该怎么办？要知道再用对付小学生的那一套去对付初中的孩子，肯定行不通。"王鹏妈妈说。

"是啊，看来咱们家长得多学习如何缓解孩子们的压力，帮助他们尽快适应全新的学习生活，变成真正的中学生。"王晓妍说。

"对，我也这么想，咱们家长在孩子面前不能表现出焦虑来，要是把焦虑的情绪传给孩子，不但不能帮他们克服困难，还会火上浇油。"孙珊妈妈说。

"想不焦虑都难，道理我全知道，但到了晚上就睡不着觉，总是胡思乱想，还经常做梦。"王鹏妈妈说。

"我也是，最近几个晚上总是睡不着，每次做梦都是孩子在学校里吃不饱饭，睡不好觉，要不就是和同学闹矛盾，被别人欺负，搞得我都神经衰弱了，你说养个孩子怎么就这么揪心？"孙珊妈妈说。

"淡定，淡定，家长是孩子的指挥官，咱可不能乱了阵脚，下一步还要引导孩子如何面对更多的困难。"王晓妍说。

"你说的也是。对了，我突然想起一件事，得给孩子赶紧配眼镜去，我发现孩子的视力急速下降，看东西都眯缝着眼，真担心到时候他看不清黑板，耽误学习。"王鹏妈妈说。

"你先去吧，我暂时还不打算给孩子配眼镜，万一她是假性近视呢？说不定还能矫正好。"孙珊妈妈说，"孩子最漂亮的就是眼睛了，要是戴上个眼镜，不就把她的美给遮住了？所以，我想着去给她到医院彻底检查一下再说，孩子这么小就戴眼镜，我真不甘心。"

"那是，眼睛是心灵的窗户，千万不要装上玻璃，不过我们不装上这块玻璃，就会影响到孩子听课，影响成绩。不多说了，我得赶紧给孩子配眼镜去，这可是当前的第一要务。"王鹏妈妈说。

"剪发，军训，配眼镜，初一学生开学三部曲。"王晓妍很无奈。

学霸牛蛙
修炼攻略

在初中阶段，有条件的家长带着孩子去旅游，见识名山大川，体味不同的风土人情，对增长孩子的见识，开阔眼界有很多帮助。

假期也是孩子大量阅读的最关键时期，阅读对孩子的成长意义不同寻常，阅读量大的孩子，在今后学习生活中会有强大的后劲和爆发力。

在当前高考一卷定终身的大环境下，学习也是孩子假期生活的重要内容，复习旧知识，预习新知识，以便在新学期占据主动地位，辅导班该上还是要上的，但不要人云亦云，一定要上那种有针对性的、高品质的辅导班。

NO.3 开学第一课：军训

儿行千里母担忧，明天孩子就要出发了，王晓妍的心里非常不踏实，孩子离家到外地待一个星期，军训如此艰苦，能适应吗？

开学的这几天，学校一片忙乱。王晓妍在单位整理各种材料，上报教学计划和教师授课安排，还有几份教材也需要和教务处协调采购，忙得头都抬不起来。

忙里偷闲，她赶紧打开电脑，在网上查查孩子军训需要准备的物品。饭碗很重要，孩子的军训更重要，两个都是需要抓紧的头号大事。

军训到底该给孩子准备什么？王晓妍在小本子上列了很多条款：

首先要给孩子准备好带拉杆的箱子，既不要太大，也不要太小。要是太大，孩子扛不动；要是太小的话，放不进去多少东西，所以箱子的尺寸非常重要。还要给孩子带上床单，谁知道孩子的床铺干净不干净。另外，鞋子、袜子要非常舒服，干净，还要准备吸汗的纯棉袜子。

尤其是水壶的准备非常讲究，食堂可以打开水，但学校发的暖瓶就是不定时炸弹，如果孩子接水的时候不小心，会被爆一身热水，烫伤是难免的。所以最好自己准备一个容量大、瓶口也大的水壶，最好是不锈钢的，因为这样的水壶不存在破碎的问题。

除此之外，还要带雨伞、脸盆，带爽身粉、养护嗓子的润喉片、润肠药、黄连素、乘晕宁、清凉油、绿膏药、藿香正气水。

整理好所需要采购的物品后，王晓妍看着周围的老师都在专心地埋头电脑大业，无暇顾及他人。于是，她从包里拿出手机、钱包、车钥匙，放到衣服口袋里，然后若无其事地走出办公室，直奔超市、药店大肆采购去了。

工作多年，对从单位早退，王晓妍总结出了丰富的经验，早退千万要有计划性，一定要做到眼观六路耳听八方，走的时候，最好不带包，这样目标小，别的老师还以为自己出去办事，很快就会回来，但谁也不会想到，其实本人早就溜得无影无踪了。这是王晓妍多年工作修炼出来的早退必胜大法，基本上百战百胜，很少有失手的时候。

但她没有想到，这次开溜，背后却有一双犀利的眼睛，正在阴冷地，不被人察觉地，像蛇一样悄悄地盯着她，那就是学院的另外一个副主任张兴华。

看见王晓妍走出门了，张兴华拿起电话："黄主任，刚才我通知王晓妍开会，但怎么也找不到她，我在办公室里问了一圈，谁都没有看见她，大家都不知道她去哪里了，要不然，您再找找她？"

"什么，她最近怎么回事？行，我知道了，知道你工作比她认真，到时候我会找她谈话。"

王晓妍满头大汗地把两大包东西扛回家，得意扬扬地喊道："儿子，选出你最喜欢的东西，放到箱子里去。"

"都是什么？太多了。"李兴宇两眼放金光，"牛肉干，巧克力，薯片，哎哟！都很好吃，我先吃点。"李兴宇看着平时最喜欢的牛肉干，馋得直咽口水，说完扒开牛肉干就放到嘴里。

"怎么样？多带点牛肉干吧，我买了很多。"王晓妍看见孩子开心的表情，比自己吃到可口的食物还高兴。

"这个……老师说了，不让带任何食物，你看通知上不是写得很清楚嘛。"

李兴宇拿出老师发的军训通知，王晓妍一看，上面写得很清楚：

不允许带食品：住宿的地方没有空调、电冰箱，大热天的很容易坏，吃了之后容易引起腹泻。

军训前，学生忌在家里吃大鱼大肉，鱼生痰，肉生火，内热遇外寒，容易感冒发烧。

忌带咖啡：咖啡中含有咖啡因，有兴奋神经的作用。本来军训已经很新鲜很兴奋了，晚上经常聊天睡不着觉，如果再喝上一杯咖啡，入睡更困难，势必影响第二天的军训。

"没有关系，偷偷塞到箱子底下，老师发现不了。"王晓妍生怕儿子挨饿。

"这不太好吧？"看得出，李兴宇的内心在进行着激烈的搏斗，他一会儿看看诱人的牛肉干，一会儿看看王晓妍。

"军训非常艰苦，伙食也不好，晚上肯定会饿，要是你不带的话，晚上饿了难受。"王晓妍分析道。

"没有那么严重。"李兴宇说。

"别的不带没有关系，牛肉干一定要带。体积小，吃一点可以立刻补充体力，老师还发现不了。"王晓妍知道他爱吃牛肉干，这个提议对他肯定有吸引力。

果然，李兴宇犹豫一下，没有抵抗住牛肉干的诱惑，最终点点头。

"巧克力也带点吧？可以补充体力。"初战告捷，王晓妍继续做工作。

"不行，不能带，老师说过，不能随便带零食。"李兴宇很坚决地摇头。

王晓妍看李兴宇态度很坚决，转念一想，现在天热，要是巧克力化了，弄脏书包，洗刷起来也很麻烦，就没再坚持。

"盆，拖鞋，衣架，药品，换洗的几套衣服，床单，手电筒。我都给你准备好了，赶紧放到箱子里。"王晓妍说。

"我来，老师说自己的事自己干。"李兴宇干脆地说。

"你也会？"王晓妍很不放心，生怕他落下什么东西，到时候抓瞎。

"那是。"李兴宇点点头。

李兴宇说完后，就开始收拾行李了。他把王晓妍准备的东西一件件地放进去，盖上盖子，然后爬到床上，没有多久就进入了梦乡。

王晓妍看着熟睡中的孩子，心里很感动，孩子已经度过了童年，开始进入少年，现在他正在朝气蓬勃地成长。

儿行千里母担忧，明天孩子就要出发了，王晓妍的心里非常不踏实，孩子离家到外地待一个星期，军训如此艰苦，能适应吗？

她很想编出一些不让孩子去军训的理由，逃避军训，但孩子肯定不会答应，她只能面对现实。

王晓妍躺在床上，想到明天晚上孩子将在一个陌生的地方休息，开始失眠了。王晓妍在床上翻来覆去睡不着，满腹心事。

军训是件很苦的事，早上六点半集合，七点吃早饭，孩子一个暑假都在睡懒觉，不知道军训的时候能否起得来。军训吃食堂的大锅饭，平时一贯挑食的孩子能下咽吗？晚饭五点半吃，晚上十点熄灯，这期间时间很长，孩子要是饿了怎么办？

想到这里，王晓妍从床上爬起来，看着孩子刚刚发下来的夏季校服，长叹一口气，它的质量真不敢恭维。校服不知道是什么材料做的，反正不是棉的，穿在身上简直是透光不透风，孩子肯定会不舒服，当然优点也有，就是洗了干得快。

她打开孩子的行李箱，从衣橱里又拿出几件吸汗性好的纯棉背心和纯棉袜子放了进去，不知道孩子每晚回到宿舍，会不会自己换洗。孩子还小，不知道照顾自己，真叫人牵挂啊！

王晓妍又拿出一双新鞋，在里面垫了一双软鞋垫，然后放到孩子的行李箱里去，心里琢磨着这样孩子的脚后跟会舒服一点。

她又想到军训后，晚上三个小时的自习时间，不准聊天，孩子无所事事地干坐着，没有什么可以干的事儿。总不能叫孩子只看军训手册和点名册吧，只能干坐着发呆。于是，从书架上拿出了两本书：《狼王梦》、《伊索寓言》，还有一本刚买没有多久的笔记本，又拿出两只签字笔，也放进行李箱的夹层里。这样孩子无聊的时候，可以看看书，写点什么。

要是孩子遇到紧急情况，和家里联系不上怎么办？于是，她又拿起手机塞进箱子里去，但琢磨半天，又拿了出来，万一被老师发现了杀鸡给猴看，成了全班的典型，不就麻烦了？算了，不再给孩子惹麻烦了。

王晓妍突然感到有很多话要和孩子说，看着熟睡中的孩子，却不忍心叫醒。于是，铺开信纸给孩子交代起需要注意的事项：

1、注意补充水分，盐水最佳，不要喝生水，也不要拼命喝白开水，当心水质性中毒。

2、军训后体力消耗极大，这个时候不要亏待自己，晚上回宿舍要早点睡觉，注意身体，补充体力，睡觉保暖。

3、多吃一些肉类、蛋类，同时注意补充维生素（每天吃一片维生素），不要挑食。

4、崴脚烫伤：自由活动时，要避免崴脚。一旦崴脚，切忌按摩和热敷，应该立即用凉水冲洗 15 分钟，之后找校医处理。如遇烫伤，也应该及时用凉水冲洗，然后找校医处理。

5、头晕眼花：军训时，如果感觉头晕、眼花，千万不要硬挺着，直接打报告和教官说。或拽一下同学的衣角，原地坐下，待眩晕过后再到阴凉地休息一会儿。尽量避免直挺挺地倒下去，以免猝然倒地引发摔伤。

6、军训阶段一定要注意个人卫生，衣服要勤洗勤换，保持干净。

7、保持好团队关系，对同学要搞好团结，不要有口角发生。

写完后，王晓妍把这张信纸也放进行李箱的夹层中，还有什么需要准备的吗？王晓妍把头埋在双手中，低头问自己……

一阵急促的音乐响起，把在美梦中的王晓妍吵醒，虽然她的眼睛没有睁开，但凭感觉判定天还没有亮。

"哪有这么不懂礼貌的人，竟然在夜里播放这么高分贝的音乐，还叫邻居活吗？"王晓妍生气地想着，这两天孩子开学，自己也开学，脑子累得都发昏了，现在倒好，连睡觉都不踏实，真叫人没有活路了。她困得实在睁不开眼睛，翻个身又睡起来。

可气的是，音乐声没有因为她的不耐烦而停下来，而是继续震耳欲聋地高声唱歌，她气得用枕巾把头盖上，然后用双手把耳朵堵上，这下音乐声终于小点了，她长出一口气，准备安心地再次进入梦乡。

但总感觉哪里不对劲，这音乐怎么这么熟悉，好像经常听。她猛地从床上跳起来，播放这个讨厌音乐的不是别人，正是她本人。是她昨天晚上害怕迟到定的表，刚才搅乱她美梦的，是家里那只叫她又恨又爱的小闹钟。

"起床了，起床了，要不然会迟到的。"王晓妍喊了一嗓子。

"好的，我马上会起的。"李兴宇想赖床，但想起马上就要出发了，如果迟到的话，后果将会不堪设想，就赶紧哈欠连天地从床上爬起来，开始洗漱，吃饭去了。

吃完饭，该出门了，李兴宇突然想起什么事儿来："我得检查一下，看看还有什么东西没带。"说着打开行李箱，看后大吃一惊，"啊，怎么又增加了这么多东西？连箱子盖儿都盖不上了？"

"有些东西带上也好，省得到时候急用找不到。对了，我准备的卫生纸忘放进去了。"王晓妍出了一身冷汗，"幸亏及时想起来，否则会很麻烦。"

"老师说不能带任何食物。"李兴宇说完，飞快地把牛肉干拿出来，又把昨天王晓妍偷偷给他放进去的巧克力和几个桃子拿出来。

"你这是干什么？"王晓妍大吃一惊。

"老师的话，我一定要听。"李兴宇坚定地说，看来经过一晚上激烈的思想斗争，他选择了遵守纪律，成功地抵挡住了牛肉干的诱惑。

"难道老师的话，就一定对吗？妈妈不也是老师？我的每句话也不全对，我经常想到哪里说到哪里，所以，对老师的话，你应该有选择地听。"王晓妍想起自己在单位是如此的风光，但在自己孩子面前却总是很无奈。

"那是你不行，但我们老师说的话，肯定全对。"李兴宇说。

"好吧，好吧，真是县官不如现管。"王晓妍想着老师喜欢听话、好管理的孩子，既然孩子知道遵守纪律，也是件好事，总不能教育孩子破坏老师制定的规矩吧。于是，她只好把没有说出的话咽了回去。

　　李兴宇转身换上了新发的校服，穿上王晓妍给他买的新运动鞋，自我感觉不错，挺着胸，站在镜子面前，来回走了几圈。

　　王晓妍和李一帆在一旁目不转睛地看着李兴宇，两个人自豪地相互看了一眼。孩子突然间就长大了，变成中学生了，她有种错觉，突然感觉不认识孩子了，哪里来的中学生？仿佛他突然之间变成了另外的人，王晓妍的眼睛有些湿润。

　　孩子的童年时代像小鸟一样飞走了，转眼变成一个小小少年。

　　"走吧，走吧，我要迟到了。"李兴宇突然发现父母都在看着自己，有些不好意思。

　　"好的。"李一帆开车，王晓妍坐在后座，把孩子送到学校大门外。

　　"你们回去吧，老师不让家长进校门。"李兴宇很坚决地说道。

　　"好吧。"王晓妍坐在车内，摇下玻璃，看见孩子拖着箱子，走向学校的大门，有种失落感。

　　"你们不要担心，我会注意的，放心吧，军训去了。"孩子走了几步，停下来转头对王晓妍笑笑。

　　"好的。"王晓妍听得眼泪都快出来了，她强忍住，眼泪才没有流出来。王晓妍赶紧从车里走下来，原地站着，和孩子摆摆手。

　　快要走入校门的时候，李兴宇回过头来对王晓妍说："放心吧，我已经长大了，会照顾自己的。"说完，他就顺着人流走进大门，王晓妍看见他找到了班级的队伍，随后就消失在人群中。

　　过了一会儿，她对李一帆说："你先上班去吧，我再看看孩子就走。"

　　"有什么好看的，孩子已经走了，早点去单位吧，不要迟到。"李一帆说完就开车走了。

　　王晓妍没说话，径直走到学校大门口前，透过学校的围墙栏杆，向里望去。

只见很多孩子，站在操场上，带着憧憬，带着期待，双眼仰望着蔚蓝的天空，想象着未来。大家都非常激动。他们不知道将经历什么样的事，校门外的家长大都没有散去，看着孩子们扛着行李走上大巴。

数千名孩子，十几辆大巴车，无数个家长，这样壮观的场面令人难忘。

车马上就要开动了，王晓妍偷偷地打量着身边的家长，只见家长们一个个就像鸭子那样，伸长了脖子，眼睁睁地看着远处，无可奈何地看着大巴车载着满车的孩子们绝尘而去。

看家长们脸上的表情，便能知道他们的心就像被什么给掏走了，满脸的恐慌。没有人知道，大巴车要把宝贝孩子们带到什么地方，他们要去经受怎样的考验。

学霸牛蛙
修炼攻略

一般，初一开学第一课多是军训。这种形式既能增强体质，还能增进孩子们的感情，迅速降低新生之间的陌生感。

要想成为学霸，不单单是成绩好，更重要的是身体素质要好。只有身体健康，才能从容应对竞争激烈的学习生活。

NO.4 高价难求好风水的学区房

> "我住的地方也是风水宝地，周围的学习环境很好，很多租我房子的家长，孩子都考上了全市最好的高中，所以大家都打破头抢着租我的房子。"

王晓妍看看四周没有人，想偷偷擦下眼角的泪，孩子从小到大没有离开过家，现在到那么远的地方军训，该要受多大的罪啊。想着想着，王晓妍突然感觉有人拍了一下她的肩膀，她吓了一跳。"你孩子也在这里上学？"

"你是？我怎么感觉很面熟？"王晓妍看着拍她的人，是一个浑身散发着香水味道，穿戴时尚，披肩长发烫成大卷、染成棕色的有气质的女士。

"真是贵人多忘事，想当年咱们可是辅导班的战友。"对方一脸微笑。

"想起来了，想起来了，你是刘杰的妈妈，刘杰非常优秀。"看着这个似曾相识的面孔，王晓妍脑子灵光一现。

"您过奖了，我孩子一般般，是个仰望牛蛙的小蝌蚪，哪里比得上你的孩子。"刘杰妈妈说。

听了这句恭维的话，王晓妍心里很舒服。"你的孩子，数学那么好，您到底是怎么教出来的？"王晓妍做出一副虚心求教的样子，嘴上这么说，但心里有些不服气。

"我哪里教她啊，我的水平有限，谁知道她是怎么学的，也许是瞎猫撞上死耗子吧。"刘杰妈妈说。

"问题是死耗子怎么都被您家里的猫给撞上了，我们家的猫怎么就遇不着？"王晓妍说。

"你们家的奥数不是全国三等奖吗？"刘杰妈妈反问。

"我们家的是三等奖不假，问题是你家孩子是全国二等奖，高了一个层次。"王晓妍笑着说。

"二等奖和三等奖哪里有什么区别，其实都差不多。"刘杰妈妈也笑了。

"二等和三等根本就是天上地下，刘杰的数学真好，都是怎么学的？"王晓妍问。

"哎，我怎么知道？也许是孩子天生就具有数学头脑？我从来没有管过她，就上过那一次数学辅导班，以前什么辅导班都没有上过，你是不是经常上辅导班？"刘杰妈妈问。

"这个？"王晓妍转移话题，"看来咱们之间的缘分很深，您只上过一次辅导班，咱们就认识了。"

"那是。"刘杰妈妈说。

"我记得当时你告诉我，你们家在市区的西边，咱们学校在市区的东边，来回得一个多小时吧？平时孩子都怎么上学？是她自己走，还是你来回接送？"王晓妍问。

"我已经搬到学校附近了。"刘杰妈妈说。

"搬过来了？你们什么时候买的房子？"王晓妍很奇怪。

"你以为买房子就像买棵大白菜那样说买就买吗？我们都是普通家庭，挣着有数的钱，目前我们是租的房子。"刘杰妈妈赶紧解释。

"在哪里租的房子？"王晓妍问。

"就在学校旁边，走过去只要三分钟的时间。"刘杰妈妈说。

"这么近，孩子回家肯定很方便。"王晓妍很羡慕。

"方便是方便，不过，唉，就是贵点，你知道，西晒，外加顶层，只有不到 60 平米，一个月却要四千元。"刘杰妈妈说。

"这么贵？你是不是遇到明火执仗的强盗了？这不明摆着抢钱吗？"王晓妍很吃惊。

"这已经是最便宜的房子了，根本就没有讨价还价的余地，人家房东说了，就是这个价位，一分钱也不能便宜，要是我不租，后面排队的多的去了，要知道机不可失失不再来，只好任人宰割了。"刘杰妈妈一脸无奈。

"这就是所谓的人为刀俎我为鱼肉，学区房不是一般的贵。"王晓妍说。

"学区房是重金难求，贵点就贵点吧，孩子离家近，每天可以节省近两个小时，我这是花钱买时间。"刘杰妈妈说，"不这样不行，你没有听人说吗？跑赢了初一，就能跑赢中考，赢了中考，才会有好的未来。"

"没有那么严重吧？我也听说很多孩子在初一成绩并不理想，到了初二初三成绩就像坐了火箭呼呼地向上窜。也有些孩子初一很优秀，但没有爬上初二的坡，成绩一落千丈。"

"你说的也不假，但更多的孩子从初一开始，成绩一直处于稳定的上升通道，初一还是很关键的，关乎孩子的信心。"

"你说得很有道理，从这个角度上看，钱花得值。"王晓妍说。

"不过想想自己家里那套三百平米、楼上楼下复式结构的房子，心里的落差非常大。"刘杰妈妈说。

"鱼和熊掌不能兼得，有所失才能有所得嘛，像你这样的大款，也享受一下平民的待遇吧。"王晓妍笑了。

"哎，什么大款，温饱而已，虽然家里有个公司，但收入一般，挣着有数的钱，每月几千块钱的房租也是一笔钱，但为了孩子的教育也只能这样了。对了，我当初下定决心租她家的房子，还有一个最重要的原因。"刘杰妈妈一脸神秘。

"什么原因？"王晓妍的好奇心被勾起来了。

"告诉你吧，我租的房子风水极好，我家的房东是个全职妈妈，她租出去了好几套房子，每套房子都比别人的贵几百元。"刘杰妈妈得意地说。

"为什么？"王晓妍问。

"那是个有名的清华妈妈，她闺女考上了清华。要知道，一般女孩子都是文科强，可是人家家里祖坟冒青烟了，人家闺女文理双全。据她说，租她家房子的孩子，成绩都是数一数二的，最终都考上了好高中、好大学，所以很多人都抢着租她家的房子。"刘杰妈妈解释道。

"啊？连租房子都讲究风水？"王晓妍很吃惊。

"信则有，不信则无，古人不是说要择邻而居嘛，为孩子选择有利于学习的环境，终归是件好事。反正几千块都花出去了，为了孩子远大的前途，再多花几百块也无所谓了。我感觉这钱花得值。"刘杰妈妈说。

她的一席话把王晓妍说得口服心服，连连点头。

"对了，你家孩子的班主任是哪位老师？"

"她在汤老师的班。"刘杰妈妈说。

"缘分啊，缘分，我家孩子也在汤老师的班里，咱们之间真是越说越近了。"王晓妍说。

"太好了，以后我们常联系啊。"刘杰妈妈很开心。

"不是一家人，不进一家门，今后咱们就是亲姐妹了。对了，你们那里的环境怎么样？住的还算舒服吗？附近还有这样的房子吗？我住的地方离学校开车也要很长时间，还经常堵车，现在正琢磨着找个近点的房子住。"王晓妍说。

"应该还有吧，不过，我也不清楚，这样，你可以到我们院里看看周围的环境，也顺便到我们家里看看房子的结构，如果满意的话，再考虑是不是也搬过来。"刘杰妈妈很客气。

"好主意，那我就到贵府打扰了。"王晓妍很开心。

"怪不得今天早上喜鹊在叫，原来贵客要登门，太欢迎了。告诉你，周围还有很多小学时候认识的同学，现在为了孩子求学，大家不远百里都搬到了一起，附近基本上都是熟人。"刘杰妈妈介绍说。

"都是熟人？"王晓妍问。

"对啊，有好几个孩子都分到了咱班，你知道孙嘉怡吗？"刘杰妈妈问。

"知道，她妈妈的心气很高，对孩子的成绩非常关注。"王晓妍说。

"她视分数如命根，不过孙嘉怡这次成绩不高，离分数线差一分，她就像疯了一样，四处找关系送礼。据说，光找关系就花了一大笔钱，不过孩子总算是进来了。"刘杰妈妈得意地发布着小道消息。

"为了孩子教育真舍得花钱啊，不过，最终给孩子一个好的学习环境，也算幸运。这么说这附近的人气很旺，大家平时相互之间还有个照应。真是太好了。"王晓妍很神往。

"昔孟母，择邻处。咱们都是现代的孟母啊！对了，我想起一件事，我们家楼下有个宣传栏，经常发布一些租房信息，要不咱们先过去看看。"

"太好了，远不远？"

"不远，你看，前边就是。"

王晓妍一路小跑，飞也似的走过去，只见上面有密密麻麻的租房信息。

她一个个仔细看，越看心里越发凉，上面到处都是求房信息，几乎没有房源。

"这个怎么样？"刘杰妈妈突然激动地说道，"你看 55 平米，两室一厅，3900 元，有简单的家具，还算不错，就在我家楼上，怎么样？"刘杰妈妈说。

"我回家和孩子爸爸商量一下，我很喜欢这里。"王晓妍对刘杰妈妈说，"物以类聚人以群分，现在，为了共同的目标，大家走到了一起，休息的时候，还可以互相聊聊各班情况，谈些教育孩子的话题，很快就成了好朋友，在社会上，多个朋友就多条路。"

"别再啰唆，赶紧把这个条子撕下来，否则一会儿就被别人撕走了。"

"有这么严重吗？"

"那是当然，你是不知道找到合适的学区房到底有多难。"

王晓妍正要去撕，说时迟，那时快，旁边突然有个影子上前来，要撕这个广告。

"咱们先来后到好不好？"刘杰妈妈手疾眼快，以迅雷不及掩耳之势撕下了那张纸条。

"明明是我先看见的，好不好？"那个女人没有抢到纸条，非常不高兴，"你怎么这样？奇怪，你怎么这么眼熟？"

王晓妍抬起头来，看见一个打扮很精致的中年女人正在虎视眈眈地盯着刘杰妈妈手里的广告。

"你不就是孙嘉怡的妈妈吗？"王晓妍说。

"王晓妍，你怎么来了，难道也要在这附近住了？"她看见王晓妍，眼睛一亮，很热情地打着招呼。

"惭愧啊，我刚想起来要租房子的事，所以过来看看。"王晓妍说。

"什么？你才开始看房子？太失职了。"孙嘉怡妈妈的眼睛瞪得比铜铃都大，"现在还能找到合适的房子吗？我都为你着急。要知道，我们刚来学校报名的时候，就开始找房子了，虽然那个时候还不敢确定能不能考上。"孙嘉怡妈妈大声地说，她说话总是带着夸张的表情，双手还比划着，就像在跳舞。

"惭愧，惭愧，确实不称职，干什么事都比你们慢一拍。"王晓妍被她说得脸红。

"不过，也得看机遇，说不定也能遇到好运气。你看，我孩子的运气就不错，稀里糊涂地考上了好学校。"孙嘉怡妈妈满心欢喜。

"你都有房子了，干吗还和人家抢？"刘杰妈妈问。

"这不是有几个家长求我帮她们的忙嘛，总是有些家长后知后觉，我都留意好几天了，这不今天刚发现这个广告，你们？"

"不都说熟人好办事嘛，这个就让给我们吧，你再等机会吧。"刘杰妈妈说。

"好吧，好吧，要是你租的话，肯定是第一人选。不过，要是你们不租的话一定不能让给别人，只能给我啊。你们不知道，那个孩子家长催得紧，三天两头骚扰我，我千辛万苦的，才找到这一个，现在真是狼多肉少啊。"孙嘉怡妈妈说。

"不着急，上面写的，得过两个月才能入住，所以我们还有时间，可以商量一下。"王晓妍说。

"对了，咱们新生家长建了一个群，里面有各种各样的信息，你们有时间也加进来吧。"孙嘉怡妈妈说。

"太好了，不过我太忙了，你有时间把我拉进群吧。"王晓妍说。

"没问题，没问题。"孙嘉怡妈妈很热情。

晚上，王晓妍回到家时，李一帆正在看新闻联播。她打开电脑，却心神不定，家里太寂寞了，有些不适应。

"唉，不知道孩子怎么样了？"王晓妍说。

"没有人和你斗嘴了，没事儿偷着乐吧。"李一帆头也不抬地说。

"唉，天生的劳碌命，乐不起来，老师也不知道忙些什么，群里安静得要命，他们也不放点照片，哪怕是说句话也行啊。"

"人家老师也是人，白天累一天了，叫人家歇歇吧，人家老师一个月也没有多少钱，凭什么让人白天晚上地忙？"

"可是别的班老师都在群里发照片了，偏偏咱们班的老师不发，真让人不放心。"

"有什么不放心的，看来不是孩子离不开父母，是父母得下决心离开孩子了，咱真该放手了。"

"放手，放手，孩子一出生，你就要放手，除了放手，你还会说什么？告诉你，再过两年孩子住校去了，你想见也见不着了，然后再过几年就上大学，一学期才回来一次，那个时候你就天天都放手吧。"

"真是有福不会享，令人无语。"李一帆忙着看抗战神剧，反正天塌下来有人顶着，家里有个操心的人，自己何不图个清闲自在！

"告诉你，初中生的家长可不是那么好当的，过两天孩子回来，你就不要再没事儿追连续剧了，赶紧督促孩子学习吧。"王晓妍说。

"至于嘛，才初一就这样，将来中考、高考孩子还有活路吗？"李一帆不以为然。

"怎么没有活路？刚在网上看到，初一不流汗，到了初二、初三流的都是虚汗；初一不流汗，到了初二、初三流的都是血。"王晓妍反击。

"没那么严重吧？想当年，我也没有费多大劲，这不是照样考上一流的大学了？"李一帆很淡定。

"行了，行了，都多少年的老黄历了，你就免开尊口吧。咱们那个时候的竞争根本没法和现在的孩子相比，现在都是独生子女，家长都非常重视教育，课本难度也比以前高。对了，我想起一件事，要不然，咱们也到孩子学校附近租房子吧？我打听好了，那附近的学区房一个月三千多。"王晓妍说。

"什么，一套破房子一个月三千多？太贵了。我说你真是有福不会享，放着家里两百平米、装修舒适的房子不住，偏偏去住那种老式的简易房，环境不好不说，还没有网线，破破烂烂的地方，我可不愿意去受罪。"李一帆一口回绝。

"怎么没有必要？住在这里倒是舒服，钱也省下了，可是孩子的成绩不好，一切都是浮云。你知道吧，中考的时候，要是差 0.5 分，就要花几万块，甚至掏钱也不一定能上。要是咱们住在学校附近，孩子休息好了，成绩上去了，到时候就不用到处送礼花钱求人了。"王晓妍说。

"真是搞不明白，你平时也不是那种大手大脚的主儿，怎么舍得放弃这么好的环境，花钱买罪受？"李一帆还在犹豫。

"舍不得孩子套不着狼，我朋友的孩子去年考大学，成绩不理想，他卖了一套房子，凑齐一百万把孩子送到美国去读预科班，结果孩子一直在预科班里考了好几年，也没有进入正式的大学读书，白花了家里一笔巨款。要是他早点抓紧孩子的学习，早点投资，说不定孩子能考上国内不错的大学，也用不着卖房子供孩子出国读预科了。从这个角度上看，现在花钱，反倒是为了以后省钱。"王晓妍分析得头头是道。

"再说吧，到时候再说吧，没有必要把孩子搞得太娇贵。"李一帆是能推就推。

"怎么没有必要？明天早上我再去学校附近看看周围有没有更合适的房源。"

"你不上班了？"

"现在学区房那么紧张，只能晚点去单位了。"

第二天一早，王晓妍又去孩子学校附近的宣传栏，想看看有没有更合适的房源。

她刚走进院子，冷不丁有人使劲拍了她一下，"王晓妍，你急急忙忙干什么去？"

"你是？"她愣住了。

"怎么，贵人多忘事？"对方非常热情，"昨天我就看着像你，想和你打招呼，但转眼就看不见你影子了，今天终于抓住你了。"

"啊，王佳，老朋友啊，得十多年没有见了吧？"

"真是十年了，我都快想死你了。"王佳的热情就像冬天里的一把火。

"得十多年了吧？"她的热情把王晓妍的情绪也提高了。

"你家孩子上初一了？"

"是啊。"

"这么大了，时间都去哪了？我还记得咱们当年上初中的时候，转眼你的孩子都上初一了，这么快啊，孩子学习很好吧？"

"唉，小学的时候还不错，不知道初中会怎样，心里没有底啊。"

"不着急，没有关系，我孩子刚上初中的时候，我也是心里没有底，后来发现自己是瞎着急。"

"看来你孩子的成绩不错。"

"马马虎虎吧，现在孩子在清华读书，所以说家长不要过多操心孩子的学习。"

"清华？考上的？"王晓妍大吃一惊。

"这个，这个，单独招生去的，孩子参加过一个竞赛，拿到了奖项。"

"虽然不是考上的，那也不错了。"王晓妍听到这个消息后，很受打击，难怪她那么热情地和自己打招呼，原来是这样啊。

和王佳比，自己在社会上混得还不错，但对方的孩子更出色。王晓妍心里小小的优越感，立刻消失殆尽了。

王晓妍感觉最近的心态明显有问题，最受不了别人提孩子的成绩，虽然说李兴宇的成绩也算不错，但比他好的孩子更多。真是不比不知道，一比吓一跳啊，别人家的孩子好厉害啊！

有句话说得好："现在就是各种拼的时代，在一个家庭中，前十年拼的是老子，后十年拼的是孩子。"

王佳拼不成自己，却成功地拼了孩子，真可谓是留得青山在，不怕没柴烧。靠拼孩子，王佳脸上贴足了金子。

王佳不会放弃任何一个夸孩子的机会，此时她又滔滔不绝地大谈孩子，不管王晓妍愿不愿意听："我没有本事，但孩子给我挣足脸面了。大家都说教育孩子是个大学问，其实我从来都没有管过孩子，因为根本就不用管，都是她个人脑子好，学习好，争气。我从来没有要求孩子去上辅导班，周围的邻居都说我除了生孩子，再没有其他本事帮孩子了。"

王晓妍感觉王佳在嘲笑自己：我不如你，我的孩子却比你的孩子强！

她心里很不服气，"你家孩子好，是你的事，我又没向你取经，干吗自己到处显摆？"心里这样想着，嘴上却什么也没说。

王晓妍发现其实孩子只不过是普通人，但在家长的嘴里却被造成了神话，而家长们也宁愿相信这个神话，并且不断地放大它。

俗话说，谎言重复一万遍，就变成真理了。家长把孩子说成牛蛙，只要说了一万遍，最后就相信孩子真的变成牛蛙了。

此时，王佳又开始滔滔不绝地介绍孩子当年的光辉历史了：在学校就是学生会干部，参加全国数学竞赛一等奖，平时光玩，不学习，闭着眼睛随便一考，就是全校前几名，不但学习好，还喜欢篮球，游泳也是顶呱呱的高手，是全校孩子的偶像……"

王佳的嘴就像水龙头一样，只要打开就再也停不下来。王晓妍只好无奈地听着，越听越心烦。

虽然口头上对李兴宇说不在乎他的成绩，但在心里，王晓妍对他的分数非常关注。也许考试浓缩了人生，人生的精华都被浓缩到求学这几年了。

李兴宇平时测验的成绩时好时坏，王晓妍的心脏也像波浪一般上下跳动，大起大落。现在眼前竟然冒出了一个神一般强大的超级孩子，心里的挫败感更加无以复加，自己家的孩子和人家一比，真是天上人间啊！

那边王佳继续谈自己的孩子有多出色："孩子长相很不错，又喜欢唱歌，每次学校的联欢会上，孩子的节目都是压轴的……"

王晓妍突然发现，几年没见，王佳说话水分太多，也不知道她的孩子真是那么优秀，还是她的想象力太丰富了，编织出一个优秀的孩子。王晓妍看着滔滔不绝夸孩子的王佳没有停下来的意思，实在忍不住了，突然想起一个话题："对了，我听说老瞿的孩子去美国读博士了。"王晓妍说这句话的目的是嫌她过于骄傲，赶紧为她的孩子找个对手。

"是吗？"王佳愣了一下，情绪明显有些低落。她问道，"我也告诉孩子，不要骄傲，继续努力，将来也要拿到博士。老瞿的孩子去什么学校了？"

"没有记住，肯定是世界上最好的学校吧，也许是哈佛，也许是麻省理工学院，总之是世界一流的高校。"王晓妍说完这句话，看见王佳刚才的气焰果然被更厉害的别人家孩子扑灭了不少，甚至失去了夸孩子的兴致。

王晓妍感觉自己终于成功地提醒了对方：你们家孩子虽然优秀，但人外有人，世界上还有比你更有能力的人存在。

两个人的谈话出现了短暂的沉默，王晓妍赶紧找一个让王佳感兴趣的话题："唉，你家孩子这么优秀，现在我正在为找学区房发愁呢。"

"学区房，你的意思是想着在学校附近找房子住吗？"

"是啊。"

"你现在住在哪里？"

"我住得比较远，正想着在这附近租房子，还没有找到合适的。"

"正好，我有套房子很快就要空出来，如果你要的话，就租给你。"

"在什么位置？"王晓妍的小心脏突然跳动加快。

"学校旁边的那个院子里，离学校只有五分钟的路程。要是你有时间的话，我这就带你过去看。"

"太好了，太好了。哎，是不是你就是传说中的清华妈妈？"王晓妍大脑飞速地闪出一个念头。

"都是人家瞎说，没有的事，在学习上我从来不怎么操心，她的理科不错，文科有些弱，开始的时候，我给她报过几个语文辅导班，后来发现效果不是很理想，干脆就给她找了个一对一的家教辅导。"王佳又成功地把话题转移到了吹嘘孩子上。

也难怪，自己各个方面都不顺利，终于把孩子培养成功了，在人前她怎么能不扬眉吐气？

"什么，这还叫不怎么管孩子，没有上过辅导班？"王晓妍问。

"比起那些从辅导班里泡大的孩子，我孩子太省心了。她上辅导班一般都是自己去，自己回来，我住的地方也是风水宝地，周围的学习环境很好，很多租我房子的家长，孩子都考上了全市最好的高中，所以大家都打破头抢着租我的房子。"

"真的？听君一席话，胜读十年书。为了孩子的成长，找到有利于孩子学习的环境，也算是家长送给孩子的一个礼物。你的房子在哪里，这就领我看看吧。"王晓妍这次是痛下决心了。

"走。"王佳的回答干净利索，丝毫不拖泥带水。王晓妍心中暗暗感激。

令王晓妍开心的是，这套房了的条件非常好，里面的家具还算是新的。

"真是踏破铁鞋无觅处，得来全不费工夫啊，有关系就是好，多少钱一个月？"

"租别人我要钱，你不用给钱，白给你住。"

"那可不行，现在你全职在家，孩子又上大学，花销很大，得靠房租养家。我的经济条件比你好，咱们虽是亲姐妹，但也要明算账，咱们按照市价来，我一分钱都不会少给你。"

"打八折吧，别人我可以多要点，但你是我多年的好朋友，多要了你的钱，我良心不安。"

"就按照市价来。"

"不行，就打八折吧，要是你多给我一分钱，我就不租给你了。"王佳斩钉截铁地说道，"我虽然全职在家，但几套房子的房租也够我活得很舒服了。"

"恭敬不如从命。"

"这套房子，你就安心地住着，想住多长时间就住多长时间，一直到孩子初中毕业，我都不会给你涨一分钱。"

"人间处处有真情啊，满满都是正能量，真叫人感动！我什么时候可以搬进来？"

"你还是当年的急性子。"

"哎，什么都能等，但孩子的成长坚决不能等，我这里没带现金，你给我个账号，我这就打过去。"

"不着急，你还得等一段时间，因为原来的房客还住在里面，他交钱到了年底，说过了年以后，就不再续了，那个时候你就能搬来了。"

"那也没有多长时间了，咱们一言为定，我一租三年，直到孩子毕业。在这三年之内，你就不要租给别人了。"

"你们这些孩子家长真是土豪，一张嘴就是租三年。不过，你租我的房子性价比绝对是最高的了，我的房子在周围算是很新的，周围的楼房基本上都比这个旧。"

"你真是我的救星啊，以后我们住得近了，要经常向你取经，学习。"看着房子的事有眉目了，王晓妍的心情大好，说出的话也像刚吃了蜜一样甜。

"我有事先走了，到时间，我给你打电话啊。"

"好的，好的，随时恭候。"

学霸牛蛙修炼攻略

　　面对着日益紧缺的学区房资源，家长一定要早下手，眼观六路耳听八方，该出手时就出手，绝对不能犹豫不决。稍有迟疑，合适的机会就会从眼前溜走。

　　记住，面对合适的学区房，下手一定要稳准狠。

NO.5 波涛暗涌的职场

无论别人是否承认他的权威，反正他自己是这么认为的，他对上级老板言听计从，俯首甘为孺子牛，像哈巴狗一样，把老板巴结得舒舒服服的。

王晓妍大学毕业后，在一所大专院校任教。后来，老公李一帆被单位公派到美国的办事处工作几年，王晓妍不愿意两地分居，加上想看看外面精彩的世界，于是，便也辞职一起来到美国。

到了美国后，王晓妍开始重新设计未来的人生。为了在职场上更有竞争力，她选择了一个容易就业的热门专业——学前教育。这样，无论将来回国，还是留在国外，应该都会有不错的就业前景。

后来，李一帆由于工作出色，回国当了主管。没多久，王晓妍也如愿以偿地在一所著名的私立学校谋得教师职位，教授学前教育专业的大专生。

王晓妍的新单位，收入可观，工作时间亦相对自由，假期也长，在国外过了几年动荡生活的她，感到终于稳定下来了。

王晓妍很满意，工作起来很努力。由于她是海归，拿到了洋文凭，所以在单位也很受重视，很快便有了升迁的机会，升任学前教育学院的副主任。她发现，人的运气来了真是挡也挡不住！

一切都很顺利，但在每年开学前，她都有些焦虑。

王晓妍知道，开学后，等着她的将是一系列焦头烂额的繁重工作：上交教案，备课计划，教学论文，教学反思，准备公开课。不但自己上交一大堆文件，还要督促老师们上交各种文件，检查老师们的各种工作，这些也都是背地里遭到老师们白眼，挨老师们骂的工作。

都说当领导好，可有谁会知道，她当得有多辛苦，不但被老师们心里骂，那些不服管教的愣头青学生也耗费了她大量的时间和精力。王晓妍早年满身的棱角，如今都在与学生斗智斗勇的过程中磨没了。

当然，有付出就会有收获，她的收入自然比普通教师高出很多，在时间上也更自由。所以，她就忽略了那些不利因素。

但毕竟是私立学校，端的是泥饭碗，她必须要打起精神好好干。教师还是存在一定流动性的，不好好干是不行的。

王晓妍今天因为去看学区房，所以来单位的时间有些晚。她三步并作两步走到办公室大楼前，想着赶紧人不知鬼不觉地坐到自己的办公桌旁。

她可不想被领导抓住，但没想到，怕什么，什么就来。校办公室主任黄海波刚从办公大楼里面走出来，两个人迎面碰在一起。

说起校办公室主任黄海波可是个了不起的人，在学校里他处于一人之下、万人之上的位置，无论别人是否承认他的权威，反正他自己是这么认为的。他对上级老板言听计从，俯首甘为孺子牛，像哈巴狗一样，把老板巴结得舒舒服服的。

黄海波喝酒的本事高超，交际能力更强，社会关系很广，可以帮助老板打开局面，深得老板的欢心。由于综合素质强，所以他是老板最得意的左膀右臂。有了老板在身后撑腰，他就像一只骄傲的大公鸡，脖子伸得笔直，头昂得高高的。由于头抬得太高，他的眼睛似乎只能看见天上，单位的凡人自然难以进入他的法眼，貌似他的眼里只能看见老板。

抓贼见赃，捉奸捉双，现在王晓妍手里拿着包，急急忙忙向办公室方向走，傻瓜都能看出来她是刚来。王晓妍灵机一动，脸上就像盛开了一朵迎春花，就像久别重逢的亲人一样，跟黄海波打招呼："黄主任，您今天真精神！"

"你，这是？"遗憾的是，王晓妍却没有得到期待中的热烈回应，只见黄海波咧了一下嘴，算是有个反应。还好，没有把她当做空气。

王晓妍的心，直接进入了冰河世纪，她听见心里有片片的冰结在一起，一早上的喜悦心情一扫而光。真倒霉！她心里骂道，真是小人得志，一个堂堂的校办公室主任竟然这么大的架子！

气愤归气愤，王晓妍可不想得罪这种人，更想把不快的一页赶紧翻过去，因此王晓妍的脸上依旧像绽放的桃花："我吗？哈哈，哈哈。"

一边笑，一边打着马虎眼就过去了。但心里却七上八下的，黄海波今天为什么会这样？

王晓妍挖空心思，绞尽脑汁，也没有想起来什么地方得罪过他？

一个普通老师，平时和领导很少接触，谈何得罪他？也许是自己想多了，世上本无事，庸人自扰之。想到这里，王晓妍的心暂时放下了。

但转念想起刚才黄海波那个样子，分明对自己是一脸的不满，心又提到嗓子眼了。她不放心地又转回头看看，发现黄海波的脸突然就像盛开了一朵菊花，圆圆的脸舒展开了，高昂的头低下去了，挺得笔直的背突然弯下去，嘴差点歪到鼻子上，说出话来更叫人感到纳闷："你好，你好！"

王晓妍看得莫名其妙，她想不明白黄海波前后一百八十度的变化到底是怎么回事。突然看见黄海波快步走到刚进大门的一辆车前，打开车门，身体呈九十度。只见校长严肃地走下来，向他交代着什么，黄海波赶紧站到他的身边连连点头，一脸谄笑。

原来如此，有些人见到主子，就变成了哈巴狗。王晓妍冷冷一笑，走进了办公室。

办公室里所有的老师都埋头奋战在电脑前，似乎没有什么人注意到她，王晓妍长出一口气。她打开电脑，进入学校的网页，网页上弹出一个页面，立刻吸引住了她的注意，教育学院的刘主任真的到学校当副校长了，传播已久的小道消息应验了。

那么下一步刘主任的宝座由谁来坐？现在学院有两个副主任，一个是王晓妍，一个是张兴华，两个副主任平时每人都分管一摊，倒也相安无事，现在刘主任走了，新的主任由谁来接替？王晓妍发现两人之间的关系突然微妙起来。

"刚才黄主任到院里查岗了，我帮你打的掩护，说你去教务处领教材去了。"斜对桌的赵慧捂着嘴巴，小声对王晓妍说，"你是不是家里有事啊？"

"是啊，刚才去孩子学校附近看学区房，所以就来晚了，院里没有什么事吧？我刚才看见黄主任的脸色很严肃。"

"他那副熊脸！是不是黄主任早上出门的时候，两口子吵架，被老婆狠狠地扇了一巴掌，所以不具备笑的功能了？"

"哈哈，也许吧。"听了这句话，王晓妍感觉很解气，两个人都捂住嘴笑开了。

"有小道消息说张主任要高升了，但不知道是不是真的。"赵慧说道。

"她？"王晓妍听了以后，心里吃了一惊，现在到底是什么世道？怎么小人都开始得志了？但嘴上却说，"好消息啊，恭喜，恭喜，到时候好好祝贺一下。"

"不过，任命书还没有下来，最终的结局也不好预测，还有人说，你也有可能高升。"

"我？"王晓妍听了以后，心花怒放。但她镇定一下，赶紧说，"其实，张主任的水平很高。"但她心里却想着，要是张主任真的高升了，会不会在工作中故意排挤自己？

答案是肯定的，一山难容二虎，张主任一直对自己皮笑肉不笑的，要是将来在她的手下讨生活，还不知道会遭到什么样的排挤。从自己来的第一天起，张主任对自己的态度就不对。

在后来的工作中，王晓妍对她一直敬而远之，避免过多的接触。毕竟人心隔肚皮，谁知道别人是怎么想的？肯定早就把自己当做眼中钉肉中刺了。

王晓妍又想起黄主任刚才的表情，难道会有什么预兆？

王晓妍的大脑飞速地运转起来，她把所有的信息进行整合。自己和黄海波一向没什么瓜葛，也没有什么过节，怎么他突然之间对自己这样的态度？

在正常的情况下，黄海波不应该对自己这样，现在他那副态度，到底是因何而起？

难道有人背后在黄海波那里打小报告了？要不然黄海波的表情为何那样难看？

难道是张兴华在背后捣的鬼？不是没有这种可能。最近一段时间，张兴华肯定也想着高升，自己是她最大的竞争对手，她肯定会算计自己。但目前又没有足够的证据证明她做了什么，哎，真叫人纠结。

王晓妍想得头疼，便使劲拍了一下脑袋。算了，干脆不想了，随他去，最坏又能坏到哪里？大不了张兴华升级了，自己还是原地不动。

想到这里，王晓妍舒服多了。多年在职场上混，她明白了一个道理：那些叫人不开心的事，只要不去想，它就不存在，也不会打扰自己。很多人际关系，想多了太累，干脆不想，就当没有发生。

倒是该想想自己的业务了，下一步职称评定需要论文，眼前最重要的事，就是要发表足够数量的论文。她想起手头有几篇论文需要修改，于是赶紧打开电脑开始工作。

突然，王晓妍的手机响起来，"请问是王老师吗？怎么还没有来开会？"

"开会，开什么会？"

"你忘了？今天各个学院分管教学的副主任开教学例会，赶紧过来吧，就差你一个了。"

"好的，好的。"王晓妍怎么也想不起来有谁通知自己开会，难道又有谁故意刁难自己？

但这些都不重要了，重要的是赶紧开会。于是，她立即直奔教务处。

到了会议室，她才发现，忘了带记录本和签字笔了，但现在回办公室拿也来不及了，只好硬着头皮走进会议室，想着看看哪个老师多带了一个本子。

开完会后，王晓妍还没有在办公室坐稳，一看时间，发现马上就要上课了。她急忙拿起课本走出办公室。她是个非常敬业的老师，虽然没有课的时候，有时会出去办私事，但对上课非常严谨，每次都提前五分钟进课堂。

教师这个行业，需要怀着爱心对待学生，把课本上的知识用学生们最容易接受的方法传授给他们。王晓妍推崇赏识教育，并依此教育这群处于青春叛逆期的学生们。

今天是开学第一课，千万不能出现任何纰漏。

学霸牛蛙 修炼攻略

世界上有一种职业无论多么辛苦也不能辞职，那就是家长。既要关心孩子的成长，又要努力工作挣钱养家。当家长的要有足够的经济实力，才能应对日渐增加的养育孩子的成本。

NO.6 军训，让孩子们成长

> "感谢军训，成长的不仅仅是孩子，对我们家长也是一种成长。对孩子适当地放手，让他们多经历一些风雨，孩子们才能像小树苗一样健康地成长。"

"唉，不知道孩子军训到底怎么样？"王晓妍焦急地问。

"咱们孩子只待五天就回家，人家孙珊待两周，而且一直住校，苦不苦！想想孙珊，累不累！再想想孙珊吧。"李一帆说。

"算了，懒得理你。"王晓妍呆坐一边，打开手机，期待群里老师能发点孩子的照片，但时间一分一秒地过去，群里却什么消息都没有，她很绝望。

临睡觉前，她又打开手机，也许是心诚则灵吧，王晓妍果然等到了老师的短信："各位家长好，孩子们表现很棒，昨天和今天中午我都让他们洗了校服，下午穿自己的衣服，中午女生、晚上男生洗澡。上午拓展训练，下午风筝制作，晚上航模制作，现在孩子在上综合实践课，玩得很开心。虽然今天上午只军训了短短几个小时，但是，孩子们已能将队伍站整齐了，孩子都很好，家长放心再放心。现在他们已进入梦乡了，家长们放心吧，我们会让每个孩子都能取得更大进步。"

收到这个短信后，王晓妍终于安心地躺到床上，紧张的一天过完了。不过，孩子真的会自己睡着？这可是他第一次独自去那么远的地方啊。

想到这里，她的心又提到了嗓子眼儿。

没多久，王晓妍就开始做奇怪的梦了。她一会儿梦见在学校附近四处找，却找不到合适的房子住，一会又梦见李兴宇和同学打架了。第二天早上，她起床的时候，觉得浑身上下都累。

时间过得很快，转眼孩子们军训就结束了，家长们欢天喜地地把孩子们接回了家。

王晓妍发现李兴宇的脸晒黑了。她刚把米饭做熟，只见李兴宇就像饿狼一样，拿出最大的碗，盛上满满一碗，风卷残云地吃起来。

"慢点吃，慢点吃，没有人和你抢，我做了满满一锅米饭，还有一锅红烧肉，酱牛肉也切了半盆。"

"知道，知道。"李兴宇的嘴里鼓鼓囊囊的，吃得连腮帮子都鼓起来了，忙得连头也没有时间抬。

"哎，怎么像刚从非洲回来的？鸡蛋哪里去了？我刚才煮了几个鸡蛋，放到哪里了？"王晓妍感到莫名其妙。

"我没吃。"李一帆说道。

"我吃了。"李兴宇回答。

"不对啊，你平时根本不愿意吃鸡蛋，即使勉强吃，你顶多也只吃一个，我煮了三个放到碗里，现在可是一个也没了。"

"我都吃了。"李兴宇说。

"啊！难道我的耳朵出问题了？还是我煮鸡蛋的手艺提高了？如果是后者，那我就太有成就感了。"王晓妍非常激动。

"看来军训还是不错的。"李一帆说道。

"是这样，真是应了那句话，吃什么都香，胃口倍儿棒。"王晓妍说，"我有些搞不懂，你在军训的时候，是不是经常挨饿？"

"军训的时候，吃得少是真的，但从来没有挨饿。"

"怎么可能？"

"训练太苦了，哪有胃口吃饭？再说，那里的饭也不好吃，骨头汤喝得叫人一看就想吐，要多难喝就多难喝，我宁愿挨饿，也不想喝汤了。我现在一见汤，不管是什么汤，都倒胃口。"

"奇怪啊，你没有吃饭，怎么变得壮实多了？"

"因为老师们每天都逼着我们喝骨头汤，站军姿，晒太阳补钙。"

"老师真负责，要不然你再军训一次吧？"王晓妍笑着说。

"那就免了吧。"李兴宇的头摇得像个拨浪鼓，"这种事，以后再说。"

让王晓妍更加吃惊的事还在后面。吃完饭后，她正在收拾碗筷，李兴宇竟然飞快地拿起擦桌布帮她擦桌子，紧接着又拿起水壶，走到厨房接了满满一壶水，放到电源插座上烧了起来。

王晓妍看着李兴宇这些百年不遇的举动，很开心。

她乐得清闲自在，于是坐在沙发上，拿起手机开始上网。只见几个家长正在得意扬扬地在群里晒孩子军训时的照片，还夸孩子回家后不再任性，知道帮家里干活，人变得懂事了。

王晓妍深表同意，她也拿出孩子的照片贴上去，旁边写了一句话："军训真锻炼人，孩子回来后就像换了一个人，懂事多了。"

"看来军训对孩子们的成长很有帮助，没有军训过的孩子就不是一个合格的中学生。"刘杰妈妈说。

"对，连军训的苦都能吃，在学习上还有什么吃不了的苦？"刘骏妈妈非常同意。

"感谢军训让孩子成长，最近几天，孩子吃饭不再挑肥拣瘦了，给她做什么，她就吃什么，越来越好伺候了。"孙嘉怡妈妈说道。

看了家长们的留言，王晓妍抿嘴笑起来。这些家长的记性真差，就在几天前，他们还把学校安排的军训骂了个狗血喷头，现在又发自内心地赞同军训，都做家长了，说起话来还像孩子们一样出尔反尔。

"感谢军训，成长的不仅仅是孩子，对我们家长也是一种成长。对孩子适当地放手，叫他们多经历一些风雨，孩子们才能像小树苗一样健康地成长。反思我们平时总是对孩子过度保护，过度关照，把孩子们都变成了温室里的花朵。"徐阳爸爸说。

"徐阳爸爸说的每句话都那么深刻。"王晓妍非常认同。

她正在打字突然看见有人小窗自己，"李兴宇还是那么帅啊，看看我们家孙珊。"孙珊妈妈把一张集体军训的照片贴出来。

"我怎么找不到孙珊了？"

"你再找找。"

"太难找了，所有的孩子，不管是男孩子，还是女孩子，几乎都是一样的长发，一样的表情。一个个都噘着嘴，貌似不高兴，是抗议你拍照的技术不好，还是不喜欢新发型，或者军训太艰苦了，表示抗议？好像没有一个开心的，小脸上倒是写满了焦虑、不安，有些期待和茫然。"王晓妍说。

"大家都剪一样的头，没有一点个性。你们学校多好，还允许女孩子留长发，我以前真是低估了剪头发对女孩子心理的影响。早知道对孩子心理的影响那么大，我当初就应该叫她去挑战你们那所中学。据说你们那里重视素质教育，不是只叫孩子死学习。老师的教学方法很好，放进去家长也省心。在这样的大环境下，孩子的学习比较灵活，不用死学习。"孙珊妈妈还没有从给孩子剪头的阴影中走出来。

"各有千秋，有利有弊吧，也可能剪发确实抹杀了孩子们的个性，对孩子的心里还是有些影响的，但时间长了就好了。"

"真不相信，孩子的头发和成绩成反比。不过，既然已经剪掉头发了，也只能如此了。现在最叫我头疼的事儿就是，如果孩子不回家，在学校里待得也不错。但只要一回家，准备返回学校了，她的嘴立刻就噘起来，还是不愿意住校啊，说是比别人少休息了半天。"

"孩子还在适应期，咬着牙坚持一段时间，就没事儿了。其实，住校对孩子的成长也有利。"王晓妍安慰她。

"是，孩子住校后，变化很大，知道父母不容易了。上下楼提东西，她都抢着干，衣服也要自己洗，很感动。以前，她都觉得我做是应该的。"

"进步不小啊！"

"是啊，孩子服从管理，也是很好的一件事。但就是压力太大，我报到的时候，听见初二的家长是这样嘱咐孩子的：两眼一睁，开始竞争。"

"这样也好，都说初一初二不流汗，到了初三流的都是虚汗，孩子从初一开始抓紧不是坏事，但也要告诉孩子多注意身体，不要太辛苦。"

"咱们也得好好学习，天天向上了，如果跟不上孩子前进的脚步，就无法做一个好家长。"孙珊妈妈说。

"是，我们做家长的和孩子一起成长，一起进步，耐心陪着孩子长大。"王晓妍发自内心地说。

学霸牛蛙
修炼攻略

孩子有多大，家长就有多大，此话真的不假。

孩子上初中，成长的何止是孩子？家长也和孩子们一起成长。

培养学霸牛蛙，家长首先要做的就是学会放手，给孩子独立去做事和成长的机会。只有经历了磨炼，才能更快地成长起来。

NO.7 中学生活是一场与时间赛跑的战斗

"不能再睡两分钟吗？"李兴宇小声说道,他确实想起床,大脑也发出了起床的指令,可是浑身每一处都强烈地抗拒执行这个指令。他挣扎一下,实在爬不起来。他也不打算这时候就睁开眼,因为他正在梦乡里神游。

王晓妍发现,自从孩子上了初中,每天的生活就像一场战斗。

"起床了。"听到闹铃响起,王晓妍大喊一声,突然之间从梦中惊醒。她像弹簧一样,腾的一下从床上弹了起来,用闪电般的速度穿上衣服,胡乱地洗了几下脸,随便一擦,拿发夹卡上头发。

她的心已经提到嗓子眼了,现在已经是早上六点半了。昨天晚上,王晓妍把时间定到了六点,但由于孩子作业太多,上床的时候已经快十一点了,她心疼孩子,想让孩子多睡一会儿,于是,想想又把时间改到了六点半。

昨天就是这个点儿起床的,孩子吃完饭出门的时候,是七点,本来感觉出发得挺早的,却没想到路上大堵车,平时开车20分钟的路走了40分钟。孩子到学校的时候,已经七点四十了,提心吊胆地走进学校大门。晚上回家后孩子说,再也不迟到了。

"快点吃饭,快点吃饭。"没想到急中风偏遇慢郎中,李兴宇根本不配合。

"不能再睡两分钟吗?"李兴宇小声说道,他确实想起床,大脑也发出了起床的指令,可是浑身每一处都强烈地抗拒执行这个指令,他挣扎一下,实在爬不起来。他也不打算这时候就睁开眼,因为他正在梦乡里神游。一般他都在七点半才起床,让他突然改变生物钟提前到六点半起床,他是一千万个不愿意。"我再躺最后三分钟，三分钟后，一定起床。"

"你真是开玩笑，忘了昨天吗？就是因为我答应你晚起一会儿，结果迟到了吧？赶紧起来，不要再啰唆了。"王晓妍喊着，走到李兴宇的床边，她想着把孩子的被子掀走，但看李兴宇双目紧闭的样子，又于心不忍。孩子在长身体，从孩子的睡眠中抢时间有些残忍。

但看墙上的钟表嘀嘀嗒嗒地走着，她又开始心焦。

"还是起来吧，否则你会被罚站的。"

这句话管用，李兴宇使劲睁开眼睛，叹气道："我感觉刚刚闭上眼睛，天就亮了。唉，其实昨天要不是你逼着我吃早饭，肯定迟到不了。"

"开玩笑，不吃早饭，饿一上午，怎么学习？"

"可吃了早饭，我就会迟到。"

"啰唆什么，别耍嘴皮子了，有那个工夫，还不如赶紧起床。"

"耍嘴皮子还可以在床上赖一会儿。"

"你必须马上起床。"王晓妍心急如焚，大吼一声，不由分说地就把孩子的衣服扔到他的头上，"再不起床，我就把凉毛巾盖在你的脸上。"王晓妍看着表，恨他不能立刻就起来穿上衣服。于是她使劲把孩子拽了起来。

"别拽了，我自己起床不行吗？躺在床上真的很舒服，不是我不想起床，是实在起不来。"

"行，那你就准备在教室里罚站吧。"

听了这句话，李兴宇心头一震，赶紧穿上衣服，"什么！都六点半了，不是说好六点叫我起床吗？"

"还六点，六点半你都起不来。"

"我还以为是六点，都是你，故意叫我迟到。"

"懒得理你，赶紧吃饭去。"

王晓妍边说，边把昨天晚上准备好的花卷、火腿肠放到微波炉里热起来。又拿出黑芝麻糊，冲了三杯。

"快过来吃饭。"

"不吃了，都快晚了。"

"必须吃。"

李兴宇唉声叹气地吃着早饭，好几次想放下筷子，但王晓妍的眼睛紧紧地盯着他，他只好胡乱把早饭塞进嘴里。

王晓妍盯着孩子吃完饭后，飞快地出了家门。没想到，路上的车非常多，每次移动一下，就像蜗牛爬一样，无可奈何地又堵在了马路上。

"交通部门真该想点办法治理一下堵车了。"她嘟嘟嚷嚷道，"感觉到没有，初中生活太紧张了。"

好在有惊无险，王晓妍一路拼抢，终于在七点二十之前把孩子送进大门。她目送着孩子飞快地跑进校门，一转眼就进了教学大楼，这才发现，旁边有很多像她一样的家长，像鸭子那样伸长脖子，目送着孩子走进教室，然后才慢慢地、一步三回头地离开。

王晓妍刚一转身，就看见徐阳骑着自行车，飞也似的冲进学校大门，下了车后，还回头看了几眼，紧接着就冲进车棚把车子存好，疾步走进教学大楼。

随后，只见徐阳爸爸从一棵大树的后面东张西望地转出身来，样子很古怪。

"你这是在干什么，特工啊？鬼鬼祟祟的？"王晓妍感觉莫名其妙。

"别提了，家丑不可外扬。"徐阳爸爸满脸通红。

"哈哈，刚才那一幕我全看见了。"刘杰妈妈笑嘻嘻地说，"徐阳爸爸想送孩子到学校大门口，结果孩子坚决不叫他送。说要是同学见到爸爸送他，会笑话他。"

"嘿嘿，这个熊孩子，翅膀没有硬就要飞，说在小学的时候，我说好不送他，结果又偷偷跟在后面，让同学看见了笑话他，使他非常没面子，这次也生怕我去送他被同学看见，感觉丢人。"徐阳爸爸很不好意思。

"我说老徐怎么偷偷摸摸的，原来是怕儿子训啊。"王晓妍笑起来。

"你说孩子都是什么心理？"徐阳爸爸像是问大家，又像是自言自语。

"没准你孩子刚才看见你偷偷摸摸地跟在后面了，所以他飞快地跑进学校，生怕同学笑他，孩子肯定想，要是被同学看见，就会颜面全失。"王晓妍说。

"这孩子真叫人摸不透，家长送他上学，就没有面子了？其实我也不想送他，但孩子刚学会骑自行车没几天，技术不行，在大街上东摇西晃地骑车，就像喝醉酒一样，万一撞到什么，被摔得鼻青脸肿的该怎么办？想想就提心吊胆的，不跟在后面真不放心，现在我都后悔给他买什么自行车了，还不如走着上学。"徐阳爸爸赶紧解释。

"那你当时为什么给他买车？"王晓妍说。

"当时不是琢磨着孩子的书包太沉了嘛。那天，我用弹簧秤称了一下孩子的书包，老天，将近十斤啊，孩子背着这么重的书包，会不会被压得不再长个了？所以，就给孩子买车了，但经过这几天的观察，孩子骑车的技术非常不好。现在想想，虽然走着上学书包重点儿，孩子的背驼点儿，但总比让孩子骑车上学，路上出危险强吧。"徐阳爸爸说。

"唉，叫孩子骑车不是，不骑车也不是，真是可怜天下父母心啊，你是不是很失落，有种受到冷落、被抛弃的感觉？"刘杰妈妈问。

"你怎么知道？"徐阳爸爸反问，"难道你也被孩子嫌弃了？"

"还用着说？我们家孩子也不愿意叫我送，早上吃完饭后，自己就跑出来，这不是忘带数学课本了，才给我打电话，让我帮她送书，好在家近，我抬腿就过来了。"刘杰妈妈悠闲地说。

听了这话，王晓妍非常羡慕："住得近就是好啊，要是我们忘记带书，那可就惨了，一早上就像打仗一样，这不，孩子刚进大门没多久。"

"没事，不晚，早自习刚刚开始。"刘杰妈妈说。

"差一点啊，真危险！你们多好，两步就到学校了。"王晓妍心有余悸。

"我家孩子今天七点才起床，起得也有些晚，主要是昨天的作业太多了。

老师竟然发了三张卷子，还要默写课文，现在新课还讲得少，以后新课讲得多了，作业肯定会更多。"刘杰妈妈说。

"我们比你们多一个小时的来回时间，要是作业再多一些的话，孩子以后基本的睡眠都不好保证了。"王晓妍说。

"快点，快点，没关系，赶紧进去吧。"正说着，就看见刘骏妈妈走过来，刘骏飞也似的跑进了大门，"路上怎么这么堵啊，车都开不动。"

"这就是初中生活，家长和孩子都要慢慢适应了。"王晓妍说。

"唉，我这两天脑袋都跟被门挤了一样。听孩子说下午第四节自习课，有老师看着还好，老师不在，教室里就非常嘈杂，就像自由市场，自习效果不太好，还不如回家写作业清净。要是早点回家该有多好，孩子们的放学时间正好是上下班的高峰期，这两天我接送孩子，每次在路上都被堵住，六点多才能到家，来回路上得花费一个半小时。"刘骏妈妈说。

"看来我们租房是对的，孩子可以节约很多时间，大人也比较从容，到家晚点也不用担心孩子，这真是花钱买时间。"刘杰妈妈说。

"我也真的要考虑为孩子在附近租房子的事儿了，我们每天都浪费在路上那么多时间，要是把这些时间都用在学习、锻炼上该有多好，况且下一步马上就要到冬季了，要是遇到刮风、下雨的恶劣天气，路上会更堵。"刘骏妈妈说，"我家这个每天都觉得累。下午放学在车上就睡着了，到了家也不想吃饭，昨晚先睡了 40 分钟，吃完饭都快八点了。他写字很慢，昨天写完都十点半了。"

"中午的时间，孩子真得休息一下，要不然下午听课会受影响。"刘杰妈妈说。

"是啊，中午不睡会儿下午上课能有精神么?!所以说中午休息下，补充点精神，下午还要上三节课，经常会讲新课。"徐阳爸爸说。

"我家孩子午睡的次数屈指可数，下午上课肯定受影响。"刘骏妈妈说。

"孩子说中午会趴着睡一会儿，不知能否睡着? 不过，我想孩子趴着睡也很难受，但总比不睡觉好。还是应该休息会儿，我再叮嘱叮嘱孩子。"王晓妍说。

"其实，孩子中午睡不着觉，完全可以写作业的。大部分孩子中午都在写作业，包括小饭桌的。"徐阳爸爸说。

"感觉下午第四节课，要是把上午下午的作业，拿来写一大部分，写完该有多好，孩子回家还能找找自己的薄弱环节。"刘骏妈妈说。

"你看，又来了两位。"

大家一抬头，只见孙嘉怡母女俩急急忙忙地走过来，"我孩子又来晚了，昨天布置的作业实在太多，写到很晚。"她看着孙嘉怡飞也似的跑进校门，很不满地说道，"学校的安排很有问题，早自习有必要这么早吗？下午的第四节课，有必要那么晚吗？孩子睡不够，哪来的充沛体力应付学习生活？所谓的早读，下午第四节自习，效果如何？靠拼时间来拼成绩，对孩子的成长绝对不好。要是学校下午上完三节课，放学该多好，孩子早回家，早写作业，早睡觉，精神头也好。现在搞得那么晚，那么疲惫，有何意义？难道老师不知道孩子们刚从小学出来，还没有完全适应初中的生活吗？给孩子们布置这么多作业，一上来就给孩子个下马威，到底是什么原因？不知道你们的孩子都是几点睡觉。"

"很晚才睡觉，我感觉。"刘骏妈妈说。

"我孩子做完作业已十点多了，听了会儿英语十一点才睡，开始我还以为是孩子动作太慢的原因，看你们都这样了，我感觉不仅仅是孩子的问题，有些作业真的是没有必要的。"孙嘉怡妈妈说。

"有道理，作业的布置反映老师水平的高低，高质量的作业既可以让学生把课堂上的知识掌握得更扎实牢靠，又不给学生增加负担。现在给孩子布置作业只重量不重质，完全是给孩子增加额外的负担。"徐阳爸爸说，"要是再这样下去，咱们真得想办法了。"

"咱们是改变不了环境的，只能被环境改变。孩子是挺累，一个小时到家后，吃饭、写完作业就匆匆睡了，都没时间交流，也许适应一段时间就好了。"刘杰妈妈说。

"但愿过一段时间后，一切都会好起来，孩子提高了学习效率，就可以早睡觉了。"王晓妍说。

"孩子提高效率也许会好一点，开学这几天，孩子很努力地适应初中生活，希望老师们多想想他们只是十一二岁的少年，庄稼尚需一天天地长，孩子们的成长也需要过程。"刘骏妈妈说。

学霸牛蛙 修炼攻略

从小学到初中，孩子们在学习上要爬一个很陡的坡，突然之间增加了很多门功课，学习方法和小学完全不同。面对繁重的学习压力，孩子们会手忙脚乱，家长一定要有足够的心理准备应对。

相信孩子的忙乱只是暂时的，他们会很快调整过来，进入初中生活的正常轨道。

NO.8 青春期的孩子，谁又能猜得透

"怎么？你不相信？这回可是真的。"看着徐阳妈妈一脸嘲笑，他很不好意思。"不过，"徐阳爸爸顿了顿，"你说孩子为什么会这样？是不是这孩子嫌我事业没大出息？还是嫌我相貌不够好，在同学面前给他丢脸了？"

王晓妍正在电脑上写教案，看见校办主任黄海波走进办公室，想起前一段时间，黄海波那种不阴不阳的样子，心里很不舒服。于是，她继续低着头干事，装作没看见，把黄海波当作空气。

"黄主任，你好，什么风把你吹到我们这里了？赶紧坐。"办公室的张兴华主任笑着问候。

"没什么，就是想大家了，过来问候一下，顺便有个消息告诉大家，王老师在吗？"黄海波四处张望。

王晓妍听见黄海波点自己的名字，只好装作刚刚看见他的样子，满面堆笑地说："在，黄主任，您什么时候过来的？有何吩咐？"

"是这样的，这里有个学术报告会的邀请函，院长派你下周到外地开会，大约一周的时间，你准备下。"

"什么，出差？"王晓妍说道，她一向对出差的事儿很反感，但又不好直接拒绝。刘主任调走，王晓妍和张兴华之间的关系非常微妙。

论资历，张兴华来得比王晓妍早；论学历，张兴华和王晓妍一样，都是研究生；论教学，两个人也是不相上下。人们常说，各方面条件都差不

多的女人最容易成朋友，当然也最容易成对手。

同行是冤家，王晓妍感到，张兴华对自己怀有一种天然的敌意，这种敌意只可意会不能言传。看似对你微笑，但表情非常僵硬，皮笑肉不笑的，说话的态度也是不阴不阳，绵里藏针。

现在，面对着不是你上就是我上的格局，即使王晓妍不想去争，对方也会把她当成对手。

所以，王晓妍必须打起精神来应对工作，虽然心里一万个不愿意，但她还是面带微笑地说："领导的要求我一定照办，还有什么需要盼咐的，我会牢记在心。"

"院长把这个美差给你，真看得起你。"张兴华笑着说。

"院长也看得起你，如果你愿意，我把这个机会让给你。"王晓妍反击道。

王晓妍终于明白了，最近张兴华没事儿到院里上蹿下跳地活动，背地里肯定说了不少对自己不利的话。王晓妍不知道黄海波能相信张兴华多少。当着黄海波的面，她并没有掩饰自己对张兴华的不满。

"你想多了，我没这个意思。"张兴华说。

"我也没什么意思，就是感到你能力很强，将来定会前途无量，就连黄主任都对你高看一眼。黄主任，你是不是感觉张主任不但手脚勤快，而且口也快？要是机缘合适，将来肯定会有大发展。"

"啊？我还有点事儿，先走了。"难怪最近张兴华总是说王晓妍的负面消息，黄海波发现两人之间有隔阂，他不想介入，赶紧装糊涂走开。

徐阳回到家里，看见爸爸，第一句话就是："告诉你今天别送，你怎么又偷偷跑来了？你到底想干什么？还想让我在学校待吗？"

"我有吗？"徐阳爸爸虽然故作镇定，但有些心虚。

"行了，你别装了，好多同学都看见了，你倒是什么事都没有，那些同学到教室里都笑话我，说你爸爸偷偷地躲在大树后面，像小偷一样，说得我面红耳赤，连头都抬不起来，你是不是嫌我丢人丢得少？"

"什么，我给你丢人了？"遭到儿子的埋怨，徐阳爸爸心里很委屈。

"难道你不知道被人嘲笑的滋味很难受？"

"谁嘲笑你，真是小题大做。我根本就没有躲在大树的后面，我是正好在大树的后面。"

"还好意思说正好在大树的后面？别瞎说了，我的智商没有那么低，别以为我还是三岁的孩子。"

"他们嘲笑你什么了？"

"还用得着问？都笑话我，说我像个小学生，身后跟个尾巴，永远长不大，你说我还有脸在班里待下去吗？早晚被大家笑话得厌学了。"

"你也太敏感了，同学开几句玩笑话，你就厌学，有这样的吗？"

"什么敏感？要知道这些麻烦都是你给我带来的，能不能以后不再给我找麻烦，你给我添的麻烦够多了。"

"我看见刘骏的妈妈不也是接送吗？"

"他是他，我是我，况且你以为他愿意被人接送吗？你没有看见他整天愁眉苦脸的，也很不耐烦？"

"我看见刘骏都是开开心心的。"

"他开心不开心和我没有关系，告诉你，以后不要到学校里给我添麻烦了，到底行不行？"徐阳歇斯底里地喊起来。

"你个没良心的家伙，一点也不知道感恩。我为你付出了那么多，你竟然这样对我？"徐阳爸爸被儿子训斥得面红耳赤，也开始发火了。

"难道你不知道我在青春期吗？你知道我想什么吗？你听学校的报告了吗？你知道什么？你什么都不知道，整天干一些莫名其妙的事，让我在学校抬不起头来，还说关心我，有这样关心孩子的吗？简直让我没脸做人。"

"行，算我自作多情，真倒霉，怎么有你这样不懂事的孩子！"徐阳爸爸很伤心，他对宝贝儿子含在嘴里怕化了，捧到手里怕掉了，最终却被孩子嫌弃，他的心都快碎了。

"倒霉的是我，怎么有你这样不懂事的爸爸。"徐阳更生气。

"你说什么？混账东西。"徐阳爸爸气得浑身发抖，拿起鸡毛掸子就想打人。

徐阳妈妈眼看着爷俩儿就要动手打起来，赶紧从中协调，"好了，好了，大家都冷静一下，干什么小题大做？有这个必要吗？"

"别拦我，今天看我不打断这个狼崽子的狗腿。"徐阳爸爸的心已经碎了。

"行了，有完没完？冷静一点行不行？"徐阳妈妈说。

"我说孩子怎么这么差劲，原来都是因为你，把孩子惯得没样子。"徐阳爸爸转移了目标，把一肚子火发到徐阳妈妈身上。

"你说话注意点，谁整天吹牛，孩子都是自己教出来的？"徐阳妈妈一脸鄙视。

"没想到花费那么大的心血，竟然养出了一个不知道感恩的家伙，看我不揍死他。"徐阳爸爸到处找打人的武器，因为一直没有打过孩子，他突然之间弄不明白用什么家伙打孩子合适。

他想着原来在网上看过其他家长介绍经验，打孩子是门大学问，既要教训了孩子，又不能把孩子打伤。

"有本事你就打，打死我拉倒。"徐阳倒是越战越勇，摆出一副天不怕地不怕的样子。

"行了，小祖宗，你也少说几句吧。"徐阳妈妈边说，边使劲把徐阳爸爸拉进屋里，还一边给徐阳爸爸使眼色，"你不是说看了很多关于青春期男孩子教育的书吗？现在到了关键时刻，怎么就变成了这样？”

听了这话，徐阳爸爸冷静了许多，他看见徐阳妈妈给了个台阶，赶紧顺杆子爬下去。还没等徐阳妈妈使劲拉自己，徐阳爸爸抬腿就迈进屋了，但为了面子，他嘴上喊着："别拉我，别拉我。"一边喊着一边自己关上门，躲在屋里生闷气，不再出来。

他奇怪的动作，搞得徐阳妈妈丈二和尚摸不着头脑，"谁拉你了？谁拉你了？"

家家都有本难念的经，徐阳爸爸非常苦恼，孩子到底为什么不愿意让自己到学校接他。

晚上，徐阳在书房写作业，徐阳爸爸偷偷地给徐阳妈妈摆摆手。

"干吗搞得这么神秘？"

"小点声，过来。"

"到底什么事？"徐阳妈妈心知肚明，但故意装糊涂。

徐阳爸爸伤心地说："这个熊孩子真不像话，气死我了。告诉你，以后我再管他一点事，算我自作多情，以后他爱怎么样就怎么样吧，真没见过这么不懂事的孩子。"

"爱之深，恨之切。遭受打击，被抛弃了，心里失落了？"徐阳妈妈有些幸灾乐祸。人家都说男孩子和妈妈亲，但徐阳似乎和爸爸更亲。

别人的爸爸对孩子关注得很少，但徐阳爸爸却把所有的心思都放到了培养徐阳的伟大事业中，把自己这当妈的风头抢得一干二净。

别人开家长会都是妈妈去，但徐阳爸爸却摆出志在必得的架势，害得徐阳妈妈只能"被下岗"。

别人家都是妈妈辅导功课，但徐阳爸爸却把自己的活抢干净了，别人都羡慕自己有个好老公，但谁又知道大权旁落是什么滋味！

小时候，徐阳整天跟在爸爸的背后，害得自己很无奈。于是，经常对老公吐酸水，"你想当先进爸爸，我也不拦，但也别太能干了，把别人的活儿抢得一干二净，叫我成了家里多余的人。"

现在，她终于看见老公如此失落，反倒幸灾乐祸，于是，故意刺激他："做人就要长点志气，他对你都这个样了，那干脆就别理他，否则到时还会更失望。"

"你一千万个放心，打死我也不会再搭理他了，这个家伙越来越没有样了。"

"算你有本事，那我就拭目以待。"徐阳妈妈把嘴都撇到了耳朵上。

"怎么？你不相信？这回可是真的。"看着徐阳妈妈一脸嘲笑，他很不好意思。"不过，"徐阳爸爸顿了顿，"你说孩子为什么会这样？是不是这孩子嫌我事业没多大出息？还是嫌我相貌不够好，在同学面前给他丢脸了？"

"小孩子还没那么世故，是你想多了，不过你目前的形象确实不敢叫人恭维，你看看你的肚子，什么时候变成啤酒肚的？再看看你的头发，都秃顶了，整天宅在家里，缺少运动，也该经常出去锻炼了吧？"

"你别胡说，人家都说我是帅哥一枚，要是你看不上我的话，赶紧让位，身后一大群人等着呢。"

"算你狠，我倒想看看，谁在等你，不想过了，赶紧净身出户，省得我撵你。"

"嘿嘿，有贼心没有贼胆。不过想想很委屈，我把心思都用在孩子身上，可却遭到冷遇，真没面子。"徐阳爸爸一肚子委屈。

徐阳的成绩使他很骄傲，但徐阳的种种行为，让他丈二和尚摸不着头脑，"别的家长都可以到学校接孩子，为什么就不让我去接他？"

"行了，别钻牛角尖了。大家不都说嘛，家长都是前世欠孩子的，不知道咱哪里欠人家了。也许你总是在他面前表现出过度关心的样子，叫他在同学面前抬不起头来？"

"有吗？"

"老实交代，你是不是好几次偷偷地跟在孩子的后面，看孩子上学？"徐阳妈妈质问他。

"没有几次吧？也就是一次。"被人看透了，徐阳爸爸很不好意思。

"算了吧，难怪孩子不愿意你去接送他，你对他过分关心了。况且孩子大了，想要展翅高飞，你总不能像小鸟一样，把他关在鸟笼子里吧？"

听了徐阳妈妈的解释，他的心里好受多了，但嘴上依旧不依不饶："熊孩子，翅膀上没有长出几根毛，就要飞，真是不知道天高地厚！看他不摔得鼻青脸肿才怪。"

徐阳爸爸正在发泄，就听见徐阳在书房里喊："老爸，请过来一下，你看看这道题是不是老师写错了？"

"什么题？儿子稍等一下，老爸先穿上鞋就过去。"徐阳爸爸就像士兵接到长官的指令一样，恨不得飞也似的跑到徐阳的书房里。只见他低着头，故意装作看不见徐阳妈妈一脸的讪笑。

看见老公装糊涂，徐阳妈妈继续挑衅："刚才咱们怎么说话的？再也不管这个熊孩子了，闹不好养个不知道感恩的家伙。"

走自己的路，让别人去说。穿自己的鞋，叫别人去抢。徐阳爸爸无视老婆的冷嘲热讽，他疾步走进孩子的书房："我看看到底是怎么一回事？哪道题？"

"第五大题的最后一问，我怀疑是老师写错了，你感觉如何？"

"先别着急下结论，咱先来画张图吧。"徐阳爸爸拿起铅笔、三角板开始画图，父子俩像亲兄弟一样讨论起来，就像刚才什么事都没有发生过。

徐阳妈妈又甜蜜，同时心里又有些失落。

学霸牛蛙 修炼攻略

家长本来也是孩子，只不过是有了孩子后，才变成了家长。

但并不是所有的家长都能变成称职的好家长，家长也需要懂得一些心理学、教育学知识，走进孩子的内心世界，才能和孩子的成长同步，否则就会跟不上孩子的脚步，最终和孩子没有共同语言了。

只要家长好好学习，孩子就会天天向上。

NO.9 孩子被罚站，满肚子委屈

"怎么没有？分数关系到我们的地位，关系到我们的前途，关系到我们的未来。老师嘴上说不要过分看重分数，可实际情况又如何？老师衡量一个学生怎么样，他们一般会问，他每门课考得怎么样？他的总分是多少？在级部的排名是多少？"

王晓妍接到出差的任务后，虽然满腔不愿意，但人在江湖，身不由己，只能赶紧回家准备。"妈妈明天送你到学校后，就要出差了，你爸爸最近也要加班，这周你自己上学怎么样？"

"行，我骑自行车上学。"

"不行，不行，你骑车技术不行，现在马路上车多，还要过几个红绿灯的十字路口，不安全，还是坐车吧。"

"没关系，我们班里我还算近的，比我远的还有很多，他们都是骑车回家，有的还要骑一个多小时，早上天不亮就走，晚上天黑才到家，他们能干的事，我也行。"

"啊，真是披星戴月的漫长求学之路啊，这么小的年纪就如此辛苦，路上用这么长时间，晚上回家写作业，得写到几点啊？"

"不知道，应该很晚吧。"

"我回来后，得赶紧联系你们学校附近的房子，要是把在路上浪费的时间都用在学习上，用在睡觉上，成绩肯定会提高。"

"我发现你三句话都不离成绩，难道人生除了成绩就没有别的了？"李兴宇不满地说。

"人生除了成绩之外，还有很多精彩，不过，社会现实是，没有老师不在乎学生的分，也没有家长不在乎孩子的分。好了，不说了，这次出差回家的时候给你带点好吃的，怎么样？"

果然是孩子，很快李兴宇就高兴了。他开心地回应道，"行，多买点。"

"你就放心吧，家里没什么大事。"李一帆说道。

"家里有你这个整天喊着放手的爸爸，叫人心里很不踏实。"王晓妍说。

她就是不放心，本以为考上好初中，家长脸上有光，孩子会成才，但谁能想到，在好学校，学霸太多了。他们都很完美，几乎不食人间烟火；很小的时候，他们就开始抢跑，赢在了起跑线上。在小学，他们被心高气傲、爱慕虚荣的家长们押解着到处上辅导班，以生活在水深火热中为乐趣。

为了考上好中学，他们的业余时间都用在上辅导班和做大量的题上，只爱学习，不爱玩，更不想玩，不知道玩为何物，眼里只有学习，只想着做题，做题做到手软，写作文写到很晚。

家长从来不操心孩子的学习，也不用督促孩子学习，相反总是劝孩子注意多休息。

那些孩子从来不粗心，从来不出错，作文随便一写就是佳作，所有的大小考试，随便一写就全部包揽第一。他们来到世间的目的，仿佛天生就是为了考出一般孩子超越不了的高分。

他们不但学习好，身体也好，总之什么都好，浑身上下，没有一丝缺点，真可谓高大上。

但李兴宇却是个贪玩、童心未泯的普通孩子，天资一般，更没有什么特长，外加粗心大意，只是靠着顽强的学习，不懈的努力，经历了种种挫败，走过了九九八十一难，才考进了好学校。

和这帮神一样的孩子做同学，会不会垫底？要是学习成绩垫底了，会不会把信心都磨灭掉？

虽然王晓妍不放心，但工作还是要干的，现在单位的形势很严峻，不是东风压倒西风，就是西风压倒东风，在此关键时刻，必须要好好表现，才能在竞争中立于不败之地。

如果没有工作，就会没有安身立命的饭碗；没饭碗，就没有经济来源，要是连零花钱都管老公要，日子可就惨了，家庭地位也会受到影响。所以工作不仅要干，还要打起精神来好好干。

为什么这次院里点名派自己学习，而没有派张主任去，这是不是说明领导对自己的印象更胜一筹？

很有这种可能。想到这里，王晓妍备感欣慰，她振奋精神，收拾行李，整装待发。她要努力工作，积极上进，为自己，也为孩子做一个敬业的榜样。

一转眼，几天就过去了。

此时，李一帆正在家里看电视，亚运会各项比赛正在如火如荼地进行着，他的心情随着运动员比赛的成绩排名忽上忽下。坐在书桌前的李兴宇不淡定了，爸爸在客厅里看电视，他实在写不下去作业，最后干脆把笔放下，悄无声息地走到门外。

李一帆正看得带劲，冷不丁发现身后有动静。扭头一看，只见李兴宇正伸长脖子看得起劲。

"你在干什么？作业写完没有？"

"马上就要写完了，出来喝点水就去写。"李兴宇眼珠子一转，想赶紧把爸爸的注意力转移。"哎呀，坏了，马上就要被日本队撵上了。"

李一帆正要说话，眼看比赛进入到最关键时刻，本来游泳400米接力赛，中国队和日本队并驾齐驱，但到了第二棒的时候，日本队竟然稍微领先一点，而且节奏也比中国队快一些。

"啊？"李一帆的心一下子提到了嗓子眼，中国队一定要加油啊！金牌事大，打败对方的事更大，要是被对方打败了，脸面何处安放？

更重要的是，晚上的心情会被搅和了，当然李兴宇的作业也很重要，但既然孩子马上就要写完了，那就不要过于操心了。于是，父子俩的眼睛紧紧盯住屏幕，紧张地看起来。

突然，家里的大门开了，还没等父子俩反应过来，就看见王晓妍面沉似水，像个雷神一般走了进来。

王晓妍看见李兴宇没有写作业，而李一帆竟然也不管，父子俩就像哥俩儿一样，在悠闲地看电视，谁也不理她。一肚子火苗腾的就燃烧起来了。

家里的气氛突然之间紧张起来。

"你们在干什么？作业写完没有？"王晓妍气势汹汹，像个瘟神一样，站在大门口。

"马上就要写完了，我是问老爸一道题。他刚讲完。"

"真的吗？"王晓妍将信将疑。

"谁说不是，你不是出差一周吗？怎么回来这么早？"李一帆有意转移话题。

"会提前开完了，我不回家难道住在外面？"王晓妍进门的时候，故意没按门铃，她就是想看看，离开自己的监督，孩子到底自觉还是不自觉。眼前发生的一切令她很失望："刚才在路上遇见一个家长，说你们今天数学考试了，考得怎么样？"

"100分。"李兴宇得意扬扬地说道。

这句话就像一阵兴奋剂，王晓妍听了，满肚子的怒气消了大半："真的，假的？"

"你看看。"李兴宇起身去书房拿出卷子。

"是真的，好孩子，给你做点好吃的，想吃什么？对了，你是第一吧？"王晓妍心花怒放。

"貌似这样，不过有不少人考了100分。对了，今天孙嘉怡又哭了。"

"怎么回事？"

"她说老师给她多扣分了，本来她明明是100分，结果老师才给她98分。她一肚子气，找老师要分，结果老师没给她，她就大哭起来，你说是不是太夸张了？"

"是夸张。"

"从小学开始，她就这样，到现在还没有改，两分算什么？分又不能换成钱，到商店买东西吃，她何必那么计较！"

"根据我多年的教学经验，要是我给学生少了一分，学生都会过来把分数要走；但要是我给学生多了一分，学生就不会主动过来找我，让我把分数改回去。"

"原来是这样。哼，今天思想品德老师给我们讲，说要是老师多给分了，自己就要主动找老师改过来。你说，这样的事儿会发生吗？"李兴宇问道。

"这个……"王晓妍咳嗽了一声。

"只要是正常人，这样的事很难发生。我真不知道老师为什么总是出这种弱智的题。"李兴宇说。

"不过，也不能这么说，我记得去买东西，人家多找给我钱了，我一般都还给人家。"

"不一样的，钱只不过是数字，但分数事关荣誉，是一件大事，少一分都不行。"

"有这么严重吗？"

"怎么没有？分数关系到我们的地位，关系到我们的前途，关系到我们的未来。老师嘴上说不要过分看重分数，可实际情况又如何？老师衡量一个学生怎么样，他们一般会问，他每门课考得怎么样？他的总分是多少？在级部的排名是多少？如果比较靠前，老师就会说，是个好学生，不管他的品行怎么样；如果比较靠后，那么他在老师的眼里就一文不值了。同样的错误，比如说上课说话，要是成绩好的学生，老师经常会视而不见听而不闻；但要是成绩不好的学生，老师经常会全班点名批评，甚至还罚站，一站就站整整一节课。真是太可气了。"

"看来你什么都明白。"

"其实，我非常不明白，老师为什么只喜欢学习好的学生？这公平吗？"李兴宇很不满，在小学里被老师当金子，到了初中后，发现成了一块不值钱的废铜烂铁，心里的落差极大，他还没有适应老师对他的无视。

"物竞天择，适者生存，这些都是自然规律。"王晓妍见怪不怪。

"这就违反了教育的本质。"

"教育的本质是什么？"

"教育的本质就是让所有的孩子都接受平等的、最好的教育，而不是让孩子掉队，老师更不能只是偏心学习好的学生，忽视成绩一般的学生，应该让所有的学生都接受好的教育，都进入到好学校。"不知道李兴宇在学校看到了什么不公平的事，搞得他一肚子怨气。

"你说的确实有道理，谁都希望如此。但现实是不容乐观的。你想，现在咱们国家的教育是小学、初中的义务教育。比如，小升初有好几万学生，真正能上高中的人数却只占很小的一部分，明白吗？大浪淘沙，要想上好学校，只能努力，像阿甘那样，拼命跑，拼命跑。"

"虽然你说得对，但我还是怀念小学的老师，我们小学那个数学老师关注每个孩子，一个问题反复讲很多遍，这里的老师貌似只关心那些将来有远大前途的人。"

"当时你不是说那个小学老师很啰唆，把你们都给讲睡着了？"

"但她的心是好的，最起码不让每个孩子掉队。"

"小学到初中是义务教育，初中到高中就变成了选拔和淘汰的考试了。也不是所有的老师都偏心吧？其他老师怎么样？"

"生物老师说他解剖过人体，双手沾满了鲜血，浑身上下有股阴森的味道。地理老师也很阴险，总是在书上的边角旮旯里，给我们找一些刁钻鬼怪的怪题，做他的题，我发现处处都是雷区，一不留神就会错。"

"那说明你们老师非常了不起，见多识广，知识渊博，有了这些优秀的老师，应该感到荣幸。"

"这些老师和我们有仇，每天都布置那么多作业，是不是要累死我们？"

"你越来越愤青了。"

"压力太大。"

"咱不和别人比，和自己的过去比。我对分数不看重，不过，好久没有见到 100 分了，很高兴，做点好吃的，你想吃什么尽管说。"

"你对成绩不看重才怪。我也想不起来吃什么，您随便看着做吧。我感觉老师不喜欢我，对我非常不公平，今天好几个同学都没带作业，结果他却让我一个人罚站，整整站了一节课。"

"什么？老师罚你的站了？"王晓妍听后，心里很不舒服。

"是啊，她偏心，要批评都批评，可不能只批评我一个人吧。"

"这也是。"王晓妍的心猛地一沉，当了多年的老师，她发现，很多孩子都有做替罪羊的经历。很多老师都会捏软柿子，如果全班的纪律非常乱，在批评孩子的时候，他会先琢磨一下，批评哪些孩子。

有些性格强势的孩子，像个愣头青，天不怕，地不怕，敢和老师顶嘴，老师说一句，他说十句，一般这样的孩子，老师也头疼三分。平时不惹他，他都捣乱，要是说了他，没准以后，他还会更加猖狂。

况且这种孩子的背后，说不定会有一个不好惹的家长，在这种家长的眼里，世界上只有他家孩子最好，从来没有任何过错。要是和别人有了摩擦，包括老师批评了孩子，肯定不是孩子身上有问题，错一定在老师。

这种家长属于常有理类型的，在他们的眼里，孩子哪会有错，有错的肯定是老师，连孩子都容不下的老师，怎么可能是个称职的老师？到时候，家长还会找老师的麻烦。

所以，班里的纪律乱，老师自然不愿意和这种强势的孩子起冲突，弄不好打不到狐狸还会惹得一身骚，把工作的心情彻底败坏掉。

如果全班都说话，老师会找个最软的柿子捏。那些性格温顺的老实孩子，老师批评他也不敢顶嘴，这样的孩子是老师批评的对象。批评老实孩子，老师既有杀鸡给猴看的意思，又能起到敲山震虎的功效，还不给自己惹麻烦，一举多得。

纪律乱是这样，别的事也是这样，对于强势的孩子、强势的家长，有些老师会大事化小，小事化了。不知道孩子的老师是什么情况？

"讲讲当时的情况。"

"当时老师随机抽查作业，正好抽查到我了，于是她就叫我站了一节课。"

"那些其他没有带作业的同学是怎么回事？"

"他们运气好，没被老师抽查到。"

"原来是这样，并不完全是老师偏心，也许是老师不知道他们没有带作业。"

"那也太过分了，我几乎每次都被抽查到，可是学习成绩好的学生，从来都不抽查，即使抽查到了，也不会批评他们。"李兴宇非常不满。

"真的？"王晓妍真想立刻跑到老师那里问个究竟，但她努力克制住了。

"警告你，我跟你说的话，你不要去找老师，要是你和老师有冲突了，我肯定会有麻烦，那个老师很厉害，现在总看我不顺眼。"李兴宇仿佛看出了王晓妍的心思。

"好的，这件事儿就算过去了，不再提了。你的学习太紧张了，我得先出去给你买点好吃的改善一下。"王晓妍虽然嘴上说着，但孩子罚站的事，已在她心里投下了阴影。

她想着找机会和老师谈谈，不能强攻，必须智取。但如何智取？得动脑子，和老师打交道是个大学问，既不能得罪老师，又要把问题解决，因此必须要掌握好火候。

"快点去吧，我饿了。"李兴宇说道。

"好的，马上就回来。"王晓妍笑嘻嘻地走出家门。

她要为孩子做一顿丰盛的晚餐，开心地陪着孩子吃。最好的教育就是陪伴，当然包括陪着孩子吃晚餐，陪着孩子聊天。

"哎呀，这么巧，王鹏妈妈，你们这是要干吗？"王晓妍迎面看见王鹏妈妈走过来。

"去超市啊，明天孩子就要回家了，我得买些东西，给孩子准备一下。"

"明天才回来，今天就开始忙？"

"那是，你看看，孩子他爸怕我忘了，还给我写了条子。"

"哎呀，好丰盛啊，又是猪肉，又是鱼的，还有可乐，点心，我正好也去超市，这下也不用动脑子了，正好比照着你的买一份。"

"孩子爸爸说让孩子多吃些牛羊肉，我孩子很喜欢吃西红柿炖牛腩，营养价值高，口味也好，虽然说可乐是垃圾饮料，但孩子爱喝，只要不是天天喝，也不必过分排斥。"

"孩子爸爸真是了不起的营养学家。正好，咱们一起去超市，你搭我的车就行。"

"恭敬不如从命，那我就不客气了，真是太感谢了。"说着王鹏妈妈就坐在副驾驶座位上，王晓妍发动车子。"真羡慕你孩子天天都回家，我孩子在学校住了一周，学校食堂的大锅菜，孩子肯定吃烦了。"

"虽然天天回来，但作业太多，也需要补补身体。对了，孩子住校的感觉怎么样？习惯吗？"

"孩子也不给我打电话，好不容易联系上，他说这几天晚上睡不着觉，急死人，听了这话，我也睡不着了。"

"好好的怎么会睡不着？"

"对啊，真急人，先是说食堂饭菜不好吃，我对他说给他那么多钱，不要怕花钱，什么好吃买什么，现在又说睡不着觉了。都说旁观者清，你帮我分析一下，到底是什么原因？"

"也许孩子刚到新环境还不适应，要不就是和同学闹别扭，心里有压力？"

"不知道，我问他和同学之间有矛盾吗？他说大家都是好朋友，经常在一起吃饭。"

"睡不着还是不困，就像孩子不是挑食，就是饿得轻，李兴宇军训后刚回家那几天，恨不能见到煮白菜都说是香的，孩子回家后好好问问他，叫他在家多补补觉。"

"不过有一点，住校虽然艰苦，但学习的时间有保证，每天三点一线的生活，孩子们把全部的心思都用在了学习上。"

"只要功夫深，铁杵磨成针。只要学习时间能有保证，孩子的成绩肯定会有很大的提高。从这个角度看，孩子过集体生活，也没什么不好。"

"凡事有利就有弊，孩子的成绩确有提高，这点我不否认。"

"这么说来，我就更焦虑了，我孩子每天浪费两个小时在路上，到家已经很累了，还得写作业。要是把这两个小时用在学习上该有多好，经你这么一说，我必须赶紧搬到学校附近住了。"

"现在找学区房有点晚了吧？"

"的确太晚了，这是我的一大失策，现在要想找到合适的学区房，真是比登天都难。不过，我的运气还不错，找到学区房了，遗憾的是还得再等一段时间才能搬进去。"

两个人说着话，王晓妍很快就开到了停车场，却发现下班的这个点，超市附近几乎没有停车位。

匆匆忙忙从超市买好菜回来，王晓妍做了一桌丰盛的晚餐。全家边吃边聊天。

"对了，你们班有个叫王博的牛蛙，获得了华杯赛的奖杯？"王晓妍问李兴宇。

"你怎么知道？"

"大家都知道，他的大名如雷贯耳。"

"不过他的个子是悲惨世界，超级矮，长一张尖嘴猴腮的脸，虽然是中学生了，但说他是小学四年级的学生，大家也相信，典型的手无缚鸡之力的文弱书生，将来长大了，个子也不会有多高，他的情商很低。"

"情商很低？你连情商都知道了，谁教的？"

"太小看我了，我博览群书，什么都知道。连宇宙大爆炸都知道，连《时间简史》都看过的人，知道情商还不是小菜一碟！"

"我知道你看过《时间简史》，但看过和看懂，是两个概念。"

"大人都看不懂的书，我们更看不懂。"

"刚才你说王博的情商低，从哪儿可以看出来？"

"太多了，说话声音太快，你还没有听明白，他已经说完了；而且胆子很小，上次有人把毛毛虫放到他的抽屉里，他都被吓哭了。你说，他的情商低不低？"

"谁把毛毛虫放到他的抽屉里？"

"我们都知道是谁，但就不告诉他，就是想看他的笑话，谁叫他的成绩那么好？成绩好的家伙，我们都烦，同样的事儿，别的同学做了没有事，但他做了大家心里都烦。"

"那么说，谁学习好，谁就是公敌了。"

"因为老师偏心，所以大家不喜欢他。"

"你是什么，是学渣，还是学霸？"

"我既不是学渣，也不是学霸，而是介于两者之间。不过，我会努力成为学霸的。不说了，吃饱了，休息一下该学习了。"

学霸牛蛙修炼攻略

　　每个孩子都是独特的，无论成绩好坏，他们心里都有个牛蛙梦，但从青蛙变成牛蛙需要能量的积蓄，要给孩子们足够的成长时间，这个时间段因人而异，也许几个月，也许几年。

　　家长一定要相信，只要孩子努力，青蛙就有变成牛蛙的机会。

NO.10 辅导作业有讲究

> "学习是孩子的事儿，我也不能帮他太多，最重要的还是激发他的学习兴趣。专家不是说了吗？三流老师教给学生知识；二流老师教给学生能力；一流大师点燃学生的热情。"

晚上，李兴宇伏案埋头写作业，没过多久，拿张卷子对王晓妍说："这道题怎么做？给我讲讲吧。"

"你就不能多想想吗？"

"我想了半天，怎么也想不出来。"

"想不出来没有关系，赶紧看看课本。要记住，每次老师给你们发的练习题，全是课本上的，所以说，在每次写作业之前，你必须把课本全部都看一遍，把老师讲的内容吃透、看会、消化、吸收，然后再把例题看懂，学会举一反三，在这个基础上，你再去写作业，做题。"

"你说的话，我都知道，也做了，但今天的作业实在太多了，有三张卷子，还要背英语课文。写完作业后，还有一张手抄报，那么多作业等着我，今天晚上我都不知道几点能睡，你还在这里教训我，我都快急死了。你赶紧告诉我怎么做，别再浪费时间了。"

"手抄报，今天怎么又做手抄报了？昨天不是刚做完一张吗？"王晓妍很奇怪。

"昨天那是语文的手抄报，今天要做的是英语的手抄报，介绍世界各地的饮食风俗，又要求写，又要求画的，得用很长时间，现在我都不知道怎么做手抄报了。"李兴宇急得要命，"你看看我有这么多作业，哪有时间再静下心来想题？"

"你现在的学习状态真是三个字：忙，茫，盲。忙碌，茫然，盲目，整天忙忙碌碌的，好像干了很多事，可是到了晚上睡觉的时候，却发现没有干几件真正能够提高成绩的事。每天就像个没有头脑的苍蝇那样，东碰碰西碰碰，不知道该干什么，不该干什么，做什么事都没有计划性。"李一帆继续教育。

"你说这些话不是浪费时间吗？"

"旁观者清，我指出你学习上的缺陷，你怎么还不虚心！"

"又浪费了这么多时间，赶紧给我讲题吧，我要写作业去，还有一张手抄报，我都不知道今天晚上几点钟能写完作业。没有时间啰唆了。"看见李一帆又要开始长篇大论，李兴宇急得都快哭了。

"好了，好了，别着急，手抄报的事，你不要管了，我来帮你做。"王晓妍赶紧挺身而出。

"不行，不行，老师一看就知道，这不是我的字，你趁早别帮我写了，到时候老师再找我麻烦，我可不愿意再当着全班的面罚站。"李兴宇说。

"我怎么会叫你罚站？我在网上帮你收集一些英文版国外食物的介绍，然后再收集一些彩色的图片，帮你打印出来不就行了？"

"真的？哈哈，哈哈。"李兴宇突然笑了起来，"这是个好办法，但不知道老师同意吗？"他有些犹豫。

"那次去学校，我看见你们班教室里有好几个学生都是那么干的，没关系，放心吧。"

王晓妍继续给孩子吃定心丸。她心想，如果孩子有足够的时间，作业自然会让他全做，这本来就是孩子的事。但具体到今天晚上，老师布置了这么多作业，与其叫孩子眉毛胡子一把抓，还不如让他抓学习的重点。

重要的作业，像数学老师发的练习题，是必须要独立思考做出来的。因为数学的学习是一环紧扣一环，今天的内容不明白，就会影响到第二天的学习。

至于手抄报，今天不做，不会影响明天的听课，将来孩子有时间可以随时把它作为拓展的内容补充。但现在，孩子没有那么多精力，家长只好站出来了。

"还是不行，这次要做的是 A3 的不是 A4 的，咱们家打印机是 A4 的。"

"啊？"王晓妍也吃了一惊，"这可怎么办？"

"算了，算了，还是我自己做吧。"李兴宇脸上刚露出来的笑容，又凝固了，接着又是多云转阴，眼看又要下暴雨了，"今天又是这么多作业，我拼命写，拼命写，也写不完，你赶紧给我讲讲吧。"

"关键时刻，老将出马，你们的脑子都不如我聪明。"李一帆发话了，"两张 A4 的纸拼在一起，不就是 A3 吗？连这么简单的问题都想不到，难怪数学题做不出来。"

"对啊，真是这样，好主意，我好好设计一下版面，把两张 A4 的纸拼在一起，不就变成 A3 了吗？"王晓妍笑了。

"那我就放心了。"李兴宇这才开心。

"孩子，记住，男孩子要学会想办法，知道吧？只要开动脑子，世界上什么都不叫事儿。你看看你老爸，想当年，那可是全校第一名，同学老师都说我聪明，说我是天才。其实，我自己知道，世界上哪里有天才！鲁迅先生是把别人喝咖啡的时间用在写作上，我是把别人下课休息的时间用在做题上。遇见难题，我是明知山有虎偏向虎山行，别人都感觉不会做的题，其实我也不会做，但我就反复地看书，看例题，反复地思考，最终很多题我都做出来了。"

"好了，好了，别吹牛了，没事儿光在脸上贴金，把自己和鲁迅相比，也不知道脸红，真是糟蹋了伟人。想教训我，不给我讲题，直说就行，我自己想去。"

"好好想想，即使想不出来，你也要知道，你的思路是在哪一步卡住的。要是你能想出来的话，就过来给我讲讲，每天你给我讲上一两道你理解的有困难的题，而不是我给你讲题。"

李兴宇听完走到书房，自己思考去了。

过了五分钟，他走出来，"这道题我想出来了，不知道对不对。"

"不错，解题的思路很好，还是有进步的，怎么样？自己想出来的题，比别人给你讲解的印象深吧？"

"是，再做相同类型的题，就知道解题思路了。"

"这说明你在逐渐掌握学习方法，虽然说学数学不能靠题海战术，不能靠刷题，但也要保证足够的量，只有量上去了，才会有质的飞跃。这样，今天你写完作业后，如果还有时间，可以考虑做点练习册上的题。"

"现在就可以做，我去找几道类似的题。"

"孩子，以后遇到数学难题的时候，千万不要着急找答案，一定要静下心来找思路，每次想出一道题，你的功力就会增加很多，遇到困难时，千万不要退缩，要迎难而上。学会独立思考，比会做几道题更重要。以前小学的时候，我过于包办，把你养成了依赖的习惯。现在到了初中，我必须要放手了。如果你养成了独立思考的习惯，将来到了高中阶段，你就会走到前面。"李一帆鼓励儿子。

李兴宇回到书房关上门写作业去了，王晓妍对李一帆说："那天和徐阳爸爸也谈论过数学的学习方法，他是提前领着孩子把内容全学一遍，叫孩子心里有个大概的框架，到了老师再讲的时候，让孩子先提前预习一遍，找出薄弱的环节，然后带着问题听课，下课后及时复习，剩下的时间，他就领着孩子刷题。徐阳按照这个方法学习，每次数学几乎都是满分。你是不是感觉人家的办法非常有借鉴意义？"

"又是人家的爸爸，不是不能夸人家的孩子吗？你怎么又开始夸人家的爸爸了？"

"夸人家的爸爸又怎么了？"

"这样容易打击自己老公的积极性。"

"那就不好意思了，不过，他山之石可以攻玉，我夸人家的老公，绝对不是为了打击自家老公，而是教你更好地借鉴人家的经验。"

"教育是没有定法的，况且一个家长有一个教育方法。我没有徐阳爸爸那么多时间，他在事业单位谋个闲职，现在混一天是一天，整天在单位晃荡着，就等着退休了。中午没下班，就回家给孩子做饭，以孩子的成长为个人最高的事业，而我工作太忙，一堆事都等着我去干，顾不过来。再说，学习是孩子的事儿，我也不能帮他太多，最重要的还是激发他的学习兴趣。专家不是说了嘛，三流老师教给学生知识，二流老师教给学生能力，一流老师点燃学生的热情。"

"你是说你比徐阳爸爸强，因为你是一流老师？要点燃孩子的学习热情？"

"那当然，我发现咱儿子的数学思维不错，虽然说每次在班里考试的成绩不拔尖，但他的后劲大。缺点就是坐不住，沉不下心来，这是个大问题，还需要内在的动力。"

"我感觉老师真没必要布置那么多作业，给孩子更多自主学习的时间多好。"

"也不能这样说，有些孩子的能力强，效率高，他们并没感觉有太多作业的。"

"但对大多数孩子来讲，作业实在太多了，尤其是一些没有技术含量、单纯抄抄写写的作业太多了，这样的作业，孩子不写也罢！难怪我的几个同事都帮助孩子写作业，好让孩子把更多的时间精力用在更重要的地方。我同事的孩子，在学校是前十名，即使她不写作业，老师对她也是睁一只眼闭一只眼的。所以，对老师布置的作业，孩子完全可以有弹性地选择。"

"你的意思就是，对老师批改的作业，一定要认真去做，对老师不批改的作业，有的时候可以糊弄，对不对？"

"就是这个意思，在我的帮助下，你终于取得了巨大的进步。"

"怎么还不睡觉，还在这里磨洋工？你真是晚上不睡，早上不起啊，赶紧收拾书包，上床睡觉。"孙嘉怡妈妈眼看着钟表又转到了 10 点 50 分，孙嘉怡却还在埋头伏案写作业。

"马上，马上，还有三分钟的时间。"孙嘉怡边说边哈欠连天。

"再不早点休息，明天早上又起不来；起不来，明天的效率不高，就很难考出好成绩。"

"别催了，把我的思路都打断了，你以为我不想躺到床上睡觉！我愿意写这么多作业吗？谁不愿意像你那样，没事看个电视，上网聊天？"

"别啰唆，赶紧写。"

"还不都是你的事，本来我写得好好的，你非得没事找事，满嘴的分分分，烦不烦人？"

"我说一句，你十句话在等着我，快点闭上嘴巴，真够了。"孙嘉怡妈妈大吼一声。

"吼，吼，吼，就知道咋呼。"

将近十一点了，孙嘉怡才收拾好书包，慢慢悠悠地躺到床上。

"都是什么世道啊，三天一大考，一天一小考，晚上又一堆作业，老师是不是看我们不顺眼，想累死我们？那些学习好的学生，在老师的眼里就是一朵花，我们全是豆腐渣。"她的嘟囔声越来越小，最后困得连眼睛也睁不开了，但嘴还没有闭上。

"老师怎么了？"

"每次提问都找好学生，学习好的犯了错误，老师也不管。"

"老师太偏心了。唉，孩子遇见这样的老师也真倒霉。"孙嘉怡妈妈很不满，难怪孩子最近的成绩下降不少，不用说，肯定是老师教得不好。

学霸牛蛙
修炼攻略

要成绩还是要健康？要睡眠还是要作业？

每个家长都在纠结这个问题。

成绩固然重要，孩子的健康更加重要。面对孩子们繁重的作业，对于一些不重要的作业，家长们可以代劳。

要记住，学霸牛蛙永远都是最会学习、最会利用时间的，而不是写作业最认真的。

NO.11 不能输在早餐上

"不是孩子不愿意吃早饭，而是大人做的早饭，让孩子们没有胃口。在抱怨孩子们不愿意吃早饭的时候，先看看你们早饭的质量，连自己都不喜欢吃的饭，孩子怎么可能喜欢吃？"

王晓妍看见李兴宇终于睡着了，轻轻走过去，给他把被子盖好。家里安静下来，孩子睡觉后的时间是属于家长的自由时间，绷了一天的弦，也该放松一下了。

王晓妍打开电脑想着把快要写完的论文收尾，又想看看其他家长都在忙什么。王晓妍发现家长群的对话头像闪动起来，这是为了方便家长联系建的群。

为了获得更多的信息，王晓妍加了很多家长群，有上千个人的大群，也有几十个家长的小群。有了这些渠道和窗口，王晓妍感到自己是个万事通。

风声雨声读书声，声声入耳；国事家事天下事，事事关心。

只要是关乎孩子健康成长，关乎教育的话题，她都很感兴趣。

"你们说，现在孩子的时间是不是太紧张了？晚上作业太多，睡觉晚，早上又起不来，吃饭没有胃口！"王晓妍吐着苦水。

"是啊，今天孩子又熬到半夜，刚刚上床，现在还没有睡着。"孙嘉怡妈妈说。

"我孩子还没有上床。"刘骏妈妈无可奈何。

大家正在唉声叹气的时候，突然，一份诱人的早餐摆了出来，大家眼前不觉一亮。

原来是刘杰妈妈晒出了给刘杰做的早餐：嫩煎牛排，面包加上鸡蛋火腿，燕麦八宝粥，还有一盘水果沙拉，最引人注目的就是那盘五颜六色的水果沙拉，仔细看照片，里面有香蕉、苹果、橘子、西瓜，用彩色的起司搅拌，叫人一看照片，就遐想无限，口水也哗哗地流了出来。

刘杰妈妈霸气十足地说了一句话："以后谁再说孩子不愿意吃早饭，就把孩子送到我家来吧。"

此话一出，群雄皆哑，过了半天，留言像雨点一般狂泻下来。

"走，就去你家吃了。"王晓妍说。

"对，为了这顿早饭，孩子就睡到你们家了。"孙嘉怡妈妈也不甘落后。

刘骏妈妈一连点了10个赞，献上20朵玫瑰花。

看了这些回复，刘杰妈妈心里比吃了蜜都甜。

她继续现身说法："不是孩子不愿意吃早饭，而是大人做的早饭，让孩子们没有胃口。在抱怨孩子们不愿意吃早饭的时候，先看看你们早饭的质量，连自己都不喜欢吃的饭，孩子怎么可能喜欢吃？我研制出了多种早饭配方，随时放到网上，大家多批评指教。"

刘杰妈妈说完后，立刻又收获了一堆玫瑰。

看了刘杰妈妈的留言后，王晓妍想想自己每天早上疲于奔命地上班，忽视了孩子的早饭，感到自愧不如，难怪孩子学习的质量不高，原来输在了早餐上。

输掉了早餐，就等于输掉了一天，长此以往，日积月累，那还了得！

王晓妍心里非常感慨，她回复道："只知道美女妈妈的生活精彩，没想到做出的早餐更精彩。"

看见这句话后，刘杰妈妈心花怒放。她想，精彩的何止是给孩子做饭，其他方面我也不会太差。

刘杰妈妈早先的理想是做老板，但无奈机缘不合适，工作没有太大的起色。后来遇见颇有资产的同学，很快成家。那时候，她的理想是做个成功的老板娘，帮助老公经商。很快，她的理想变为现实，两人的事业风生水起。

自从有了刘杰后，她的心思全用在刘杰身上了，从小就给刘杰到处访寻名师，报各种辅导班。

现在刘杰上了初中，刘杰妈妈感到生活节奏骤然紧张起来。为了让刘杰能吃上可口的早餐，她早上五点左右就起床，变着花样地给刘杰做饭，早餐自不必说，中餐、晚餐的品种更加丰富。

刘杰每天中午一进家门，热腾腾的、美味可口的饭菜早就摆在了桌子上。孩子吃完饭后午休，小睡半个小时后，起床做作业，然后上学。因为中午已经做完了作业，晚上回家后时间很宽裕。由于营养跟得上，刘杰个头长得很高，足有 1.74 米，显得亭亭玉立。

孩子上学的时间，刘杰妈妈拿出孩子的书，仔细地研究，把各个知识点都理解掌握透。遇到刘杰不懂的问题，她会及时答疑。

刘杰晚上回家后，她把所有的时间、精力都用在孩子身上。孩子学习累了，需要休息的时候，她会及时递过去一个削好的苹果，或者是扒好皮的香蕉、橘子。孩子所有的资料，她都分门别类地用活页夹整理好。

闲暇时，刘杰妈妈一般找朋友出去锻炼，练瑜伽、游泳，日子过得很滋润。在刘杰妈妈的词典中，全职妈妈的生活是精彩、自由快乐的。

她非常看不惯那些为了伺候孩子而变得蓬头垢面的妈妈，为什么不打扮一下，给自己和孩子更多自信？

但她对自己也有很多不满，网上有妈妈做出 30 天也不重样的早餐，甚至还有妈妈能为孩子做出 365 天不重样的早餐。所以，自己还得多多修炼，照顾孩子是永无止境的。

"对了，有个重要的事情打扰大家，今天老师叫每个学生做个正方体，你们都是用什么做的？求助。孩子不让我帮忙，非要自己做，但他不知道怎么做，这都十一点了，还不睡觉，真急人，不知道明天上课还能听得进去吗？"刘骏妈妈突然想起一个重要的问题，连忙在群里问。

"我是用橡皮泥做的，正好家里还有很多橡皮泥，很快就做出了正方体和长方体。"徐阳爸爸说，"孩子妈妈顺便切了一个土豆，结果孩子看着好玩，非要自己切，搞得满厨房都是土豆，害得晚上家里炖了一大锅土豆。"

"什么，还有这样的事？"王晓妍大吃一惊，"我怎么不知道，孩子也没有说。"

"啊，我也不知道，我家孩子干什么都像蜗牛，都十多岁了，动作还那么慢，起床得催，洗漱得催，吃饭得催，学习得催，洗澡要催，一天我得催无数遍。这不是刚把她撵到床上睡着了，我才松了一口气。本来想着临睡觉前随便看看手机，没想到孩子还有作业没做完，好心情又被搅乱了。"孙嘉怡妈妈说。

"你摊上大事了。"王晓妍说。

"真是摊上大事了。孩子没做完作业，熊孩子，她睡得呼呼的，总不能再叫起来，切土豆去吧？怎么办？"孙嘉怡妈妈问。

"没有办法，只好咱们披挂上阵吧，老将出马，一个顶仨。"王晓妍说。

"两位别忘了，还要用硬纸壳，做正方体的展开图。"徐阳爸爸补充道。

"还有展开图，当年我自己上学的时候都没做过。好吧，好吧，刚来的睡意又被撵走了，明明是孩子上初中，怎么家长也跟着受累？要是孩子做，也得做到很晚，不赞同疲劳战术。"孙嘉怡妈妈说。

"咱说了不算，你赶紧从床上爬起来干活吧。"

"当妈的真不容易，先听一个笑话再去帮助孩子做作业，这样干劲儿才会足。"徐阳爸爸说。

"好的，我们洗耳恭听。"

徐阳爸爸在网上打出一个段子：

记者问一位"大娘"说："大娘，您保持年轻的秘诀是什么？"

"大娘"说："坚持当妈妈十年以上，一天做三顿饭，每天早上把还在睡梦中的孩子从床上拉起来，给孩子做好早饭后，送孩子，上班，晚上下班后，接孩子，逛菜市场，给他做晚饭，再帮他检查作业，给孩子洗洗校服，刷刷鞋，随时盯着孩子不让他玩手机，不让他上网，小心他和异性过多接触，把早恋的苗头都扼杀在萌芽状态。没事儿每天和青春期的孩子吵几次架，随时战斗，并做好被打败的思想准备，即使被气得浑身上下直哆嗦，也要继续干下去，有泪也不敢轻易地流出来。"

记者："啊？大娘您今年高寿？到85了吗？"

"大娘"："35。"

"太幽默了，太幽默了，有徐阳爸爸同行，我们当家长的可以一起苦中作乐，话说老师给孩子布置这么多作业，有一半都是给家长布置的。"孙嘉怡妈妈说，"替孩子做作业，干活儿又有动力了。"

"我们这些老儿童，什么事都帮孩子做了，他们什么时候长大？"王晓妍边发牢骚，边赶紧跑到厨房，拿起刀开始削土豆了。

学霸牛蛙 修炼攻略

一天之计在于晨，一年之计在于春。

还有什么能比一顿营养丰富、搭配科学的早餐更重要？这是孩子们一天学习生活中最重要的保障。不能输在起跑线上，更不能输在早餐上。为孩子提供优质的早餐，是家长最重要的工作之一。

NO.12 青春期遇上更年期

> "不就是几个地方吗？我已经很努力了，你干吗总是鸡蛋里挑骨头。"
>
> "什么鸡蛋里挑骨头，你看看你的卷面，这还是人写的吗？现在中考非常重视卷面分，一个字就要扣你一分，你的卷面写成这样，10分肯定没有了。到了中考，10分，什么概念？"

时间过得真快，转眼又到周末接孩子的时间了。

王鹏爸妈看见王鹏走出来，心里非常激动，赶紧走过去，"这周过得怎么样？"

王鹏愣了半天，没有说话，尽管强忍着，但眼泪还是哗哗地流了下来，他没有找到餐巾纸擦眼泪，赶紧抓住爸爸的衣服袖子，使劲把脸上的泪擦掉，但眼泪太多了，怎么擦也赶不上流出的多，转眼间王鹏爸爸的衣服湿了半边，最后他索性任眼泪直流。

"乖儿子，怎么了？"王鹏妈妈看见他这样，心都快碎了，"谁欺负你了，我去找他算账。"

"呜呜呜。"听了这话，王鹏哭得更厉害了。

"男子汉，有泪不轻弹。"王鹏爸爸很无奈地看着他，"这个是擦眼泪的吗？"

"好孩子，不哭，不哭。"王鹏妈妈赶紧劝道。

"闭上你的嘴不行吗？"王鹏爸爸使劲白了王鹏妈妈一眼。王鹏哭得泪如雨下，他的父母看着他，心如刀绞，但又无可奈何。

"好了，没事儿了，咱们回家吧。"王鹏的眼睛哭得就像核桃仁一样。

"对，赶紧上车吧。"王鹏妈妈打开车门，王鹏进去，王鹏爸爸开启发动机，启动轿车。

车开动起来，王鹏的心情好了许多。

"你脸上怎么突然之间长出了这么多青春痘？"王鹏妈妈发现孩子满脸红痘痘。

"我也不知道。"王鹏说道，"一个晚上就都冒出来了，我使劲洗也洗不掉。"

"回家后，记得少吃油腻的肉食，多吃水果。"

"我根本就没有吃油腻的，我光吃土豆丝了。"

"光吃土豆丝了？土豆丝有那么好吃吗？"

"便宜呗。"

"你闹灾了，我给你那么多钱都哪里去了？难道你都买零食了？要不然都泡网吧了？"

"你们怎么不说我点好话？告诉你钱全在卡上。"

"你平时花钱不是大手大脚的吗？全家出去吃饭一顿花上 200 块钱你都感觉不上档次，现在怎么突然之间变成小气鬼了？"王鹏妈妈觉得莫名其妙。

"这一点也不奇怪，我同事的孩子也是这样，在外地上大学，家里每月定期给的钱都计算着花，但回到家里，父母带他出去吃饭花钱却如流水。"王鹏爸爸一副洞穿世事的样子。

"明白了，给你的钱，成你自己的了，花起来就小气；但家里的钱，和你没关系，所以花起来非常大方。"

"别说得那么直白，好吧？"王鹏有些不好意思，"花自己钱的滋味不好受。"

"好儿子，不乱花钱，知道节约是好事，但你也不能太节省了。只有吃得好，才能身体好，身体好了，精力好了，学习成绩自然就能上去。况且你现在正在长身体，千万不要再节省了。咱们家供你吃饭的钱还是有的，你就天天吃食堂里最贵的菜吧。"王鹏妈妈说。

"知道了，知道了。一回家，你就啰唆。"

"好孩子，不啰唆了，妈妈早就给你准备好了一桌饭菜，有油焖对虾、红烧排骨，还有黄花鱼，爸爸还给你做了海参汤，赶紧回家吃吧。"

王鹏听到后，满眼冒金光。

进了家门，王鹏看见满桌的好菜，激动地大呼一声："爸妈万岁，万岁。现在我一定要好好学习，将来长大后，一定要找到好工作，挣很多钱，把你们花在我身上的钱全都还清。"

"好儿子，说这话太见外了，什么还不还钱的，只要你开心快乐地长大，成为一个正直善良的人，我们就心满意足了。什么话也别说了，赶紧吃饭吧。"

"饿死我了，馋死我了。"王鹏坐在桌子上，也不管三七二十一了，大口吃起来。

"慢点吃，乖孩子，咱们慢点吃好不好？吃太快对身体不好。"看见王鹏吃得那么香，王鹏爸妈心里又是心疼，又是甜蜜，边说边把菜都推到王鹏面前。王鹏妈妈把盘子里对虾的皮扒掉，放进王鹏的碗里，虽然王鹏狼吞虎咽，但碗里还是堆满了虾，王鹏妈妈还不停地往他碗里夹菜。

"哎，竟然吃了一个星期的土豆丝。"王鹏妈妈真是觉得有些不可思议，"光吃土豆丝，营养怎么能跟得上？到时候，你就会变成土豆丝了。"

"你们怎么不吃？"王鹏终于抬起头来，看见爸妈一脸慈爱地看着自己。

"我们已经吃饱了，你赶紧吃吧。"王鹏妈妈说。

"好的，好的。"王鹏又开始埋头大吃，转眼之间盘子就见底儿了，"儿子，别急，锅里还有很多，接着吃。"

王鹏爸爸盛了一大碗米饭，放到了王鹏面前。

"撑死了，撑死了，不能吃了，不能吃了。"王鹏的头摇得像拨浪鼓一样，撑得连腰也直不起来了。

看见孩子吃饱了，王鹏爸妈才拿起筷子，开始吃饭。

"原来你们刚才是舍不得吃啊，世上只有爸妈好啊。"

"好孩子，快去看会儿电视吧。"

"好的，待会我去洗衣服。"王鹏说。

"洗衣服，你什么时候学会洗衣服了？"王鹏妈妈很奇怪。

"老师告诉我们，回家后自己的事儿自己干，所以待会我就把我的衣服洗了。"

"那倒不必，用洗衣机，比人工的快，不耽误你上学校穿。"

"要不，待会儿我扫地？"

"好好好，真是士别三日当刮目相待。"王鹏妈妈满心欢喜，"孩子，能告诉妈妈，你怎么哭得那么伤心啊？"

听了这句话，王鹏刚才还风和日丽的脸突然之间变得阴云密布，"你有完没完？怎么又来了？"说完一扭头就走进自己的屋子，砰地关上门不再出来。

"告诉你别急着问，你总是性急，这下好了吧？"

"唉，没有办法，这不是关心孩子嘛。"

"那也得讲究点策略，好不好？"

"对了，等着我有时间悄悄问问孙珊妈妈去。"

转眼之间，周日下午就到了，又是送孩子的时间。

"唉，都说住宿的中学就像监狱，真是不假，又要回到监狱去了。"王鹏唉声叹气。

"还是住校好，远离市区，环境单纯，有利于提高成绩。"王鹏爸爸苦口婆心地嘱咐道，"在学校里，要注意和别人搞好团结。不要过分和同学计较小事儿。"

"我没有计较，但有些人总是欺负人。"

"谁欺负你？我去找老师谈谈。"王鹏妈妈不愿意了。

"没有什么，没有什么。你千万不要找老师，要是你找了老师，老师肯定又会找我的麻烦。我的事儿，你就不用操心了，要是你这次找老师了，下次有什么事，我都不告诉你了。"

"好吧，另外，学习上的事儿要多抓紧，我看你的作业，字写得有些乱，原来在小学的时候，还写得整整齐齐的，现在到了初中，怎么还没有小学时写得好了？"

"我的字怎么就乱了，这不是挺好吗？"王鹏很不服气。

"什么，这叫好？一篇作文有那么多涂改，这也叫做好？你看看就像狗刨的一样。"王鹏爸爸严厉地说。

"不就是几个地方吗？我已经很努力了，你干吗总是鸡蛋里挑骨头。"王鹏很不服气。

"什么鸡蛋里挑骨头，你看看你的卷面，这还是人写的吗？现在中考非常重视卷面分，一个字就要扣你一分，你的卷面写成这样，10 分肯定没有了。到了中考，10 分，什么概念？0.5 分之差就是几万元，这就是所谓的细节决定成败。"

"一点小事就开始上纲上线，以后我会注意的。"王鹏的眉头皱起来。

"还有，从你回家的那天晚上，我就嘱咐过你，别整天看物理、宇宙、天文之类的课外书，你却一直把我的话当耳旁风。当然了，我不是说看这些不好，我要告诉你的是，你应该拿出更多的时间看看副科，看看英语，这样对考试成绩提分会很快。你要学会掌握学习的方法，把时间用在能快速提高分数的科目上，比如说生物，政治这些科目，咱们要学会用最小的代价，考出最高的分数。"王鹏爸爸苦口婆心地劝道。

"我又不是为分数而活的，况且，我又没有打游戏，看书还不行？"

"看书是好事，可你看的都是些课外的杂书，和提高分数关系不大。你一个学生，不为分数而活，还有天理吗？虽然现在都说素质教育，但没有分数一切都是浮云。记住，素质教育会耽误一批孩子考学的。"

"我喜欢高分，但分数又不代表一切。"

"在学校里，分数就代表了一切，代表了你在班级、在年级的位置，现在你的学习方法不对，把时间都浪费了，你课内的知识都还半生不熟，有多余的时间和精力，应该把课内的知识好好复习一下。"王鹏爸爸恨不得把心都掏出来给孩子。

"我的事，你管不着。"王鹏把头一扭，很不服气。

"小兔崽子，翅膀没有硬，就想着要飞？"王鹏爸爸听得心头火起。

"反正我看书了，又没有玩，已经够好的了，看什么书，你还管？"

"我不管能行吗？你没有掌握学习方法，到时候会走很多弯路，浪费时间、精力，成绩还上不去。我是你爸，总不能看着你自食其果吧。"

"我愿意走弯路，走过了才知道什么是正确的路。"

"你是猪脑子，你愿意，我还不愿意。"

"你说谁是猪脑子？"王鹏的声音高了八度。

"说别人对得起你吗？"王鹏爸爸的声音也高了八度。

"你什么态度，你什么态度，怎么还骂人？"王鹏的眼泪又冒出来了。

"老子教训小子，天经地义，我怎么骂你了？"

"你态度不好，你说话的语气不对，是一种教训人的口气。"

"口气怎么不对了？你还说不得了？"

爷俩怒目相视，就像仇敌一样，满屋子都是火药味，好像有颗炸弹，随时就要爆炸。

"怎么回事儿，怎么回事儿？刚才不是好好的，怎么变成这样了？"王鹏妈妈收拾完厨房，刚想放松下，就听到了父子俩的辩论，赶紧出来打圆场。

"这孩子越来越不听话了，真得好好修理一下。"

"你就对吗？你和别人说话的态度对吗？"王鹏一脸不服气。

"我态度到底怎么了？小兔崽子。"

"你态度不好，还骂人。"

"我不但骂你，还要揍你。"王鹏爸爸说完，使劲踹了王鹏一脚，王鹏冷不丁地一个趔趄，气得浑身上下哆嗦，抬起手来，就想还击。

"你们都疯了吗？"王鹏妈妈奋不顾身地站在爷俩之间。

"他打人。"王鹏满脸是泪，仿佛受到了天大的委屈。

"就打你，打的就是你，不听话，还揍不得了？"王鹏爸爸说完，又想动手。

王鹏拿起书桌上的书，使劲摔到地上。

"你个王八犊子，真的反了，真的造反了。"王鹏爸爸怒发冲冠。

"我就反了，你能怎么着？"王鹏双目怒视着爸爸，毫不退缩。

"你，你真是气死我了。"王鹏爸爸的手直哆嗦。"你走开，不要拦我，今天我非得把他的骨头打断不行，我就不信。管不了你。"说着就要找棍子。

"都给我住手，都给我闭嘴。"王鹏妈妈声嘶力竭地喊道，"现在都几点了，要是去晚了的话，肯定会罚站，赶紧麻利地走吧。"说完回过头来对王鹏爸爸说，"你冷静一下不行吗？教训孩子也要分时间、场合，现在马上就要迟到了，去晚了，又会有麻烦出现，等有时间再算账吧。"

王鹏爸爸看见王鹏哭得这么伤心，心里也很难过，现在王鹏妈妈给他一个台阶，他便顺着竿子赶紧下台阶，"行，这次便宜你了，小兔崽子，等着下次回来，咱们秋后算总账，走着瞧吧。"说完，刺溜一下，就溜出门外。

"行了，行了，什么话也别说了，赶紧收拾一下去学校吧。"王鹏妈妈劝儿子说，"到学校里一定记住要多买些好吃的，不要心疼钱，别天天只吃土豆丝。"

"我洗把脸再去，这样出去，人家都会笑话我。"王鹏走到洗漱间打开水龙头，洗脸。

送完孩子回家，王鹏妈妈不满地对王鹏爸爸说："真看不透你，想孩子了那么长时间，怎么一见面就吵架，还要揍孩子？想想儿子真可怜，在学校受了一肚子气，哭着回家，结果在家里又受一肚子气，再哭着去学校。哎，可怜的孩子。"说完，就抹开眼泪了。

"这孩子的脾气越来越大，真不好伺候了。到底怎么回事，跟他说话他这么敏感。"

"这不是青春期嘛，男孩子总是要有自己主见的，要总是按照别人的意见活，怎么能长大？况且他在学校里肯定不适应，你看看他满脸痘痘，这两天我给他抹了药膏才好些，下个星期回来肯定还会长。"

"孩子住校未必是件好事，首先营养跟不上，加上现在孩子青春期，和同学之间的磕磕绊绊肯定少不了。不过，总是要过集体生活的。"王鹏爸爸说。

"唉，这我也知道，就是有些早，真叫人不放心。"王鹏妈妈说。

王鹏爸爸教训孩子是生气，不过他很快就觉得该为孩子未来早做打算了，"对了，咱们孩子喜欢数学，我想给他报个奥数辅导班，将来孩子要是获个什么奖，说不定还能保送上好大学。"

"时间上是不是有些太紧张了？"王鹏妈妈说。

"也是啊，现在这孩子天天忙得和陀螺一样，下课后，就是辅导班，除了吃饭睡觉以外，就没有多少在家的时间了。不过，年轻该奋斗的时候，不受点苦怎么行？"王鹏爸爸说。

"如果你愿意，我也不反对。我就是搞不懂，平时想儿子想得那么厉害，怎么儿子一回家，你们就像几百年前的仇人一样？"王鹏妈妈说。

"我也搞不明白，也许我也到更年期了？总是钻牛角尖，有时候火气上来，想按也按不住。每次都告诉自己，孩子现在两周才回家一次，遇上事情要克制，但真到事儿上，就控制不了自己，其实我也很后悔。不过，孩子课内的知识没有掌握好，就盲目看课外书，不提醒不行。"王鹏爸爸说。

"说话要注意技巧，没事要多学点教育孩子的方法，要注意讲究技巧，而不是硬碰硬。既然为人父母就要不断学习，提高自己，否则会落后于时代，落后于孩子的成长。"王鹏妈妈说。

"说你胖你就开始喘了，别那么超级自恋。"

"这怎么是自恋？我说的是实话，为人父母，也要不断地学习。做家长的犯错没有关系，最怕的是明明知道错了，还不改正。只有不断反省，修正错误，才能够不断提高。"

"好了，好了。你是不是也到更年期了，一句话能说完的事儿，干吗要说这么多遍。刚才你的话倒是点醒了我，孩子这么喜欢物理，是不是让他参加什么竞赛去，要是真的拿到大奖，高考还能加分。不过，还是把课内知识掌握踏实才好。"

"对了，王鹏为什么哭得那么伤心？这件事对我来讲，真是个阴影，抽空得找孙珊妈妈问问去。"

夫妻俩正说着，就听见有人敲门，王鹏妈妈打开门，只见孙珊妈妈站在门外。

"真是稀客，什么风把你给吹来了？"

"这不是想你们了，过来看看。"

"快进来吧。"

孙珊妈妈走进屋子，刚坐到沙发上，王鹏妈妈就打开一瓶可乐递过去。

"太客气，我说会儿话就走。"

"多坐一会儿吧，正好我也有几句话要问问你。"王鹏妈妈想起王鹏哭成那个样子，就心如刀绞。

"你有什么东西叫我顺便给孩子捎过去吗？"孙珊妈妈对王鹏妈妈说。

"怎么，又要去看孩子？今天不是刚把孩子送过去吗？怎么又要去？"

"不去不行，孩子这周末感冒发烧，刚才她给我打电话说晚上吃不下饭，花了几块钱买的菜太咸，好像也没熟。放下电话，我的眼圈就红了，生病没有关系，但饭也吃不下去，这样下去，哪还有心思学习吗？现在她是感冒加胃口不好，真叫我放心不下，我得赶紧给她把药送过去，要不然半夜再发起烧来可就麻烦了。"

"这倒也是，孩子发烧，烧起来是个麻烦事儿。"王鹏妈妈说。

"谁说不是，以前在家里，半夜发起烧来，我给她吃药，接着就能退烧。现在住校，谁又能管他？本来我想把她接回家，但又担心耽误她的学习，学校马上要月考了，接着就要排名，接孩子不是，不接孩子也不是，真是进退两难。我急得牙最近一直疼，半夜也睡不好觉，心里就像堵了块大石头。"孙珊妈妈叹口气。

"你们家孩子的成绩好，学习认真，比我们孩子强多了，成绩排名应该很靠前吧？"王鹏妈妈问。

"成绩倒是还不错，但孩子很辛苦。"孙珊妈妈说。

"唉，初一一上来就是赤裸裸的分数，太鲜血淋漓了，我还没有适应。"王鹏妈妈说。

"学生要敢于面对惨淡的分数，家长也要敢于面直孩子拿不出手的分数。孩子说上次她们班里的数学考试，满分 100 分，30 多个 90 多分的，两个满分的。"孙珊妈妈说。

"满屋子都是牛蛙，个个都想着争第一，该是多么硝烟弥漫啊。看来这次比较难，上次都有十多个满分的，我发现满分的大部分都是女孩子。我孩子总是粗心，在考试成绩上拼不过女孩子，明明会做的题，就是拿不到分数，叫人有劲使不上，只有在一边叹气的份儿。"王鹏妈妈很无奈。

"你谦虚了，都说男孩子后劲大。其实，初中的考试题算不上难，还是看孩子们仔细的程度。这次月考孩子很重视，所以我也不敢轻易把她接回家。"孙珊妈妈说。

"你给孩子打两针可能会好点！"王鹏妈妈说。

"是啊，我到学校看看情况，是不是要打针才行，现在我真是后悔莫及，干吗非要叫孩子这么早就住校。真是恨死我了，我们到底是要什么？非得拿孩子的自由换成绩吗？是让孩子有个快乐的童年，还是叫孩子去死读书。最近几天总是梦到孩子越来越瘦。"孙珊妈妈说，"你孩子习惯了吗？"

"哪会那么快？上周回来的时候，还哭得鼻涕一把，泪一把的，现在只能自我调理。对了，我想问你一件事，这周末接孩子回家，只见他两眼泪汪汪的，叫人怪心疼的。我问他原因，他就是不说，不知道你们家孙珊回家的时候说过没有？"

"这个……"孙珊妈妈喝了一口可乐，然后清清嗓子，慢慢地说道，"好像是在学校打球的时候，和初二的学生有些冲突，受了点委屈，写了份检查。"

"什么？写检查？难道老师也没有问问原因吗？本来孩子刚去环境不熟悉，朋友不熟悉，心理上已经很有压力了，还让孩子写检查？"

"你就是这样护犊子，老师总是为孩子好的，写份检查怎么了？又不会要命。"王鹏爸爸听了以后，劝道，"现在孩子就是娇惯，大家都是独生子女，在家都以个人为中心，在外面又不是在家，受点委屈也难免。"

"孩子写检查，我问问还不行吗？"王鹏妈妈不高兴了。

孙珊妈妈看见两口子要吵起来，赶紧和稀泥："不是什么大不了的事，主要是家长心态，孩子没有什么。咱们当年住校不也是什么事儿也没有嘛，那个时候整天都开开心心，高高兴兴的，没有父母在眼前唠叨，孩子肯定会活得更加欢天喜地的。"

"就是，男孩子活得就要粗糙一些，整天被他妈妈惯得不成样子。"

"你怎么这么说话？"王鹏妈妈很生气老公这么说。

"嗳，大家的心情都一样的，孩子健健康康的，成绩又好，我感觉住校对孩子的成长有利。但一听说孩子生病，吃不下饭，心里就不淡定了。昨晚上我给孩子的班主任打了好几个电话，不知道她会不会烦。"孙珊妈妈说。

"班主任倒是不会烦，不过，要是孩子的同学知道了，可能会取笑她，本来我也想给班主任打电话，问问孩子回家的时候，为什么委屈成那个样子。想想又不知道说什么，就把电话放下了。"王鹏妈妈说。

"我家孩子和他爹也不知道是不是八字不合，每次回家都要吵一架，他非常在乎我们和他谈话的语气，稍微重点儿，稍微带点教训的意思，他就不愿意听。"王鹏妈妈吐槽着心中的困惑，"现在，每次给他打电话，他都是秒杀，两句话就扣电话，真羡慕你家是女孩子，还能聊天，说心里话。"

"哼，那都是和她爹亲，他们爷俩一条心，我已经被排斥在外了。"孙珊妈妈说，"不过，我的脸皮厚，照样给她送饭。"

"你都给孩子送什么饭？"王鹏妈妈说。

"随便做做，不敢做太油腻的。最近孩子脸上一道道白，不知道是不是饮食不规律，蔬菜吃得少了？熬的八宝粥，炒点肉和青菜，再拿些米饭。"孙珊妈妈说。

"她不是胃口不好吗？你带这么多孩子吃得了？"王鹏妈妈问道。

"不管她了，反正去一趟，来回路费70多块，不多带点，亏大了。"孙珊妈妈说。

"要是你开车去，顺便也给我家孩子捎点吃的，给他做什么呢？要不我打电话问问他，这个时候，他应该在宿舍里待着，稍等。"说完，拿起电话问道，"王鹏，待会妈妈去学校给你送点吃的，你想吃什么，告诉我，我给你做。"

"什么，你怎么又来？老师说了，家长平时没事儿不要随便过来，我们都是有纪律的，我现在马上要上课去了，再说就迟到了，挂了。"

王鹏妈妈的手机传来一阵忙音，她的眼泪再也按捺不住地涌出来，也不管孙珊妈妈在一边，抬手擦起眼泪："真是儿大不由娘啊，这个熊孩子，又秒杀我了，我哪辈子欠他的，你说，我怎么就这么贱？"

"早就告诉你别打电话，你又打电话，挨熊都是自己找的，再说了，孩子学习那么紧张，压力那么大，哪有时间多聊天？"王鹏爸爸一副恨铁不成钢的样子。

"慢慢感受吧。现在才开始。打电话都嫌你浪费时间，是件好事儿，说明孩子开始慢慢适应学校的生活了，这也是想飞的前奏。以后，你就多埋头做饭，少说话吧。你什么也不用准备了，我给闺女带的饭，够三个人吃了，顺便也分给他一半。"孙珊妈妈说。

"太感谢了，孙珊回来，我请她吃饭，我想开了，孩子急，咱不急。学校有什么事儿，回来别忘了告诉我一声。"王鹏妈妈说。

"放心，放心。"孙珊妈妈挥手道别。

当青春期遇上更年期，当锋芒遇见针尖。

家长总是希望自己有个听话的好孩子，问题是你的话就一定都对吗？很多时候，反倒是孩子说得对，干吗一定要孩子听你的话？

此时家长应该站在更高的角度以柔克刚，进退有度，而不是跟青春期的孩子以硬碰硬。

NO.13 家长与老师沟通的技巧

"没有办法，不早去不行，因为很快学生们就要开始早自习了。忙完一上午，中午的时间也不能休息，只能坐在教室里盯班，维持纪律，给学生们批作业，分析试卷。每周还有几次晚自习，忙得连国家大事都没时间关注。"

一天，王晓妍看到群里发关于学校组织家长进课堂的消息，她立刻报名，想着正好趁着这个机会，找孩子的政治老师问问情况，为什么对孩子这样苛刻。

王晓妍非常不赞成对孩子罚站的行为。在那么多同学面前罚站，是一件让人感到羞辱的事，尤其对一个内向孩子而言，内心受到的伤害更大。最近几天王晓妍一直想找机会和老师谈谈，或者打电话问问情况，但又不知道说什么好，一直犹豫着，现在机会竟然主动来了，她自然不会放过这样面对面和老师交流的绝好机会。

王晓妍坐在教室里听课，发现班里有几个学生发言非常积极，尤其是几个女生，每次都抢着回答问题，但男生貌似都是绅士，稳稳地坐在教室里，不知道是不是因为老师的问题太简单了不屑回答。

课间，一群女生围在老师身边，专门找老师喜欢听的话说："老师，你今天穿的这身衣服真漂亮啊。"

"老师，你不知道，从我第一眼看见你的时候，就知道你是全校最好的老师了。"

"老师，我最喜欢听您讲课了，真希望将来到了高中也是您教我们。"

"老师，我上了这么多年学，从来没有遇见过知识像您这么渊博的人，好崇拜你哦。"

而一群男生却在座位上谈论球鞋、电脑游戏，对老师熟视无睹。

王晓妍看见那些女孩子如此乖巧，语言表达如此顺畅，心里不由得羡慕至极，要是自己有个这么灵巧懂事的女孩该多好！

唉，怎么那些男孩子们就傻乎乎地坐在那里，不知道和老师多沟通一下？

听完课，王晓妍拜访了孩子的数学老师刘老师。她个子不高，比较瘦，长得小巧玲珑。

"你好，刘老师，我看孩子最近几次考试成绩不错，是不是能在班里排前几名？"王晓妍这样说着，内心期待老师大大表扬孩子一下。

"还可以吧。"刘老师说道。王晓妍看看老师不以为然的表情，心里有些失望。"不过目前还不好说，班里60多个孩子，大约有将近20多个100分的，所以，现在孩子们之间拉不开距离，胶着得太厉害了。"刘老师很客观地说。

"原来这样啊。"王晓妍越发失望了，她没有想到，自己心目中的牛蛙儿子，在学校里竟然被埋没了。不行，她要告诉老师，自己的孩子是多么优秀。于是，她赶紧把李兴宇在小学的表现简明扼要地说了一遍，又告诉老师，孩子还获得过奥数全国比赛的大奖，其实她潜意识里是想告诉老师，像我孩子这么优秀的学生，您是不是得多多关照一下。

"你的孩子确实不错，不过，在咱们班里，有这种经历的孩子太多了，我知道大约有一半以上的孩子都获得过全国大奖。"

王晓妍听了以后很无奈，只好继续公关："我听孩子说您教学水平很高，上课很有激情，他最喜欢的老师就是您了。"

数学老师听完后并未激动，只是笑笑，随口说："谢谢了。"

王晓妍猜想，也许老师遇见的能说会道的家长太多了，对好听话已经麻木了，但她丝毫不气馁，继续说："希望平时多关注一下，比如说上课的时候，多提问孩子，平时多表扬鼓励一下，当孩子犯错的时候，您也多多担待。"

"放心，放心，一定会的。"

王晓妍并不放心，想着继续和老师套近乎，讨老师的欢心，以期待老师能够在众多孩子中多多关注自己的孩子。但她看见老师虽然脸上依旧带着笑容，表情却有些飘忽。心里琢磨着是不是太啰唆了，万一引起老师的反感，对孩子反而不好。

王晓妍的眼睛转了转，想起自己学生的家长，经常逢年过节的时候，在 QQ 群里给自己发个祝福和问候短信。她想着来日方长，以后有机会的时候再想办法吧。

况且，要想让老师多重视孩子，最好的办法就是激发孩子对数学的兴趣，鼓励孩子拿出更多的时间和精力去学习数学，只有孩子的数学成绩上去了，老师才会真正地重视他。

王晓妍想到这里，便赶紧告辞。

王晓妍走出数学办公室，本想打道回府，但转念一想，来一趟不容易，必须把孩子的几位老师都拜访一遍，至少混个脸熟，好让其他学科的老师也多关注孩子。

紧接着，王晓妍又去拜访孩子的语文老师，汤老师是一个又高又胖的中年妇女，满脸威严，但说话还算很客气。

"请问汤老师，您感觉我孩子平时在学校的表现如何？"

"孩子的书写急需改进，这是孩子学习的拦路虎。他的作文错别字较多，基础知识需要多巩固一下，这需要孩子多用心。别的都还好。"

"那么孩子的排名大约处于什么样的位置？"

"目前还不好说，不过我相信，孩子的上升空间很大，如果家长抓得紧一些，后劲应该会很足。"

汤老师的回答高深莫测，王晓妍有些摸不着头脑，这是夸孩子的成绩不错呢，还是说孩子目前的成绩一般？她不知道怎么回答，过了一会儿，她的脑子终于转过弯了，要是孩子成绩在班里前几名，老师肯定会实话实说了。现在老师说得这么含糊，孩子的成绩肯定是不理想，但也不会太差。要是太差的话，老师也会实话实说。

于是，王晓妍笑着说："是不是孩子的语文在班里排不上前几名？"

"你不要过多地关注孩子的分数，孩子刚进入初中，需要一个适应期。现在还不好说成绩，也看不出什么，因为变化太大。况且，小男孩的后劲很大，到时候开窍了，分数会呼呼地向上窜，挡都挡不住。所以，我们要相信孩子，相信未来，孩子多聪明啊，一看就知道很有潜力。"

"也是啊，他这次考试的成绩在班里怎么样？"

"要是单看分数的话，应该在中等偏上，但我们衡量孩子不能单单以成绩看，更应该看见孩子的可持续发展。现在的家长总是关注孩子的分数，其实更应该关注的是孩子的成长。"

"对对对，汤老师所言极是。"根据孩子的实力和表现，汤老师能说的也只有这些了，王晓妍想。

和两位老师谈完话以后，王晓妍的心里有些发毛，看来孩子在班里不属于那种突出的学生，更不是老师眼里的宠儿，确切地说，他属于被老师忽视的那一类：成绩不是很好，也不是很差。思及此，心里不免为孩子感到不平。

她想起孩子为了写作业，充满血丝的眼睛，被沉重书包压得有些弯曲的背，已经付出了这么多，但在老师的眼里却依旧平庸。唉，也难怪，班里有很多人比他更优秀，更聪明，付出的更多。

在牛蛙成群的学校，孩子无论怎么努力，在老师的眼里也不算什么，满屋子都是大牛，一般的小牛也就不是牛了。就像满屋子的钻石，一般的小钻石在大钻石的映照下，也会变得黯然无光了。

难怪孩子总是怀念小学的老师。在小学，孩子的成绩很好，老师把他当做手心里的宝，在这里，充其量只不过是个大路货。

唉，都说随着孩子的成长，家长心中关于孩子是个百年不遇的神童的想法会越来越淡，果真如此。

孩子刚出生时，所有家长都坚信自己的孩子是全世界最优秀的，是百年不遇的神童。到了孩子上幼儿园的时候，家长感觉他处处都占据了先机。到孩子上小学的时候，家长会感觉孩子闭着眼睛，随便一考都是全校第一。到孩子上初中的时候，家长的期待变成了只要努力一下，成为全班第一还是有可能的。

理想是丰满的，但现实很骨感，孩子们一次次把家长们的期待变成了泡沫，但家长们依旧痴心不改地做着望子成龙的美梦。世界上真没有比家长更能幻想的职业了。

王晓妍边走边想着心事，一抬脚就迈进了政治组，只见里面坐了很多老师，于是非常客气地问道："请问哪位老师教初一汤老师班的政治？"

"我就是，请问你是哪位？"一个胖胖的中年老师抬起头说道。

终于见到了孩子嘴里念念不忘的那个政治老师李老师了，王晓妍心里咯噔一下！难怪孩子们都不喜欢她，她确实长了一副拒人千里之外的脸，那张脸好像面瘫了，没有一丝笑意。

王晓妍只好热情地贴过去，自报门户，"李老师好，我是李兴宇的妈妈。正好参加今天的家长进课堂活动，我想顺便问一下孩子的情况。"

"李兴宇？抱歉，我教的班太多，也做班主任，所以一时间想不起来是哪个孩子。"

"就是汤老师班里的男孩。"

"好像有些印象，请问你是干什么的？"一脸的警觉。

"我也是老师。"王晓妍赶紧套近乎。

"那就好，老师之间好交流。你知道，现在的孩子不听话，不好管，所以课堂纪律很不好。"

"是啊，太理解了，李老师您真的很辛苦。"王晓妍就像刚吃完蜜，满脸的真诚。

"没有办法。哎，现在的老师不好当，初中的升学压力太大了，谁早上起来不愿意多睡会？但我们就不行，我每天早上不到七点，就不得不去学校监督早自习。"

"可以理解，学校老师的工作非常辛苦。"

"没有办法，不早去不行，因为很快学生们就要开始早自习了。忙完一上午，中午的时间也不能休息，只能坐在教室里盯班，维持纪律，给学生们批作业，分析试卷。每周还有几次晚自习，忙得连国家大事都没时间关注。"

"真是不容易，和别的行业相比，老师的工资低，除了教学之外，整天和一群孩子打交道，大部分时间都在疯疯傻傻，良好感觉全靠自我陶醉。现在，好老师越来越少了，像您这样有责任心的老师教孩子，真是他们的福气。"王晓妍把家长给她灌的迷魂药，又灌到了李老师的头上。

"这倒不敢当。"李老师的脸上竟然有笑模样了，说话的态度也客气不少，"看你这个家长是明事理的家长，还是可以多沟通的。"

"谢谢了，感觉和您特别有缘分，我对政治这门课很关心。因为现在孩子的世界观正在形成，如果学好了政治，孩子的思想品质才会有更大的进步，孩子才能形成正确的世界观，所以，我非常重视政治这门课，平时总是督促孩子多关心时事政治。"王晓妍滔滔不绝地说起来。

"你这个家长的见识很好，现在很多家长都不重视政治，说它是副科，只是考前突击背，要是家长们都有你这种眼光该多好。"

"李老师过奖了，我对孩子学习抓得很紧，尤其是政治，督促他每天都把知识点梳理一遍。周末的时候，我还经常提问孩子。我发现，孩子对知识点掌握得很扎实，这多亏了李老师平时的教育，孩子经常告诉我，李老师的知识渊博。"

"过奖了，书倒是看了不少。"

"早有耳闻，孩子们都佩服您博览群书。"王晓妍诚恳地说，仿佛孩子真对老师非常敬仰。"您以后费心多多关照一下李兴宇，督促他多学习，如果他有哪些缺点和不足，您也多多担待一下，孩子还小不懂事。"说完，王晓妍用非常热情的眼光看着李老师。

"放心，放心，这个是自然的。"

王晓妍和政治老师沟通得非常愉快，心里踏实多了。果然，从那以后，王晓妍就再也没有听李兴宇说过罚站的事，她终于长舒一口气。

看来大部分老师还是通情达理的，用心沟通肯定会有所收获。

老师不是圣人，而是和你我一样，也有七情六欲。所以，家长和老师打交道要以尊重为主，以老师能够接受的方式把问题解决。

NO.14 学渣和学霸待遇两重天

"老师也偏心他们，平时和他们说话都是笑着说；但对我们这些成绩平平的人，却板着脸。上课的时候，要是他们趴到桌子上不听课，老师也不管，不但不批评，别的同学告诉老师了，老师还表扬他们即使身体不舒服，还能带病坚持上课。

一波未平，一波又起，王晓妍没想到，自己的好心情没有持续多长时间，就被一件意外彻底破坏了。

王晓妍看见李兴宇的书房很乱，床上、桌子上，东一本西一本乱七八糟地摆了很多书，就准备给孩子收拾一下。

王晓妍打开李兴宇的抽屉，发现里面有很多老师批改的卷子。她拿出来，想着分门别类地放到不同的透明夹子里。

突然，王晓妍看见抽屉的角落里，有一个揉得皱巴巴的卷子，她拿出来一看，上面清晰地写着83分。

看到这个成绩，王晓妍的心立刻沉下去了：难怪把卷子揉成这样子，原来是没脸见人了。

"你别泡在网上了，过来看看你的宝贝儿子考了多少分！"王晓妍拿着孩子的卷子放到李一帆的桌子上，仿佛爷俩儿在一起串通好了，才考出这么点分。

"又怎么了？孩子在家，你搞得人仰马翻，不准我上网，现在孩子还没有回家，我放松一会儿也不行？"

"放松，放松，就知道放松，你啥时候紧张起来过？你看看，83分。"王晓妍指着卷子说，"这个孩子像做贼一样，还把卷子藏起来，太不像话了。"

"啊？这个熊孩子，能考出这样的成绩也是奇葩。肯定是基础知识没掌握好，我看看到底错哪儿了。暖，怎么连图的箭头也画不好？幸运的是，卷子还没撕，要是把卷子撕掉了，那就连证据都没有了！奇怪，我什么时候给他签字了？难道这个家伙也学会模仿家长的笔迹签字了？"

"我猜他是想撕卷子的，之所以没有撕，肯定是因为老师要求家长签字后再把卷子交上去。如果不是这个原因，他早就销毁证据了。"王晓妍发现自己的逻辑思维能力超强。

"这倒没有什么，考不好，还知道羞耻。"

"问题是他怕什么？像我这样开明的家长，对成绩又不过分在意，我经常和学生们说，平时的考试都是些检验性的评估考试，又不是像升学那种过关考试，重要的是找出平时学习的薄弱点来，把不会的搞明白。"

"这个孩子报喜不报忧，有些虚荣，回来后，我得好好和他谈谈了。"

两个人正在你一言我一语地说着，李兴宇就回来了。

李兴宇一进门就看见父母拿着他那张恨不得这辈子不愿意再见到的卷子，知道大事不妙。

"这是怎么回事儿？"王晓妍问。

"咳咳，我的嗓子疼，先喝点水。"说完，李兴宇放下书包，拿起一大杯水咕咚咕咚地喝起来。喝完后，看见王晓妍还是目不转睛地盯着他，只好苦笑着说道，"既然你们都知道了，干吗还问我，有解释的必要吗？"

"你很幽默啊！"李一帆不冷不热地说道。

"我要笑对人生，不就是个偶然事件吗？我保证，这样的事肯定不会再有第二次了。对了，前两天，你们还说不在乎成绩。"

"我一直认为，分数是给自己的，并不是为别人考的。"王晓妍耐心地说。

"那就更没有你们的事儿了。不过，我告诉你们，这次全班的计算机成绩都很差劲，有几个平时学习特别好的，才考了70多分，很多同学都不及格。我能考成这样，已经很不错了，反正我没有浪费时间，已经努力了。"李兴宇镇定地说。

"这就是你的缺点，总是和后进的比，即使全班的成绩再差，也总有一些好的吧？最高分是多少？"

"有两个100分的。"李兴宇的声音渐小，眼圈开始发红。

"看见了吗？这就是你最大的缺点，从来看不见那些优秀的人，只看见那些不如你的人，这样做的结果只会越来越落后。"李一帆一副恨铁不成钢的样子，"笨鸟先飞知道不？当年我像你这么大的时候，几乎每次考试都是全班第一，我知道我的智力没有出众之处，但我肯吃苦啊，每个知识点我都彻底搞透，从来不放过一个可疑之处。知道我为什么这么努力学习吧？因为你爷爷奶奶都是普通工人，要是我不努力的话，就找不到好工作，一辈子就得待在一个几乎快发不出工资的小工厂，做苦力，受气。我为了改变命运，拼命地读书，一步步才走到了今天。现在你的生活衣食无忧，可你想过没有，如果没有考上好学校，将来等着你的是什么样的命运？孩子，生活是一件艰辛的事儿，你该努力了，找出那些薄弱之处，争取不要一错再错了。"李一帆推心置腹。

李兴宇一言不发，不知道在想什么。

"别给孩子施加压力了，谁都有马失前蹄的时候，下次努力就好了。那句话怎么说的？即使失败了一万次，还能一万零一次地爬起来，对不？"王晓妍瞪了李一帆一眼，嫌他说话不好听，回头问李兴宇，"老师说，你上课的时候不喜欢举手发言，这是为什么？"

"干吗非要举手？非要在一群人里表现出来，才叫成功吗？有些人总是一知半解就回答，好像什么都知道，到了考试的时候，就老实了，也不知道深藏不露。"

"该出手时就出手，也不能总是不露吧？关键时刻，也得露几手。"

"哪有那么多关键时刻，真正的关键时刻不就是考试的时候吗？"

王晓妍愣了半天，也想不出来怎么反驳他，只是干瞪眼，说不出话来。

"虽然考试成绩不代表什么，但是也反映了你在这门课的知识结构上有欠缺。今天晚上，我领着你复习一下。"

"没有时间，明天要考数学，必须先看数学，否则，明天会考不好的。"

"数学要看，计算机也要看，这两门课都非常重要，一门都不能少。"李一帆很着急，生怕孩子偏科。

"改天吧。"

"为什么？"

"我不喜欢信息，不想看。"李兴宇用耳语般的声音说。

"这可不行，我发现你对计算机有抵触情绪。你千万不能偏科啊，要是现在就偏科，将来会遇上很多麻烦。"

"这门课，我有很多地方看不懂。"

"千万不要这样，看不懂的地方，更应该多看，否则就会像滚雪球一样，问题越积累越多，最后一发不可收拾。"

"老师讲的内容，我有很多地方都不明白。课堂上让我们做很多文档，我也没有学会。我都想放弃计算机这门课了。"

"什么，放弃？"听了这话，王晓妍的心里顿时沉重起来，"现在是基础教育阶段，你放弃任何一门课，都会对将来造成巨大的影响。亏着你及时告诉我这个信息，现在计算机讲的内容还不多，要补课还来得及。"

王晓妍发现，计算机课成了孩子的一块心病，必须给他鼓劲。

"我对你有信心，你们老师多大了？"

"是个刚毕业的老师。"

"也许她的教学经验不足，有些地方讲不透彻。不过没关系，我会帮你，咱们也不图多，每天拿出一个小时的时间，练习操作。俗话说，熟能生巧，下次你会取得理想的成绩。"李一帆不再看电视，拿起李兴宇的计算机课本研读起来，嘴里说道，"只要功夫深，铁杵磨成针。"

"错了，有些人不下功夫，成绩照样好。"

"什么意思？"王晓妍问道。

"我发现有些成绩好的同学，也没多用功。有人作文写得好，数学成绩高，英语说得也很流利，每次老师提问都对答如流。副科也不落后，体育也很好。老师也偏心他们，平时和他们说话都是笑着说，但对我们这些成绩平平的人，却板着脸。上课的时候，要是他们趴到桌子上不听课，老师也不管，不但不批评，别的同学告诉老师了，老师还表扬他们即使身体不舒服，还能带病坚持上课。要是学习不好的学生就享受不到这种待遇，即使真生病不舒服，趴到桌子上，老师也会叫他们站着听课。什么世道？"李兴宇顿了顿。

"汤老师不这样吧？"

"没有比她更偏心的了，从提问就可以看出来。"

"从老师提问就能听出老师有多偏心？我怎么就没有这个本事？"

"同样一个问题，赵瑜回答得很好，她会说，你是不是看你同位的答案了？要是赵瑜回答不出来，她会说，就凭你这种学习态度，想及格都难。要是王海洋回答问题，无论回答得怎么样，老师都会说，你的思路总是有局限性，就不能多换几个角度去想想？"

"要是徐阳站起来回答，她会说什么？"

"要是徐阳回答问题，还没有等他开口，老师就会说，你们看看徐阳，思考问题就是这么全面，每次都能回答得滴水不漏。有意思吧！他还没有张嘴，老师就有特异功能，知道他说什么，我看她是非人类。"

"老师为什么这么喜欢徐阳？"

"还用问吗？不就是他是个学霸，每次考试的成绩都很高呗。老师真够虚伪的，嘴上对我们说，他们对待所有的学生都是一碗水端平的，但实际上，他们就是偏心。徐阳即使犯了错误，老师也会装看不见。"李兴宇越说越激动。

"还有这样的事？"

"当然，徐阳、刘杰是老师眼里的红人，当初我和徐阳坐同位的时候，他都不拿正眼看我，甚至连和我说话都嫌浪费时间，真是目中无人。"

"有那么严重吗？不至于吧，也许徐阳学习非常刻苦，下课也想多看会儿书。还有一种可能就是那时他和你还不熟悉。"

"也许吧，不过，这几次考试，我和他不相上下，他对我的态度明显好多了，估计是因为感觉我不像他想得那么差。唉，难怪刚开学的时候，我总是做一些座位被人家抢走的梦，原来学校不喜欢学渣啊！学渣在班里是混不下去的。我们的小学老师就不这样，他们对所有的学生都一样，不像初中的老师，目中无人，眼里只有学霸。现在我发现了，在初中，如果来了一个新老师，想了解学生，问的第一句话就是，你平时都考多少分？如果学生告诉他，每次都是第一，老师心里就会想，这是个学霸啊，立刻会对他高看一眼，这个学生在老师心里立刻就进入了天堂。如果学生告诉他，我的成绩在后面，老师心里就会想，原来他是个学渣啊，立刻就会对他一脸鄙视，这个学生在老师的心里立刻被打入地狱了，想翻身都难。"

"是这样？"王晓妍知道，老师对某些学生的偏心，会给班里其他学生的心理造成巨大的打击，只是没有想到打击会这么严重。

"难道不就是这样吗？你们说老师的这种态度符合教育公平吗？哎，回不去的童年，做不完的作业，一到假期更是写不完的作业，老师们都想累死我们，每天就是学习，学习，再学习；考试，考试，再考试；除了分数，分数，还是分数。"

"你描述的生活很灰暗。"

"本来就这样，每天早上，我对自己说，今天是个新开始，但经常遭遇老师的白眼和冷遇。我知道，在老师的心中，我不是什么好学生，再怎么努力，老师也看我不顺眼，我真是绝望了。早知道老师对我这样，还不如不努力。"

"千万不要这么想，不要在乎老师怎么看你，自己的努力最重要。在逆境中成才也不错，很多成功人士，开始都不被人看好的。如果老师真的看你不顺眼，你要更加努力，用优异的成绩回答老师，她会转变对你的态度的。千万不要因为老师不喜欢你，你就不喜欢老师，就不喜欢老师教的那门课。学习是为自己的，不是为老师的。"王晓妍说。

"对啊，爱迪生的老师也不喜欢他，说他是百年不遇的傻瓜，自己从来都没有见过这样愚蠢的学生，整天脑子里不知道想的是什么，整天问一些奇怪的问题，还把他撵回家。虽然老师不喜欢他，但不妨碍他取得了那么大的成就。"李一帆生怕王晓妍说得不清楚，继续补充。

"道理我都明白，我不会因为老师的偏心而放弃这门功课的，我只是想说作为学生，我讨厌偏心的老师，我理想中的老师应该是一个对所有学生都充满爱心的人。"

王晓妍猜测他在学校中遭受了很多压力，需要纾解，就没有评论，只是安静地听着他说，这也算一种帮助孩子缓解压力的辅助治疗吧。

青春期孩子的情绪需要疏导，否则压抑在心里会很难受。

"要记住，虽然你现在的成绩不理想，但如果不努力的话，连这个成绩都没有。"李一帆说。

"不想当元帅的士兵，不是好士兵，学生也想当学霸，但不是每个学生都能当上的。"李兴宇说。

王晓妍和李一帆相互看了一眼，不知道该说什么，只好沉默。

还能说什么？孩子努力了，也许是还没有到开窍的时候？或者用现在最时髦的话来说，还没有到花期。

"我分析你的卷子，发现你的思路还是不错的，但知识点却没有掌握牢靠，做选择题总是掉进对方设计的坑里。这不是什么大事，以后多看几遍就行了，我想知道，初中的几门新课，有哪些让你感觉吃力？"

"其他的都还好，就是计算机，老师什么也不说，只叫我们操作，书里有很多我都不了解的名词。"

"也不全是老师的问题，主要是你还没有适应初中的学习，初中学习的方法很重要，掌握了一定的学习方法，剩下的，就是努力的程度。不着急，现在才初一，功课的难度并不大，多下点功夫，成绩肯定会上去的。"

王晓妍嘴上说不着急，但心里还是着急，总是琢磨着用什么办法使李兴宇脱胎换骨。

晚上，李兴宇睡着了，王晓妍拿出他的日记，对李一帆说："你看看。"

"这群家长都是些疯子，如果一个孩子考了 95 分回家，在他们的眼里只会盯着被扣掉的 5 分，却没有看见孩子为了得到 95 分所付出的努力。

无论我怎么努力，也达不到他们的要求，这令人痛苦。他们喜欢满分，我也喜欢满分，但满分却不常有。"

"孩子挺有思想的。"

"是啊，他什么都知道，考虑问题也很全面。孩子刚到初中，一下接触这么多新的功课，肯定会感到无所适从，需要适应期，我们要给他信心，多鼓励。"

"话是这么说的，但心里还是着急，有劲使不上，恨不得替他学习，下一步还是得多激发他内在的动力。现在孩子条件好，不像我们当年那样，必须靠学习摆脱命运。"

"现在他的问题是，知识点都会，但不扎实，学习的主动性和考试的能力还需要提高。别着急，有些男孩子开窍晚，后劲足，说不定哪天他开窍了，一切都会如愿。"

"也不知道他哪天能开窍？"李一帆说，"搞不明白别人家孩子怎么就能冒尖？他就冒不了尖？"

"别人家孩子冒尖，原因很多，有孩子的家长是那个领域的专家，有孩子对这门课特别喜欢，还有孩子抢跑。孩子考试成绩不理想，就像士兵打了败仗，内心已经很受煎熬了。这时候，他需要家庭的支持，要是我们再打击他，就等于雪上加霜。我接触了很多孩子，并不是所有的努力立刻就有回报。"

"也许吧，你说的也不无道理，但做起来却不容易。咱们和孩子也没多大的区别，道理都懂，做到很难：一看书，什么都知道，一遇到事，就什么都忘了，总是想得好，但却做不到。"李一帆说。

"普通孩子，要想提高成绩不付出不行，除非他是天才。所有的成绩都是通过艰苦努力获得的，我知道数学好的孩子，假期里会泡到辅导班；英语好的孩子，大部分从小学就开始抢跑；至于语文好的孩子，从小不知道写了多少篇日记，背了多少篇古诗词，看了多少本书，最终才会走到今天的。这些基础好的孩子，心里会有一股霸气和狠劲，那会引导孩子走向成功。

咱们也得想办法了，不能再这么糊涂地过一天算一天，多和周围优秀孩子的家长交流，找出孩子的不足之处。别人抢跑，咱们也抢跑，别人督促孩子，咱们也借鉴。"王晓妍说。

"我的同事对孩子的学习很用心，从小学到初中一直陪着孩子学习，把孩子的课本都研究透了，现在孩子上高中住校了，她才作罢。"

"可以借鉴。考前督促他，考完后，帮孩子做试卷分析，平时给孩子讲一些高于课本难度的内容。另外，英语还得给他加强，要是他考不上国内的好学校，或者调剂的专业不理想，还可以参加国外的高考。出国留学，语言关是第一步，必须及早做准备，孩子的英语要加强，好为孩子的将来多一个选择。即使不出国读书，国内的高考也离不开英语，将来到了大学，英语还要进行四六级考试，还需要查阅大量的英文资料，所以说，英语学习是终身的，将来孩子无论走什么样的路，都离不开英语。"

"对，孩子上初一了，应该为他今后多设计几条路，给孩子更多的选择机会，多一条腿走路，也等于给他今后增加一份保险。"

"语言的学习是一种长期的学习，不是简单靠突击就能提上去的，平时领着孩子学得深一些，广一些，将来孩子的路就会更加顺畅，今年高考又恢复英语听力，很多家长都愤怒了，因为前两年取消英语听力的时候，他们一听说英语不考听力了，立马就不再给孩子报英语辅导班了，他们的目光太短浅了。"

"孩子能冒尖更好，如果还是中等水平，也不要焦虑，只要把英语抓好，数学和语文多督促，他还是很有竞争力的。"

"每天给他点儿做白日梦、发呆的时间，放松一下心态，对成长会更有利。不要对孩子期望过高，有些事自己都做不到，又怎能期待孩子做到！"

夫妻两人为了孩子，一直谈到深夜，两人越谈信心越足。最后两人分好工，李兴宇的数学由李一帆辅导，英语、语文归王晓妍辅导。

"看来当年我找你真有眼光，从辅导孩子学习的角度上看，咱们家真是文理双全，学科均衡，优势互补，但愿孩子把这些优势都能利用到。"王晓妍说道。

"我猜你又开始做望子成龙的美梦了。"

"做点望子成龙的美梦有何不可？说不定哪天他突然开窍，变成了一个超级孩子。"

学霸牛蛙
修炼攻略

孩子们都希望受到老师的关注和赏识。但并不是所有的孩子都有这种幸运。

在班里，聪明伶俐、学习成绩出色的孩子自然会讨老师喜欢，普通的孩子难免会被忽视。

当孩子感到被老师冷落受到忽视的时候，家长应该正面引导，鼓励孩子用积极的态度展示自己，获得老师的赏识。

NO.15 当初一新生家长怎么那么难

"孩子班里有个学生在初一的时候，是全校前十名，现在到了初三，无论如何努力，连前300名都进不去了。所以，家长一定要有超级强大的心脏，才能扛得住孩子成绩的波动。"

"奇怪，王佳怎么还不给我打电话？不是说好马上就搬家吗？"王晓妍对李一帆说。

"急什么急？"

"怎么能不急？没有到手的钱不是自己的，没有住上的房子，心里也踏实不了，不知道她会不会忘了？急死人了。"

王晓妍正在叹气，手机响了起来："啊，是你，王佳，真是说曹操曹操就到了，什么，现在就可以搬家了？太好了，太好了，这是我今天碰到的第一件开心事，孩子的新生活即将闪亮登场了。"

"至于这么夸张吗？"

"每天能节省两个小时浪费在路上的时间，把这两个小时都用在学习上，时间一长能学多少知识啊！"王晓妍对新家还是很期待的，"终于等到乔迁之喜了。"

但李一帆打量着那套房子，无论如何也喜不出来。因为他没有想到，里面的家具竟然如此简陋，只有最起码的生活用品，家用电器都很旧了，和自己家里装修得富丽堂皇的风格完全两重天。

"真是一觉回到解放前啊，生活质量急速下降。"李一帆在一边不冷不热地说。

"你有完没完？你想想孩子每天都会增加两个小时的学习时间，一天多两个小时，一周会多出多长时间？一个月，一年能多出多少时间？"王晓妍又把这把尚方宝剑请了出来。

果然，李一帆听了这话后，眼珠子转了半天，嘴角动了动，但什么话也没有说出来。

"其实嘛，新房子还是不错的，其中一间专门给孩子做书房。对了，你给孩子的床头装个壁灯吧。"王晓妍边说，边开始拖地了。

李一帆拿着钻头在阳台上钻眼，他感觉孩子躺在床上看书，有个壁灯比较合适。

李兴宇看见屋子里有个绿色的皮球，开心地在墙上打起来。

家里一片喜气洋洋的忙碌气氛。

突然，门外响起了咚咚咚的敲门声。

大家面面相觑，刚搬到这里，谁也没有通知，难道是送快递的找上门了？不对啊，最近没有邮购什么东西，难道是房东过来收费？不对啊，钱已经转账给王佳了，那到底是谁在敲门？

王晓妍莫名其妙地走到门口，高声问："哪位？"

"是我，楼下的邻居。"

王晓妍和李一帆对看一眼，不用问，肯定是动静太大，引起了楼下的不满，现在人家找上门来了。

王晓妍打开门，只见门外站着一个穿戴整齐的中年妇女，手上的钻戒很扎眼，她的五官很精致，但脸色却苍白憔悴。王晓妍感觉有些面熟，好像在哪里见过。

突然，王晓妍脑子里冒出一个火爆的场面：超市旁边停车场上，和别克车主吵架的宝马女车主。

这不是那天在超市中遇见的泼妇吗？看见她，王晓妍暗暗叫苦：唉，不是冤家不聚头，怎么竟然和这样的人做邻居啊？难道哪里得罪她了？心里先矮了三分，又见泼妇上门，心想肯定是没有好事。

正想着，对方开口说话了，"不好意思，打扰了，请问您是刚搬来的新生家长吗？"

"对，是不是动静太大影响您了？"听她的口气很像老生家长，王晓妍赶紧赔着笑脸，主动请罪。

"我倒没有，其实，刚搬来，装个灯泡，都是理解的。只不过，唉，我孩子上初三了，马上要中考，平时作业特别多，每到周末都有一堆卷子要做，看见孩子这么忙，我有些神经衰弱，还请您多多关照。"

"理解，理解，我们孩子刚从小升初走过来，知道这种决定终身大事的备考非常不容易。您放心，今天只是个例外，以后我们会多注意，尽量利用孩子上学的时间整理屋子。"

"太感谢了，我已经在这里住了两年多了，如果你有什么事，请随时吩咐。"

"放心，孩子刚上初中，正好想找个学长多请教，将来肯定会有很多麻烦您的地方，到时候请您不要嫌烦。"

"哪里，哪里，大家来自四面八方，都为了孩子走到了一起，我们志同道合，很快就会变成无话不谈的朋友，怎么可能嫌烦？要是需要什么辅导材料，尽管找我要了复印；要是有什么不懂的升学信息，也只管问我就好。"

"那就太感谢了。"

王晓妍感觉她非常直率，也很热情，心里不由很感慨。

唉，本来是个挺好的人，就是因为家里有个中考生，心里的压力太大，神经出现点小故障，变成了一个焦虑的母亲，竟然在大街上和别人吵架。

"客气什么，这个学校什么都好，就是竞争太激烈，压力太大。平时的测验和考试是家常便饭，英语每学完一单元就考一次，数学每学完一章节就考试，语文也是三天两头地考，至于副科考试更加频繁。老师把考试当成乐趣，说什么要搞素质教育，关心孩子的成长，而不是只关心孩子的成绩，但实际上却用分数把孩子分成了三六九等，眼里只有成绩好的学生，却忽视了大多数成绩一般的学生。

"孩子们非常辛苦，只要考试的时候稍微一粗心，名次就会落后很多，有时候，孩子的成绩起伏很大，孩子班里有个学生在初一的时候，是全校前十名，现在到了初三，无论如何努力，连前300名都进不去了。所以，家长一定要有超级强大的心脏，才能扛得住孩子成绩的波动。尤其是到了初三，压力更大，每天晚上的作业都要做到十二点，考试更是频繁。哎，你们刚上初一，家长还有很多希望，千万不要像我们，老老实实地按照学校的教学要求走，结果吃了大亏。"

"为什么？"

"唉，一言难尽，孩子的同学，小学刚毕业，家长就领着他们报各种辅导班，靠着拼抢，先把一学期的内容提前学完了，等到老师讲的时候，我们孩子才刚开始接触知识点，人家已经开始学第二遍，甚至第三遍了，起点就比我们高。孩子一开始就处于劣势，在心理上就已被那些抢跑的孩子的气势压住了，在这几年中，一直处于被动地位，你们可得吸取教训啊。不过，现在我和孩子爸爸都想开了，随便孩子的成绩怎么样，我们也淡定了。好了，得赶紧回去给孩子做饭去，待会他还要去辅导班，改日聊。"

"好的，改日聊。"

邻居挥手道别，王晓妍坐在椅子上，脑子就像有个大风车在转动一样，真是听君一席话，脑子灌满了铅啊！

李一帆非常不满地说："都焦虑成这样了，还满口的淡定，听她说话，张口名次，闭口分数的，我的心就像灌了铅，脑子都累，和这样的人做邻居，早晚神经会出毛病。"

"在应试教育的大环境之下，谁也别想躲得开，咱们提前感受一下，没什么不好。"

"我说不搬，你非要搬，现在搬到了中考生的楼上，干什么事心里都不踏实，这不是自找麻烦吗？"

"话不能这么说，孩子上学多方便啊，还能认识那么多优秀的孩子、优秀的家长，咱们小心点就好。"

"饶了我吧，这也叫优秀的孩子？本来都是些活泼健康的孩子，上了这个学校没几天，一个个都变得沉默寡言，呆呆傻傻的像个木鸡。本来都是些正常的家长，现在张嘴成绩，闭嘴分数，都变得跟神经病差不多。如果这就是优秀的话，我宁愿不优秀。要是以一个健康活泼的孩子变成呆子傻子为代价，换来清华北大的录取通知书，那么我宁愿孩子做个平凡快乐的普通人。"

"懒得和你说话了，我看你才是脑子有问题，你不就是嫌搬的房子不舒服吗？要不咱们这就搬回去，随便孩子每天在路上浪费两三个小时。"

"我又不是这个意思，发个牢骚都不行。"

"这些叫人头疼的话，你最好别说，说了会把别人的好心情彻底破坏掉。"

"我不说话，总行了吧？"

"你还是少说几句吧，刚才那个邻居，浑身珠光宝气的，出入开着宝马，没准住在高档别墅区！人家为了孩子，都能忍受这种简陋的生活，你怎么就不行？"

"好好好。"李一帆无可奈何地闭上嘴。

不知道是不是乔迁之喜的缘故，第二天李兴宇欢天喜地地回家了。

从李兴宇上小学开始，王晓妍就总结出一个经验：只要孩子一进门就大声宣布的成绩，肯定是好的；要是老师在群里留言，叫家长签字，但孩子却没有说的分数，肯定是惨不忍睹的。总之，只要孩子能说的成绩，都还过得去；那些不说的肯定是不好的，他就会藏起来，或者销毁。

这天，王晓妍刚进家门，就看见李兴宇在大门口迎她："我给你看个好东西。"

"什么？"王晓妍本来想说，"难道是100分？"但琢磨一下，咽了回去，她知道，报喜不报忧的孩子，肯定有什么喜事值得和自己分享，即使你不问，他也会迫不及待地主动交代。

"你看，奖状，这是我的奖状，你想到没有，我获得了全校作文比赛的大奖。"

"什么时候的事儿？我怎么不知道。"

"我也是今天发奖的时候才知道的，快点儿看吧。"李兴宇拿出一张大红色的奖状，班里只有10个人得到了，怎么样？"

"啊，真的吗？你太了不起了。"王晓妍很开心，"我看看你的文章。"

李兴宇拿出一张作文纸递过去，这是我的获奖作文的底稿。

"我一定好好地拜读大作。"

我的中学生活

我怀着美好的梦想开始了中学的生活，很想知道，在这所孩子们都向往的学校，会遇见什么样的老师，结交到什么样的同学，经历什么样的新生活。

遗憾的是，就像在大海中初学游泳的人，我刚下海就被狠狠地呛了一口水，迎面而来的生活竟然充满了挫败和打击，因为这里学霸遍地，竞争异常激烈，远远超出了我的预想。

运动会上，我报了长跑，我多么希望凭借自己的努力，为班级挣得荣誉啊。于是，我练习了很长时间，流了很多汗。到了比赛的时候，我拼出了浑身所有的力气，竭尽全力地向前冲，开始也一度领先，但很快就被别人追了上来，虽然我毫不松懈，但最终还是功亏一篑。

在终点，我怀着沮丧的心情，看着优胜者们尽情地庆祝，内心满是痛苦，还流下了伤心的泪。后来，我知道了，那些学生中有几个是学校的种子选手，我和他们不是一个水平的，但内心的失落依旧没有减弱。

在随后的学习生活中，我越发地品尝到了这种苦涩的滋味。附中是学霸们的天堂，在多次的失利中，我感到茫然无措。

在语文学习中，我曾相信自己一定能取得很好的成绩，为此，我认真读书，努力写好每一篇作文，但同学中却有几个写作高手，他们文采飞扬，获得过各种作文比赛的奖项，和他们相比，我自叹不如。

我很喜欢数学，花费大量的时间研究数学，期待在考试中能够胜出，但班里却有几个同学数学特别优秀，轻易就能拿到高分。

我喜欢英语，父母也给我买了不少英语原版书。我曾想，在班里，我的英语应该能脱颖而出了吧？遗憾的是，我又错了，班里有很多优秀的同学，他们的口语比我还流利，实力更强。

我还曾想在课堂上展示自己，用精彩的言论博得老师的赞赏，可由于不擅表达，只能无可奈何地看着学霸们在课堂上滔滔不绝地高谈阔论，心中不由地感慨，那个人为什么不是我！

我感到绝望，满心的苦涩。为什么我付出了这么多汗水，却依旧被埋没在人群中？难道我真的不如别人？面对现实，虽然心有不甘，但却无可奈何。

这个时候，老师看出了我的困惑。她耐心地开导我，告诉我，要学会用平和的心态面对一切，不要和别人相比，要和自己的过去比，只要付出汗水，就会有进步。和老师谈心后，我感到了温暖。

她有双慧眼，能看出我细小的进步："你的字比以前好多了。""你在课堂上回答问题更有深度了，看得出你在不断地思考。""你的作文更有文采了。""最近发现你解题的准确率有了很大的提高。"在老师的鼓励下，我找回了失去的自信。

虽然我的成绩依旧不尽如人意，但老师对我的关注却没有丝毫减少，这让我有了许多安慰，老师还给我们推荐了很多古今中外优秀的文学作品，读过之后，我受益颇深。

或许人的命运是注定的，你尽可以去跟它斗，但仍然无法改变它的结果，也许无论我如何努力，也达不到理想的高度，但我并不会感到沮丧。无论努力的结果如何，我的内心依旧会有很多美梦，很多属于少年轻狂的梦，看似遥不可及，但我依旧努力地追逐它，绝不会放弃。

人生有梦，每天的生活都变得色彩斑斓，充满了期待，富有诗意。在老师的鼓励下，我不断地努力，取得了很多成绩：作文比赛、数学竞赛都获得了奖项，体育考试胜出，成绩也呈上升趋势。在这里，我终于尝到了成功的喜悦，心里倍感甜美，原来只要努力付出，就会有沉甸甸的收获。于是，我追梦的脚步越来越坚定了。

有苦，有甜，有失败的泪水，还有成功的笑声，这就是我的初中生活。

我要用三年的时间去体味，用一生的时光去回味，回味这段充满汗水和泪水，更充满了梦想和希望的生活。

"确实是篇不错的好文章，写出了真情实感，我知道你一直在努力。

下一步，咱们一起探索，找出最适合你的学习方法，那样你就会事半功倍，学习会更上一层楼。"王晓妍开心地对李兴宇说道。

"真有这样的办法吗？"

"肯定有。单说语文，要想提高写作，肯定得多读多写，当然也要多做题，否则无从谈起。"

学霸牛蛙 修炼攻略

初一新生的日子不好过，优秀的孩子太多，竞争很激烈。在短时间内，付出很难看到回报，孩子们会焦虑，情绪也会起伏不定。

初一新生的家长也不容易，看着孩子如此辛苦地适应新环境，却不知道从何下手，有劲使不上。

但难当并不意味着当不好，家长应该多思考，和孩子一起适应新环境，新起点。

NO.16 被约到学校谈话，如何应对？

"家长和老师之间的关系怎么说好？家长是水，既可以载老师，也可以覆老师。如果是有水平、有实力的老师，家长会发自内心地尊重，把孩子交给他；如果老师自己的方法不行，能力不够，那么就很难获得家长真心实意的尊重。"

　　下午第一节课是英语，严老师正在黑板上写字，听见教室里有人说话，她悄无声息地一回头，看见王海洋和旁边的温晓明两个人说得正带劲。温晓明眼尖，看见老师突然回头往这个方向看，吓了一跳，他一缩脖子，赶紧装作低头看书。王海洋的反应慢了半拍，看着温晓明突然之间翻书看起来，感到莫名其妙，难道自己讲的笑话不足以打动他？

　　正在愣神的刹那，就听见严老师用威严的口气说：

　　"王海洋，你站起来把课文读一下。"

　　"啊？"冷不丁地听到有人喊自己，王海洋愣住了。

　　"老师叫你读课文，赶快。"温晓明长出一口气，真险啊！终于过了一难，还好，老师找了别的替罪羊，他长吁一口气。

　　"读哪里？"王海洋小声问道。

　　"我也不知道。"温晓明心想，刚才我也没有听课，怎么可能知道读哪页。这时，他发现自己把书拿反了，于是，赶紧把书正过来。

　　王海洋看着温晓明尴尬的样子，知道这个救星不管用了，于是，四处张望想搬救兵。可在老师虎视眈眈的注视下，没有人敢冒险告诉他该读哪里。

　　"怎么不读了？"严老师问道。

"我……"

"刚才你干什么呢？"

"在听课。"王海洋赶紧表白。

"很好啊，在认真地听课，请你告诉我，你听的是哪一课？我讲的是什么内容？"

"是……"王海洋愣住了。

"你不是在听课吗？怎么什么都不知道？"严老师咄咄逼人。最近她上课时发现班里的纪律很不好，早就想抓个典型，整顿一下纪律了。今天的事儿，她不打算善罢甘休。她知道温晓明的亲戚在这个学校，所以对温晓明刚才的行为视而不见。

"我……"

"告诉你，我讲的是一般现在时的用法，既然你坐下听课效率不高，那这节课就站着听，站着听讲，效率肯定高。"

"为什么？"王海洋不满地说。

"为什么？我还想问你呢，全班那么多人，我谁也没有喊，偏偏要你站起来？"

"我不知道。"王海洋挑衅地看着严老师。

"你还不知道，那更好了，站着想想就会明白的。"严老师一肚子气。

"我想不明白。"

"什么？"严老师没有想到，看似老实的王海洋竟然敢当着全班同学的面顶嘴，她感到很没面子，气得满脸通红，使劲把书往课桌上一摔，"想不明白，那就站着想。"

旁边的温晓明吓得直吐舌头，教室里立刻安静了下来。严老师接着又回头在黑板上继续板书。

当着全班同学的面罚站，王海洋一肚子的怒气：凭什么两个人说话，单叫自己站起来？到底什么意思？这不明摆着欺负人嘛。想到这里，他一肚子委屈，眼泪在眼圈里转悠，憋了半天，实在憋不住了，便使劲大声咳嗽一声。

"怎么回事？"

"咳嗽还不行吗？"

"你成心捣乱是不是？要是不听课，就出去。"遇上敢于面对面和自己叫板的学生，严老师下不来台。

"我不出去，我是学生，我有在教室听课的权利。"看见全班同学都看着自己，王海洋感觉很伤自尊，要挽回面子。

"你根本就没有听课。最近好几次没交作业。你的学习态度很有问题，真没见过你这样的学生，你为什么不写作业？"

"你布置的都是些抄抄写写的作业，我都会了，感觉没有必要浪费时间了。"

"你都会了？你都会了，还跑到学校干什么？你都会了，还要我来教吗？"严老师的声音越来越大，最后她拍着桌子，大声怒吼起来："我管不了你了，把家长叫来，我有话和她谈，问她是怎么培养孩子的。"

这时候，下课铃响了，严老师拿起教案，转身走出教室。

一听说喊家长，王海洋老实多了，他瞪着严老师的背影，不满地说："有什么大不了的，说不过别人就发火，不就是喊家长嘛，喊就喊。"

"老大，你今天怎么了？"温晓明问道，"太反常了。"

"她真过分。"

"问题是家长会不会找你麻烦？"

"她是没事找事，我就不喊，看她怎么着！有本事，她给我家打电话去。"王海洋一脸倔强。

"要是她打电话，你的事就大了，还不如你跟家里说。刚从网上看见一个段子，你回家这么说，"温晓明看看四周，见没有人注意他，便偷偷拿出手机，"你看看人家是怎么叫家长的。"

王海洋拿起手机，读道："儿子放学对妈妈说：'额娘近来面容憔悴，孩儿甚是担忧。不如移步至孩儿学堂观赏山水风景，倘若您还能与吾师喝茶论道，定是极好的。'妈妈严肃地说：'说人话。'儿子低声说：'班主任让你去学校一趟。'"

王海洋听完后，不屑地说："很有意思。不过，我真不喊，有本事叫她找我家长吧。"

"你何必？识时务者为俊杰，小胳膊是拗不过大腿的。"

"有什么可怕的？回到家里大不了再被骂一顿，又不是被骂一次了，再多一次也无妨。"

说曹操曹操到，刚做完课间操没多久，王海洋的妈妈就到学校了。她把王海洋喊到教室外面。

"你怎么了？严老师打电话把我喊来。"

"上课的时候，很多人都在说话，她不批评别人，偏偏就批评我一个，还罚我当着全班站了一节课。"王海洋想想刚才被当众罚站，被老师指着鼻子骂的事，非常委屈，眼圈又红起来。

"什么？你当时要是不和她顶嘴就没那么多事了。"王海洋妈妈听了以后很不满，"好了，我知道了，赶紧上课去吧，别再给我惹麻烦了。"

王海洋妈妈飞也似的赶到严老师的办公室，看见一个年轻的女教师坐在办公室，走过去问道："请问严老师在吗？"

"我就是。你就是王海洋的妈妈？"

"是我，我想知道……"

"王海洋妈妈，你真该好好管管孩子了。"严老师余怒未消。

"他到底怎么了？"

"刚才在班里公然和我顶嘴，根本就是目无师长，最近一段时间也没有写作业，请你回家督促他一下。"严老师严肃地对王海洋妈妈说。

看见一个刚毕业没有多久的新老师，竟然用教训的口气和自己说话，王海洋妈妈心里很不爽，从骨子里，她瞧不上严老师，您什么人啊，充其量不过就是一个中学老师！我都工作那么多年了，在单位里也算是个独当一面的主管，吃得盐比你吃的饭都多。走的路比你过的桥都多，想当年我工作的时候，你还不知道在哪里呢？要不是因为你是我孩子的老师，在大街上你跟我打招呼，我还未必搭理你。

于是，她不卑不亢地说："对不起，严老师，孩子小，不懂事，有冒犯的地方，还请您多多担待。孩子上课讲话，不写作业，是不对的，我回去一定要好好督促他。但我也希望老师能用宽容的心包容孩子，孩子还小，需要老师用耐心和爱心去教育。对于犯错误的孩子，要晓之以理，动之以情。孩子现在正处于青春期，性格经常走极端，认死理，这个时候，我认为老师采取冷处理的办法比较好。要是硬碰硬，即使暂时把孩子的反抗压下去了，但他的内心还是不服气，孩子也需要有发泄的渠道。孩子们真正服气的老师，不是那种外表叫孩子怕的，而是有渊博知识、有包容心的老师。"

王海洋妈妈在大学后勤处当处长，平时工作虽然不算很忙，但很琐碎，而且分阶段性，忙的时候忙死，闲的时候闲死。

这就决定了她对王海洋的照顾也是一阵精细，一阵粗犷。

她在王海洋身上寄托了很多希望，自然对王海洋的学习也比较上心，利用业余时间，给王海洋报了很多辅导班，几乎把业余时候都用在王海洋身上。

王海洋的成绩虽然很不错，但总是离她的要求差不少，比如说数学吧，明明在她眼里非常简单的题，王海洋偏偏做不对！有时候，某些类型的题，讲了好几遍，王海洋终于明白了，但到了第二天，再问他又是一头雾水，常气得她不停地拍桌子。

虽然她给王海洋找了一对一的英语辅导老师，但王海洋的英语成绩却依然是中等偏上的水平。

随着王海洋渐渐长大，王海洋妈妈的理想也逐渐降低，她发现上帝给她关上一扇门的同时，又给她打开了另外一扇门。

王海洋妈妈发现孩子的运动能力非常强，喜欢打球，也喜欢运动，虽然成绩很一般，但个子却噌噌地直窜，在同龄孩子中鹤立鸡群。

到了初一，他的食欲更是大增，好像永远也填不饱。于是，王海洋妈妈就把业余时间和精力都用在给孩子做饭上。她经常研究营养配餐，讲究各种营养的搭配……由于营养好，王海洋长得非常英俊，王海洋妈妈为此很自豪，经常对周围的人说："孩子的成绩算什么，成长才是最重要的，我们不要总是谈孩子的成绩，应该更多地关注孩子的成长，成长远远比孩子的成绩更重要。"

王海洋妈妈没有想到自己眼中那么骄傲的儿子，在老师的眼里竟然是一无是处，为此她很气愤。

最近这几天赶上工作很忙，刚和同事发生了冲突，身体也不舒服，正好处于情绪的低潮。谁料，老师也不给力，偏偏这个节骨眼上给自己找麻烦。她使劲克制住自己强烈的愤怒，但说话的声音依然在不知不觉中高了起来，"一个有爱心的老师，应该是心胸开阔的人。"

"这么说，你们家孩子什么错都没有，错的都是老师？我把你请来，是主动向您道歉，说我没有本事，没有能力管你的孩子？如果你要是这样想，我也就不说什么了。"严老师没有想到王海洋妈妈会这样强势，说起话来咄咄逼人。

"严老师，我可不是这个意思，我希望能发现孩子的缺点，对症下药，最后能找出解决问题的根本办法。"王海洋妈妈严肃地说，"最近王海洋的成绩怎么样？"

"这个，还是您自己看吧。"老师打开电脑，上面是班里孩子的排名，王海洋妈妈仔细地寻找儿子的名字，她先从最上面的排名找，没有找到，于是，眼睛顺着序号向下看，看到最后，心里直发虚，因为王海洋的名字非常靠后，在他之后，基本上就没有几个学生了。

"虽然目前孩子的成绩不尽如人意，但我相信，落后只不过是暂时的，很快就会赶上来。"

"希望如此。"这个时候，严老师的手机响了，她接起来，"好好好，我马上去。"

说完后，她转身对王海洋妈妈说："教研室有个会，我得马上去开会了，咱们改日联系。"

"好，严老师费心了。"

从办公室出来，王海洋妈妈一肚子怒气，她也不知道为什么生气，是为王海洋的成绩，还是因为老师水平不够，教不会孩子，把孩子的远大前途耽误了。

她沮丧地走着，迎面遇见王晓妍、刘杰妈妈、孙嘉怡妈妈、徐阳爸爸等，他们几个人正站在学校大门口的外面。

"这么巧，你们来接孩子？"

"是啊，这么巧，你这是？"

"气死我了，刚才一肚子气，孩子上课说了几句话，全班那么多说话的，老师不管，偏偏就叫我孩子一个人罚站，孩子顶撞了几句，老师感觉伤了她的尊严，就叫孩子站了一节课不说，还把我喊来教训一顿。你们说，老师的面子就这么值钱吗？"

"什么？罚站？现在不是不能体罚学生了吗？"孙嘉怡妈妈说。

"我觉得老师叫家长到学校，是一种无能的做法。你连学生都教育不好，有什么权利来教育家长？况且，孩子说话是不对，老师教育也是应该的，但作为老师，就为了这些鸡毛蒜皮的小事儿，而让孩子罚站，难道就对吗？你的面子就这么重要吗？你如果有能力，为什么不能让学生信服你？整天就知道喊家长，找家长谈话，还得随叫随到，好像家长就不工作了。"刘杰妈妈说。

"你说的是哪个老师？"王晓妍问道。

"就是他们的英语老师严老师，自己的教学经验不足，掌控不了课堂纪律，却还死要面子。"

"那是新老师，刚参加工作没多长时间，在教学和学生的管理上还缺乏经验，遇到这样的事，她应该冷处理比较好。作为老师，应该避免和学生硬碰硬，以免发生激烈的冲突。不过，她对教学还算认真。"王晓妍说。

"刚才她找我，一上来就对我说，你得好好管管孩子了，主要原因就是孩子和她顶嘴，作为老师，你就没有管理能力吗？"

"我也不喜欢严老师，我孩子的英语还是不错的，但就是因为粗心，有些小语法掌握得不踏实，所以考不到理想的分数，老师对孩子也不重视。"赵瑜妈妈说。

"分分分，什么都是分，老师衡量孩子，完全按照他的分数来。分数高的，在老师的眼里就是好孩子；分数低的，就不入老师的法眼。这些老师的眼皮子太高，只会翻白眼，根本看不上普通的孩子，同样的错误学习好的孩子犯了就没事，但我家孩子就不行，真气人。"王海洋妈妈说。

"考试的分数高，孩子的英语就真的好吗？我看不见得。"王晓妍说。

"对啊，英语教育完全就是应试教育，哑巴英语，英语学习存在很多弱点，我很无语。我听孩子英语老师的口语真叫人纠结，一张嘴就出错，我敢保证，她见到外国人，连嘴都张不开。这样的现实，只能说是英语教学的失败。整个教育界就只剩下考试，只剩下分数了。除了考试，除了分数，还能有什么实质性的东西？"王海洋妈妈余怒未消。

赵瑜妈妈接着说："想当年，我孩子是多么阳光，现在，唉，天天疲于奔命地埋头于那么多功课，怎么可能受得了？说句实话，严老师的水平有限，孩子回家说她的发音不准，就知道语法，没事儿和语法死抠，走的完全是哑巴英语路线。语法，语法，没完没了的语法，她讲了半天孩子也似懂非懂，我不得不对她的教学水平产生严重的怀疑。总之，现在的英语教育与现实相差太远，很失败。"

"最近一段时间，单位的事太多了，把我忙得焦头烂额的，老师也真会选时间叫家长。刚才正在单位和领导谈话，正忙得不可开交，老师就把电话打过来，听她的那副口气，天都要塌下来了，我只好把手头上的工作都放下，十万火急地从单位跑过来。来了后才发现，原来老师小题大做，摆了个乌龙，真受不了她。好了，得赶紧回单位了，一大堆工作在等着我呢。"说完，王海洋妈妈飞快地开车走了。

此时，放学了，学生们开心地从校门口走出来。王晓妍发现，走出来的孩子几乎都长得一个模样：戴着厚厚的眼镜，背着超级大书包，个子细细高高，像豆菜芽，背是驼着的，几乎要被重重的书包压垮，脖子向前伸着，就像个鸭子。由于与外界的接触不多，还有写不完的作业，所以变得目光呆滞，两眼无光。初中真是个大熔炉啊，把一个个活泼开朗的孩子，转眼都变成了标准的中学生模样。不仔细看，很难看出有什么差别。

"我孩子出来了，各位，先走了。"赵瑜妈妈也走了。

"真受不了这两个家长。"刘杰妈妈撇着嘴说，"中国教育不好，学校不好，老师不好，周围啥事都不好。只有她家孩子最好，老师有错是不假，但她们家的孩子就是百年不遇的天才吗？听她们的意思，孩子一点错都没有，错的都是学校，错的都是老师。我感觉严老师没有她们说得那么差劲，她家到底是什么孩子，连说都说不得？老师批评孩子，家长应该正确对待，哪里还有说不得的孩子？要是什么都对，干吗还上学？中国教育那么失败，有本事把孩子送出国，接受国外的教育，还能少占用优质的教育资源，把这个名额给别的孩子让出来。"

"你孩子是英语课代表，又听话，又乖巧，英语应该不错。"徐阳爸爸说。

"马马虎虎吧，严老师还是可以的，也有不少孩子喜欢她。"刘杰妈妈说，"王海洋这个孩子也太有个性了。个性这东西，其实没用，浑身上下的棱角，早晚会被消磨殆尽。"

"家长和老师之间的关系怎么说好？家长是水，既可以载老师，也可以覆老师。如果是有水平、有实力的老师，家长会发自内心地尊重，把孩子交给他；如果老师自己的方法不行，能力不够，那么就很难获得家长真心实意的尊重。都说名师出高徒，从我的角度上讲，我希望教孩子的都是些经验丰富的老师，当然，如果她是新老师，真有工作热情，也行。不过，王海洋妈妈和老师针锋相对的做法也不可取。遇见小心眼儿的老师，会迁怒于孩子。"王晓妍分析道。

王海洋妈妈一忙起来就忘了时间，下班比平时晚了一些，远远看见王海洋坐在楼梯口写作业，形单影只，感到很心疼。

"为什么不上楼？外面多黑。眼睛度数又要加重了。"

"楼道里太黑了，我想着等你回家后一起上楼。"

"走吧，以后在外面说话一定要注意，你看有这么多麻烦，害得我今天的事都没完成。"

"老师要我写检查，还要家长签字，我就不写，凭什么叫我写？那么多人说话她都装看不见，偏偏看我不顺眼。"说完，眼泪哗哗地流。

"老师叫你写，你就写吧，也许你真有很多不足之处。要不然她怎么不说别人，偏偏说你？"

"我有错是不假，但别人就全对吗？"王海洋气愤地说。

"别人的事儿，就管不了了，我只能管你，要你写，你就得写，否则老师又会找你麻烦。"王海洋妈妈想着赶紧让这件事过去。

王海洋无可奈何地坐在那里写检查，看得出他非常抗拒。一边写，一边唠叨，写了很长时间也没有写完。"凭什么？"写了一半，王海洋就躺到床上，两眼盯着天花板，"我就是不写，怎么样？叫她骂去吧，随便她。不就是看我不顺眼吗？我还看她不顺眼呢！"

"要是不想写就不写吧，大不了明天又挨骂。"

"那就写吧。"王海洋无可奈何地又拿起笔来。

"对啊，好汉不吃眼前亏，你得给老师一个台阶。"

"给老师台阶，老师为什么就不能给我们一个台阶？她有尊严，我们就没有尊严吗？难道只有老师要面子，学生就没有面子吗？不是说人人都要平等吗？她有没有想过，学生当众受辱是什么样的心情？"

"行了，够了，你赶紧写检查，就让这件事早点过去吧。"王海洋妈妈也是一肚子气。

"她倒是过去了，可我却过不去，她现在是怎么看我都不顺眼，总是找我的别扭，还说每次上她的课，都叫我单独一个人坐在最前面，因为我是问题学生。"王海洋的眼泪都快流出来了。

"这个老师也太过分了。好了，我知道了，明天就向你们学校的领导反映情况。"王海洋妈妈也咽不下这口气，"真没有见过脾气这么大的老师，要是在我们单位，早就被学生投诉了。"

"算了，算了，你还是别找事了，我发现你真是越帮越忙。小学的时候，你给学校老师打电话，结果倒霉的是我。现在你还是别操心了，我写检查还不行吗？"王海洋还没有说完，泪珠子已经噼里啪啦地掉到了地上，最后终于忍不住了，放声大哭起来。

王海洋妈妈的心都碎了，自己孩子在学校里被老师这样对待，真没有道理。她尤其不能容忍一个刚工作没多长时间的年轻老师，年经轻轻，不想办法快速提高个人的业务能力和教学水平，却只关心个人的面子和尊严，无视学生的尊严；自己没有水平，不能正确处理课堂上出现的突发情况，心胸狭窄，却迁怒于学生，这样的老师师德何在？还有什么资格站在讲台上？

王海洋妈妈越想越生气，拿起手机就拨打教务主任的电话，她要和学校的领导谈谈今天的事。

"你要给谁打电话？是不是又要给我找麻烦？"王海洋眼疾手快，从她的手里把手机抢了过来。

"好了，好了，别哭了，这件事就算过去了。"王海洋妈妈放下手机，赶紧安慰孩子。

学霸牛蛙 修炼攻略

成长中的孩子，难免会遇到各种各样的问题，家长被老师约谈时，只要不是什么出格的大事，就不要焦虑，应该冷静地面对，保持情绪的平和。

即使和老师的观点不同，也要注意分寸，最好不要有过于激烈的冲突，以免给孩子造成不必要的麻烦。

NO.17 孩子玩游戏不写作业，怎么办？

"问题是他是适当地玩玩吗？这一个晚上都没有消停。"
王晓妍对李一帆的态度非常不满，"你再这么纵容孩子，
到时候他考不好哭鼻子别赖我。"

"今天放学的时候，老师告诉我们，马上就要考试了，真叫人紧张啊。"李兴宇边说边把菜夹到碗里。

"什么快考试了？"听了这句话，王晓妍的心里咯噔一下，刚才的好心情转眼之间就消失了大半，"唉，时间过得真快，一转眼，就开始准备期中考试了。"

王晓妍非常想知道，李兴宇在班里到底处于什么样的位置。按照老师的反馈，李兴宇在班里就是中等水平，王晓妍虽然嘴上谦虚，但心里却很不服气，她期待孩子考出个好成绩，一鸣惊人，好让老师对他刮目相看。

看见全家人都在低头吃饭，王晓妍继续对李兴宇说："你平时的成绩不错，在考试的时候，细心一些就会考到前面，要是稍微一粗心，就会落后很多名，我真担心你粗心的毛病又犯了。"

"我考试，你担心什么？你总是说不在乎成绩，看来都是假话。"

"我当然在乎，但也没有给你施加压力，如果你只能吃下去一个馒头，我肯定不会逼你吃两个，因为要是吃饭撑了，肯定会出问题。根据你的情况考吧，我也不给你规定什么名次之类的，只希望你能认真审题，考出理想的成绩，不留遗憾。最近班里有什么事吗？"

"王海洋被老师单独安排了一个座位，说他是问题孩子，家长也不配合老师的工作，别的没什么事。"

"唉，被老师惦记不是件好事。"

"谁也不想被老师惦记，都是老师找我们的事。给我们布置这么多作业，今天三门主课，每门课都叫我们做两三张卷子，真没天理。"

"一定要重点关注老师给你们的复习资料，很多地方都有可能考到。"

"好的，最近我发现班里有很多考满分的学生在作弊。"

"作弊？究竟什么情况？"

"昨天，三班历史考试了，结果好多同学都跑到三班去问考试内容，回来后，光复习那些，最后都考了 100 分。你说，他们不是作弊是什么？"

"原来你们也不容易，为了考个好成绩，什么旁门左道都用上了，不过，三班的同学告诉他们吗？你们之间不是很在乎成绩吗？为了多考一分，都要去办公室跑好几趟，只为了堵住老师要分。"

"因为大家都认分，不光老师、家长，我们也为自己的面子考试，被别人比下去的感觉很压抑。"

"写作业去了，要不然又要熬夜。"

"赶紧写吧，昨天晚上你趴在课桌上睡着了。今天赶紧写，早点上床休息。"

李兴宇跑到卧室里，拿起卷子，开始伏案疾书。

过了一个小时，王晓妍走进去，想提醒孩子休息一下，别累着眼睛。

王晓妍刚刚走进去，就看见李兴宇正在埋头玩手机。李兴宇一抬头，看见妈妈冷不丁地站在后面，有些不好意思，紧接着飞也似的把手机塞进抽屉里，然后惊慌失措地拿起笔来，"你什么时候进来的？也不敲门！"

"我又不是鬼，进来还不行，你在干什么？专心写作业了？"王晓妍说。

"我休息一会儿，刚才一直在写作业，累得头都疼了，稍微休息一下。"

"休息是对的，不过老盯着手机，眼睛会很疲劳，你在手机上忙什么？玩游戏吗？"

"就玩一小会儿，三分钟的时间，不会耽误写作业。"

"你……好吧，不要玩时间太长，抓紧时间写作业。"

"马上就写，你放心。"

过了一会儿，王晓妍推门进去，只见李兴宇还在玩手机。她走上前说道："你这三分钟也太长了。"

"不好意思，刚才那个故事太吸引人了，我光想看结尾，只要看完后，就开始学习了。"

"我看你的作业，字写得有些乱，是不是要注意了？"

"放心，我会注意的，你先忙吧。"

最近一段时间，王晓妍发现孩子总是玩手机，她有些着急。手机就像一张无形的网，把孩子拉进去了，熊孩子也许是受到了同学的影响，开始迷恋手机游戏，要是平时也就罢了，问题是现在马上就要考试了，形势严峻，在这十万火急的情况下，孩子竟然玩手机游戏，这不是胡闹吗？

王晓妍看见李兴宇的旁边摆着手机，她没有像平时那样给孩子带上门后就出去，她觉得多留意孩子的情况，不能再让他把时间都浪费在玩手机上。

孩子上网的时间太多了，王晓妍觉得必须控制一下，她强压住心头的怒火，大脑在急速地想着对策。过了一会儿，她从书房拿过电脑，坐在孩子旁边的桌子上，打开电脑准备备课。王晓妍心想，要是孩子想偷懒，她会装作干咳几声，孩子肯定就会老实了。王晓妍暗自高兴，这办法不错！孩子小，自制能力还不强，家长进行必要的督促是应该的。

但计划不如变化快，李兴宇的一句话，将她的心情从天堂拉入了地狱，刚才美妙的计划立刻泡了汤。

"我会努力的，请您先去别的房间忙吧，我需要安静，不想被打扰。"

李兴宇看见王晓妍心血来潮地坐进自己的书房里，眉头便皱起来，接着下了逐客令。

王晓妍没有想到第一次陪孩子学习就碰了个钉子，她有些挫败，但还不甘心："我就坐在一边备课，又不打搅你。"

"你在这里坐着，已经打扰了，我想安静地写作业，不想被人监督。"

"你说话注意点，不要用这种难听的词，谁监督你了？"

"行了，你还不快走！告诉你，今天的作业很多，写完后，还要复习英语，准备明天的考试，非常忙。"

"貌似你比国家主席还忙。"既然孩子很不欢迎自己，王晓妍只好退出，临出门前，她想着把孩子的手机拿走。但李兴宇眼疾手快，飞一般就把手机放到了抽屉里。

王晓妍有种挫败的感觉，但很快就找到了台阶下：有些路，孩子注定要一个人走，家长也不能压制他独立的愿望。想到这里，心里好受多了。

"怎么样？被请出来了？"李一帆正在打游戏，看见她抱着笔记本电脑走出来，一脸的幸灾乐祸。

"什么意思？"刚被儿子请走，又遭到老公的嘲讽，王晓妍很生气。

"早就说过要少管，要放手，你不听，总是过度包办，别人的一句话，你都当圣旨，因材施教，知道不？每个孩子都要因材施教，即使是亲兄弟姐妹也不能采用一样的教育方法。"

"一边待着去，谁把别人的话当圣旨了？我只不过是借鉴而已，各种好办法多试几次，总能找到适合孩子的。要是不尝试，怎么能知道哪种办法适合孩子？"王晓妍很不满地说。

"常有理，那就继续碰钉子吧。"

"你到底什么意思？有你这样当家长的吗？告诉你，我比某些人好很多！我不玩游戏，不追韩剧，专心做学问，专心培养孩子。"

"还好意思说？你两耳不闻窗外事，这跟过去围着锅台转的家庭妇女有什么区别？"

"什么？我总比某些人只会玩电脑游戏，不给孩子做好榜样强很多吧？"

"肤浅，电脑游戏可是件高大上的事儿，像你这种低智商的人，哪里懂得如此高精尖游戏的妙处？如果引导合适，可以引导孩子对电脑编程产生兴趣，还可以激发他设计游戏的欲望。他会主动多关注相关的知识点，从而对今后学习相关专业产生兴趣。不能对孩子玩游戏采取排斥的态度，只要不耽误学习，什么都可以去尝试。"

"你脑子是不是有问题？孩子学校的作业很多，他疲于应付，没有更多的时间去培养兴趣。现在都到了十万火急的关键时刻了，孩子马上就要考试了，还玩手机，你不管也就罢了；我管孩子，你不但不配合，还给我拆台，你到底是什么意思？"王晓妍指着李一帆说。

"关键时刻！小升初考试的时候，你就说是关键时刻，现在孩子上初中了，你又开始新一轮的关键时刻了！还有完没完？孩子又不是学习机器，劳逸结合更有助于提高学习效率。"

"你有完没完？真够了。"王晓妍使劲瞪他一眼，想把满肚子怒火发泄出去，但又怕影响孩子的学习，只好强忍着怒火，走到书房备课去了。

王晓妍忙了半天，有些累了，去客厅喝水，她走过李兴宇的房间的时候，说时迟，那时快，李兴宇用最快的速度把手机放进了抽屉里。

"你疯了吗？怎么现在还在玩手机？还考试吗？"忍了一个晚上，王晓妍的怒火终于爆发了，她一个箭步冲上前，不由分说就把李兴宇的手机抢走了。

李兴宇一时没反应过来，等他明白过来的时候，手机已经被妈妈拿走了。但他毫不退缩，站起来针锋相对地吼道："我学了一个晚上，中间稍微放松一下又怎么了？你干吗拿我的手机？"

"这不是拿你的手机，这是没收，懂不懂，没收！"

"难道我就不能休息吗？"

"怎么每次我进屋，你都在休息？"

"反正我学习的时候，你就装作看不见。把手机给我！"

"不给。"

"给我。"

"不给。"

"不给我就不学了，睡觉去，我就破罐子破摔，看你怎么办？"

"混账东西，不能睡觉，赶紧学。"

"把手机给我。"

"你还顶嘴，小心我揍死你。"

"揍死我？照照镜子去，你的个子还没我高，还想揍我？"

"我是你妈，揍你就不能还手。"

"打孩子是犯法的。"

"今天我就犯法了，怎么着？"王晓妍越说越生气，边抡起拳头，"看我不揍你才怪。"但她光打雷不下雨，生怕拳头打重了，把孩子打疼。

"到底怎么回事？你们母子俩今天晚上是不是想闹得整个楼上都不睡觉？"母子俩的争吵声太大，惊动了李一帆。他放下手中的电脑，快步走过来。

只见眼前这母子俩，就像两只红眼睛的大公鸡一般，全身的毛都竖起来了。

"学习累了，我休息一下还不行？"李兴宇说道。

"好好管管你的宝贝儿子吧，马上就要考试了，他竟然还玩手机。"王晓妍赶紧搬救兵。

王晓妍和李兴宇都看着李一帆，期待他站到自己这一边。

"孩子学习累了，看会儿手机没有什么大不了的，你就别咸吃萝卜淡操心了。"李一帆明显地偏向儿子。

"什么?"王晓妍没有想到李一帆竟然这样说话,她使劲拍着桌子,气愤地大喊一声,"有你这么教育孩子的吗?"

"适当地玩玩再学习,效率会更高。"

"问题是他是适当地玩玩吗?这一个晚上都没有消停。"王晓妍对李一帆的态度非常不满,"你再这么纵容孩子,到时候他考不好哭鼻子别赖我。"

"考试只不过是对平时学习的一个检验,临时突击也没有多大的效果。"李一帆说完就后悔了,因为他看见王晓妍的眼睛里都快冒出火苗了,那个火苗恨不能把自己烧死。

看到这样的目光,李一帆预感到大事不妙,根据以往的经验,一场家庭风暴即将来临。

他赶紧对自己说,大局为重,大局为重,当前最重要的工作就是灭火,否则一个晚上都别消停了。

他正在想着找个什么两全其美的办法,叫大家都平静下来,但已经晚了,王晓妍憋了一个晚上的火山终于爆发了。她指着李一帆的鼻子,大声吼起来:"你不是胡说吗?我总是告诉学生们临阵磨枪,不快也光,怎么到你这里就成了没有多大的效果?你到底懂不懂教育,懂不懂考试?"

"别拿教育说事,像你这种素质的人,还能教出好学生?难怪中国的教育落后,我终于知道了,原来都是你这种不懂教育的人祸害的,像你这种人站在三尺讲台上,学生们还有个好?"

"你简直胡说八道!"

"谁胡说八道了,你没有教好别人家的孩子也就罢了,还来误导自己的孩子,难怪孩子的成绩总是不理想。"

"什么?他的成绩不理想成了我的事了,像你这种什么也不干的甩手掌柜,倒是啥事都没有。我算是发现了,只要孩子身上的缺点,都是因为我没有教育好孩子；只要孩子身上的优点，都是你们李家遗传得好，你真是神逻辑啊！"

看着王晓妍越战越勇，李一帆感觉自己捅了一个大马蜂窝。为了息事宁人，他转过身来对李兴宇说道："当然，你妈妈提醒你是为了帮助你。"

"什么？有这样帮助我的吗？我学习有自己的节奏，适当地休息一下还不行吗？"李兴宇很不服气。

"行，孩子的事我不管了，以后家里所有的事，一概归你。"王晓妍气呼呼地说完后扭头走了。

李一帆无可奈何地站在屋子当中，感到自己里外不是人，于是对孩子说："你看现在都十点多了，要不咱别学了，快点睡觉吧。"

"不行，我不能睡觉，还有课文没背。明天老师检查，背不过会挨罚的。"李兴宇打着哈欠，开始背书了。

"身体比学习更重要，课文背不过没关系，明天早上背。"

"早上我根本起不来，有时候，连饭都吃不上，哪有时间背课文？"

"那也得赶紧睡觉，要是睡眠不足，就会精力不足，学习怎么能好？记住，休息好，身体才会好。身体好，学习才会好。休息不好，身体不好，学习怎么会好？"李一帆苦口婆心地劝儿子。

"知道了，知道了。"李兴宇说着走出屋子，看见王晓妍坐在客厅的沙发上正在生闷气，想了想，走上前去。

王晓妍看见他过来，心里一肚子气，便装作没看见。她暗自生气：怎么就养出了这样一个孩子，处处和自己对着干，人生真是失败啊，以后再也不搭理他了，凭什么像保姆一样伺候着他？哪辈子欠他的？想到这里越发伤心，眼泪都快流出来了。

没想到李兴宇走过来说："妈，刚才是我太急，对不起啊，我知道你是为了我好。"

听了这句话，王晓妍的眼圈发红，一肚子的怒火转眼之间消失得无影无踪，"好孩子，没事了，赶紧看书去吧。"

"真的没事了？"

"没事，你现在懂事了，我很欣慰，今天的作业都写完没有？"

"你别催我了，马上就全写完了。"说完李兴宇走进书房，关上门，学习去了。

王晓妍看了一会儿书，心里还是惦记着孩子的学习，过了半个小时，她走进孩子的屋里，只见李兴宇趴在桌子上，埋头于书山中，睡着了。

"咦，这是怎么回事？"她走进屋去，想把他喊醒，但又怕声音太大，惊吓他。于是，轻轻拍拍他的肩膀，"要是困了，赶紧上床，趴在桌子上睡觉，对身体不好。"

"我没有睡着，只想着趴一会，我要背课文了，你先出去吧……"李兴宇说。

"好吧，好吧。"王晓妍只好出去，李兴宇拿出课本大声地背了起来。

王晓妍偷偷在门口望了几眼，干着急，却没有办法。

孩子们都想考好，谁也不甘心落在别人的后面。但上了初中后，随着学习任务的骤然激增，如果时间掌控不好，不会合理地分配，美好的愿望就会变成空谈。

王晓妍看看时间又过了半个小时，马上十一点了。她心急如焚，真想不由分说地冲进屋去，把灯关上，命令孩子赶紧上床睡觉。以她的经验，要是孩子现在还不睡，明天早上肯定又起不来。

但她想起给自己定的规矩，凡事缓三秒再说话，于是，她在心里默念到三，把激动的情绪缓解下来，心情缓和点儿后，对孩子说，"背五分钟后，赶紧休息，要是再不睡觉，明天就起不来了。"

"好吧。"这次他点点头，终于开始收拾书包了。

"时间都去哪里了？每天都得忙到这么晚？"王晓妍心疼地说。

"反正我已经努力了，明天考不好，你也别找我麻烦。"李兴宇说道。

"找你麻烦干什么？"

"啊？坏了，有个作业忘写了。"

"什么？这么晚了，作业还没有写完？"

"刚才收拾书包，一看作业记录本，发现还有英语摘抄没写，我得赶紧写了。"

"写什么写？别写了，赶紧睡觉，你现在正在长个子，不睡觉，怎么能长高？"

"我得赶紧写了，否则明天会有麻烦。"

"别管了，学习重要，身体更重要，学习要用功，但不能从睡眠上抢时间，看来我对你初中生活学习压力的估计严重不足，还想叫你参加各种竞赛，但现在发现，不能眉毛胡子一起抓。以后在时间的安排上，提高效率比什么都重要，该玩的时候尽情玩，该学的时候努力学。"

"知道了。"

"赶紧睡觉吧。"

"不行，我很快就写完了。"

大约又过了十分钟，李兴宇终于写完作业上床休息了。

他躺在床上，困得都睁不开眼睛了，但还是抱着手机。

"你怎么还不赶紧休息？"

"我都学一天了，睡前还不能放松一下吗？"

"可以放松，但我发现你的心思似乎都放在了手机上，要是能放到学习上该有多好。"

"学习，学习，除了学习，你还有别的话吗？"

"好，不说了，不要看得太晚，明天还要考试，知道吧？"

"知道了，知道了，我要安静一会。"

"好吧，不过待会儿我还会进来，最好别叫我看见你在玩手机。"

大约过了半个小时，王晓妍再次走进李兴宇的卧室，发现他两眼盯着天花板发呆。

"你怎么还不赶紧睡觉？"

"我在想一个重要问题。"

"什么问题？是想明天考试的功课吗？"

"不是，为什么别人总是能有很多奇特的发现，而我却没有？"

"你要发现什么？"

"我要发现金子，也要发现钻石。总之，要在石头里发现很多东西。你说有没有这种可能？"

"要是在荒郊野外或许会有，但在人口密集的城市，可能性非常小。"

"将来长大了，我得去人烟稀少的地方探险去。"

"赶紧睡觉吧，以后的事以后说。现在你最重要的就是明天按时起床，上课别迟到，在学校一切都顺利。"

"明天考试，我也不知道能考多少，但我已经很尽力了。"

"应该没有问题。"

"谁也不敢保证。"李兴宇的回答很犹豫。

王晓妍发现自从孩子上了初中后，信心便有些不足了，也许在和牛蛙们的一次次竞争中，冒尖的机会不多，经常被更牛的孩子埋没，每次有了不错的成绩，却发现周围总会有更高的。不是孩子不上进，而是别人上进得更快；不是孩子不努力，而是别的孩子更努力。

正所谓山外有山，楼外有楼。王晓妍感觉孩子需要补充能量，在外面竞争受挫后，需要回家汲取力量。

"没关系，多检查几次，尽量不留遗憾，比上次考试有进步就好。"

"唉，除了考试，我们还有什么？"李兴宇叹道。

看着李兴宇睡着了，王晓妍走进他的书房，打开装卷子的夹子，拿出几张卷子，里面的成绩忽上忽下，很不稳定。有些分数，她很满意，有些分数，让她的心跳加速。

王晓妍发现最近孩子的心思有些飘忽，对考试的信心也弱了很多，临睡觉的时候，还抱着手机不放，真得管管了。

但又不能没收手机，刚才那一出已经搞得全家不宁了，所以得用一些孩子能接受的办法处理，该怎么处理好？

王晓妍突然想起前段时间，徐阳爸爸也说起过孩子抱着手机不放，她想着改天问问徐阳爸爸，看他是如何处理这个问题的。

"早点休息吧，明天还要早起给孩子做早饭呢。"李一帆说。

"你还有脸和我说话？"王晓妍冷眼瞥了他一下，"告诉你，以后我在教育孩子的时候，你要站在我这边，难道你不知道在家庭教育中要对孩子形成一股教育的合力？"

"谁没有个着急上火的时候？你没有发现最近孩子的压力太大了？搞得我也很焦虑，不知道老师到底怎么想的？难道他们看见家长焦虑，心里就有成就感吗？孩子从六点多开始，一直写作业，中间休息一下，就这么点乐趣也被剥夺，想想也怪可怜的。孩子在小学时，每天能出来玩一个小时，现在几乎连看课外书的时间都没有，更不要说给孩子留出来发呆和奇思妙想的时间了，而这些都是孩子成长中最重要的一环。"

"你说的也是，可是并不是只有咱家孩子这样，别人家的孩子也在写作业，也在复习。本来他写作业已经够累眼睛的了，再玩手机，眼睛会更累。"王晓妍说。

"要是能十点左右睡觉最好，太晚的话，孩子睡眠不足会影响第二天的听课效率。"李一帆说。

"有些孩子的能力非常强，看不见她们学习，但每次拿回家的成绩都那么好，这些孩子肯定都是天才。但咱的孩子智力一般，他的学习效率和学习方法还有待改进，我本来想提醒他写完作业后，再把当天老师讲的内容复习一遍，结果他……唉！真是急死人，马上就要考试了，他竟然还有心思玩手机！

"让孩子把有限的精力实现最佳的利用率才好。应该督促孩子抓紧时间，早点高效完成，切忌搞疲劳战术，否则会又累也不出活。"

学霸牛蛙
修炼攻略

孩子就是孩子，虽然知道学习的重要性，也很在乎成绩，但很多时候，自我管理能力不够，学习效率不高。有些孩子学习的时候，把屋里的门锁上，好像一直在学习，其实是一边学习一边玩手机、打游戏或者看小说。

面对这样的情况，家长应该加强监督，用委婉的方式引导孩子抓紧时间做作业，提高学习效率。

NO.18 考试前夜，紧绷的神经

在考试前，几乎所有的孩子，无论成绩好坏，都在熬夜。
每个孩子的心中都有个牛蛙情结，都期待考出神一般的
满分，为了这个梦想，他们拼命地学。

明天就要考试了。

王晓妍人在单位，心思却全在孩子身上，她的心里紧张得就好像走进
考场的不是孩子，而是她自己。

现在孩子的作业太多，没有额外自主学习的时间，但还是得提醒孩子
挤时间复习功课，尤其要把晚上的时间充分利用起来，晚点睡觉，多花点
时间看书，把书本上的薄弱点找出来，多看几遍。如果知识的漏洞少了，
考试成绩自然就会上去了。

但转念又一想，不行，要是晚上睡觉少了，第二天早上起不来，精力不好，
会直接影响到第二天的听课情况。

所以，前一天晚上还不能学得太晚。考前孩子得吃好，喝好，第二天
才会有精力，所以，还是先给孩子做一顿营养丰富的晚餐吧。

孩子吃什么好？大鱼大肉肯定不行，考前吃多了鱼肉，消化是个问题，
身体里的血液都在肠胃附近流动了，大脑的供血就少了，影响思维。但青
菜做多了，孩子很快就消化完了，容易感觉饿，也不利于学习。最好的办
法就是荤素合理搭配。

明天要考数学了，下班得顺路买圆规、尺子、铅笔之类的文具，要上

战场了，没有准备如何打仗？

她正在想着如何安排晚上的时间，就听对面的赵慧说："哎呀，汽油明天就要涨价了，赶紧加油吧。"

"什么，又涨钱了？大约涨多少？"王晓妍发现自从孩子上初中后，由于家和学校的距离比较远，开车的时间长，她也开始关注汽油的价格。不但关注汽油的价格，还关注国内外形势，以此判断对汽油价格的影响。

"5毛。"

"天，涨这么多啊，得赶紧加油去。"

"就是，汽油降价，是几分几分地降，但涨钱却是几毛几毛地涨，只要涨一次，就把好几次降价的钱涨回去了，甚至比以前更多。"赵慧很不满。

"经你这么一说，我又开始紧张了，别的都是假的，只有加油才是真的。"王晓妍说完后，看看时间到了，拿起包就走。

"等等我，我也得去加油。"看见上司都走了，赵慧急忙跟在后面，她琢磨着，跟领导就要跟得紧一些，不但工作时得跟紧，平时也要紧紧地跟随，尤其是下班的时间，更要紧随其后。

王晓妍飞快地把车开到加油站，发现等着加油的车竟然排着长队，看来大家想得都一样，能省一点是一点。

等还是不等？等一会儿，能省一些钱；不等，能省时间。王晓妍很矛盾，最终她选择了省时间。在孩子考试的前一天晚上，那点小钱算什么？想到这里，她赶紧调头。

"你怎么不加油了？"

"你看，还得排队，得赶紧回家给孩子做饭，明天他就要考试了。"说完打开车门，毫不犹豫地走进去。

"你真有钱。"赵慧开着玩笑，"我得加油，今天晚上加油能省很多钱，要是等到明天，还得多花很多钱。"

"不是我有钱，"王晓妍边说边启动发动机。她心想，早一刻到家给孩子做好饭，孩子就能多看一眼书，早点睡觉，到了考试的时候，精力会更好，要是孩子的精力、体力好，成绩自然会水涨船高。

王晓妍一进家门，连水也顾不得喝一口，放下包，拿起围裙，直奔厨房。从职场到厨房，从白领女性到家庭主妇，只不过是两步路的事。

现在离孩子回家还有半个小时，必须要争分夺秒，做一顿丰盛的营养晚餐，好让孩子一进家门，就可以吃上饭。

唉，考试，辛苦的何止是孩子啊！孩子考试，大人也紧张，不但身体累，大脑也不轻松，家长的付出和辛苦，某些时候甚至远远超过孩子。

此时，刘骏妈妈也很焦虑，她正奋战在厨房，忽然听见"咚咚咚"的敲门声。于是，她赶紧关上炉灶，疾走几步，把门打开，嘴里喊着："儿子回来了？"

"累死我了。"刘骏背着一个超级大书包，气喘吁吁地走进屋来。

"快点儿放下书包。"刘骏妈妈心疼地发现，孩子好久没有理发了，像个野孩子，眼睛显得很大，身体像个麻秸，仿佛被风一吹就倒了。

"快点吃饭吧，吃完了，还有很多功课要看，不过，不要太累了，抓紧时间看一会儿早点休息。"

"行，我吃完饭就看英语、地理和历史。"

"不错，要注意时间的分配，你的英语一般都在 90 分左右，明天马上就要考试了，再怎么看，也不会提升到 100 分，地理、历史的提升空间却非常大，说不定能有几十分、十几分的提升空间。所以说，在这个关键时刻，一定要多看看地理和历史，花费在英语的时间，一定不要过多。"刘骏妈妈非常担心他把最宝贵的时间都用在英语上，像英语这样的功课，关键在于平时的积累，光靠临阵磨枪肯定是不行的。但地理和历史就不同了，要是正好看到了一道大题，到了考场上，能多拿到多少分啊，一下子十多分的差距就出来了。

"我不明白是我考试还是你考试啊？"刘骏听完，眉头皱了起来。

"当然是你考试啊，不过，我想着你刚上初中，好的学习习惯和学习方法还没有培养起来，所以我必须要帮你一把。"

"要帮也得选择时间啊，现在我马上就要考试了，你是给我帮忙还是给我捣乱？"刘骏很烦躁。

"你这个孩子怎么这么说话？我明明是帮你，怎么可能会给你添乱？"

"好了，好了，我今天在学校看了一天的书，看得脑子都疼，吃饭的时候，让我安静一会儿吧。"

刘骏妈妈想说什么，但忍住没有说。孩子说得也对，吃饭的时候谈学习，确实会给他造成压力，"你说得对，快点吃饭吧，我不谈学习了。"

"唉，连吃饭都不能放松一下，活得真累啊。"刘骏长叹一声。

"抱歉，妈妈就是想着帮助你用最小的代价考到最高的分数。"

"分分分，又来了。"

"这次真的不说了。"看见刘骏要把碗撂到一边，刘骏妈妈赶紧走开。

但刘骏妈妈依然不放心，一会儿，看见刘骏坐下看书了，心里又开始不淡定了。她想过去帮忙，但看见孩子专心致志地看书，看着孩子眉头紧锁、埋头背题的状态，又不忍心打断他。万一打断孩子的思路，就会打乱他的学习节奏。想了半天，刘骏妈妈只能在一边耐心地把刘骏漫天飞的卷子整理一下，仿佛把试卷整理好了，也就顺便把孩子大脑里的知识点整理好了。

"我想安静地看书。"刘骏下逐客令了。

"好吧。"刘骏妈妈小心地关上门。

刘骏看了一会儿，想躺到床上休息一下，但他刚想着站起来，耳边就响起了汤老师严厉的声音："现在到了最后关头，大家要抓紧每一分钟，不能休息，稍微怠慢，少看一道题，就会少得好几分。要知道，0.5 分之差，在咱们学校的排名就是 20 名。20 名，知道什么概念吗？"

刘骏明白是什么概念，一个学生，如果成绩不好，肯定会被老师无视，也会被同学瞧不起，不但自己脸上无光，就连家长仿佛也受到了株连。长此以往，还有何面目在班里混？

他感觉平时一向和蔼的汤老师，在说这几句话的时候，有些恶狠狠的。于是，刘骏一个激灵又乖乖地坐下来，一连打了一串哈欠，但就是不敢上床睡觉，只好抱起书来看，只可惜脑子一片空白，什么也看不进去。刘骏犹豫了一下，就趴在了桌子上。

想睡觉，一闭眼，汤老师的形象立马浮现在眼前，"要抓紧每一分钟，不能休息，起来，赶紧起来。"

但这一刻，他真的起不来了。

汤老师的声音又在耳边恶狠狠地响起："如果考前不努力，等知道成绩的时候，就会哭得很惨。难道你想哭得很惨吗？"

刘骏突然打了个寒战，看到成绩的时候，他想笑，他不想哭得很惨，他想学习，但无论怎么努力，眼睛还是睁不开。

"只趴一小会儿就起来。"他对自己说。汤老师也该有犯困的时候吧，没准她都睡着了，但愿别再打扰自己了。

古人头悬梁锥刺股的故事，在他的眼前直晃悠。他很想向古人求教，你们怎么就有那么大的本事，脑子都已经非常混沌了，竟然还能看进书去，为什么我就不行？

问世间，考试为何物？直把孩子们折磨得死去活来，连睡觉都不敢。刘骏想抬起头来，但实在抬不起来了，他的上下眼皮开始打架了。

最终，趴在桌了上，头枕着书，睡着了。

刘骏妈妈在客厅里看书，但心里总不踏实，于是悄悄地走进刘骏的书房，结果发现刘骏趴在桌子上，头枕着书本，睡得正香。

看到这一幕，刘骏妈妈非常着急，她本能地想走过去，把孩子喊醒：明天就要考试了，今天晚上却呼呼睡大觉，还能考出好成绩吗？明明是该奋斗的年纪，怎么能选择安逸，怎么能这样偷懒！

于是，她抬起手来，就要把刘骏喊醒。但当她看见孩子睡得如此香甜，嘴角的口水都流了出来，又不忍心了。

上初中的这几个月来，刘骏明显瘦了，也不知道是因为长个子显得瘦，还是因为被学习累瘦了。仔细看刘骏的头发，竟然还冒出来几根白发，这么小的年纪，竟然有白发了。古人说早生华发，但也不至于这么早吧？

要是不把孩子推醒，还有很多功课没有看，明天的考试肯定不堪想象。

推醒孩子，还是任他继续睡觉？

看着呼呼大睡的孩子，刘骏妈妈却像个困兽一般，在屋里团团转，急得抓耳挠腮，不知所措。她的内心在激烈地搏斗着，看着时间一分一秒地消失，但始终下不了决心。

最后，她拿起一件棉衣，轻轻给刘骏盖上。

刚把衣服盖上，刘骏就醒了，他使劲揉揉眼睛，看着墙上的钟表，大吃一惊，"啊，都这么晚了，你刚才为什么不喊我，为什么不喊我？我现在脑子一片空白，有很多功课还没有看。"说完，他大哭起来。

"哭什么哭，只不过是一场小小的考试，又不是什么大型的升学考试。这次考不好，还有下次，干吗搞得那么惊天动地？"

"你说得轻巧，对你们来讲无所谓，但对我们来讲就是非常重要的大事，非常重要的大事，关乎我们的名誉，关乎我们的地位。"

"好了，别哭了，亡羊补牢，犹未晚矣，既然像你说的那么重要，你就赶紧洗把脸看书吧，要是再哭的话，浪费的时间会更多。"

"好吧。"刘骏想了想，也只能这样了，便抽抽搭搭地跑到卫生间洗脸去了。

看着孩子渐渐平息下来，刘骏妈妈非常感慨。唉，当个家长怎么这么难啊？怎么看着别人家的家长都当得那么滋润，别人家的孩子个个都那么出色，偏偏自己家的孩子这么难带？

一晚上就这样过去了，刘骏玩命地看书、背题，刘骏妈妈的心情翻江倒海，如坐针毡，久久难以安静下来。刘骏妈妈不知道是不是别人家考前也过得如此焦头烂额？

最后，刘骏终于上床睡觉了，刘骏妈妈发现指针已经指向了十二点半。

在考试前，几乎所有的孩子，无论成绩好坏，都在熬夜。每个孩子的心中都有个牛蛙情结，都期待考出神一般的满分，为了这个梦想，他们拼命地学。

同样的故事也在刘杰家里上演。刘杰妈妈焦虑不堪地看着刘杰拼命地背题，这个时候，指针已经指向十一点了，别的家长都是督促孩子学习，但刘杰妈妈的工作是劝说孩子早点休息，因为她发现刘杰非常要强。

"不要太累，你已经看得差不多了，早点休息吧。"

"不行，我一定要远远地超过身后的人，现在班里有几个同学名次和我非常接近，我不敢保证这次会怎么样，要是考不好，老师肯定会不再重视我，我在班里也会没面子。"

"好吧。"刘杰妈妈很无奈地走到厨房，用微波炉热了一杯牛奶端过去。

刘杰喝完牛奶，把杯子放到一边，刘杰妈妈拿起杯子走出门外。在门口，她看着刘杰挑灯夜战的背影，又是甜蜜，又是心疼。

从心里，她为刘杰骄傲，小小年纪就知道拼搏未来，知道美好的明天是用汗水和智慧换来的，她对刘杰顽强的精神非常佩服。虽然是母女，但她感到和刘杰却更像朋友。

刘杰妈妈看着周围家长对孩子的成绩焦虑不堪，不免有些同情，学习是孩子个人的事，只要是正常的孩子，只要真想学，只要家长给他们提供合适的环境和条件，孩子再差能差到哪里？

第二天早上，王晓妍很早就起床了，她给孩子煎了两片小牛排，又把面包烤了一下。李兴宇起床后，却没胃口吃饭，他呆呆地看着眼前的食物。

"吃得好，才能考得好，知道吧？你看你都蔫了，头发这么长，像个野孩子。"

"吃得好，才能考得好？哪有这个道理？按照你的逻辑，不用看书，光吃好东西就能考好？"

"你怎么总是误解我的话？"王晓妍发现李兴宇越来越难沟通，不知道他是不是故意找茬，"我是说要是你早上不吃饭，怎么可能有体力应付考试？"

"老师说上午在家里复习，下午才去考试，我早上真不想吃饭。"

"好吧，我得上班了，上午还得开会，你自己在家里复习吧，要是饿了，就把这些饭放到微波炉里热热再吃。"

"知道了。"

"用不用我请假在家里陪你看书？"

"我看书用不着你陪。"

"我知道，但你能管住自己吗？会不会我一出门，你就偷偷地玩电脑，玩手机，在纸上画打仗的小人？"

"我没有你想的那么无聊。"李兴宇非常不满，提高声音表示抗议。

"好吧，那我真开会去了，你抓紧时间看书吧。"

"对了，我想了半天，你刚才的话也不是没有道理。要不然，你在家里帮我看看还有哪些地方没掌握，要是考不好，放寒假同学聚会，就没脸见人了。"

"没那么严重，别人问你的成绩，不说就是了。"

"要是不说，人家一看就知道没考好。要是考好了，别人不问都想说，看着那些学霸到处趾高气扬地炫耀他们的成绩，心里很难受。"

"只要努力就好，不要多想了，我今天有很多事要做，你自己多复习吧。晚上回家，我给你做虾和红烧鱼，再给你买两个披萨，怎么样？"王晓妍想着用美食转移孩子的紧张情绪。

"行，行。"李兴宇赶紧点头，"我要新奥尔良的那种，海鲜的也可以。"

吃货就是吃货，一听美食，情绪明显好多了。

王晓妍说完，便拿起手提包，准备出门，但没有走几步，她又回头说道："要抓紧啊，最关键的时候真的来了。"

"你还不赶紧上班，要是迟到了该怎么办？"

"好吧。"

王晓妍只好走出门去，只见她一步三回头，就是不放心家里。虽然在孩子面前，她镇定自若，但在内心里，她忐忑不安，但又不能把这种情绪传递给孩子。

王晓妍出门后很不顺利，一路全是红灯，大量的时间都浪费在堵车的路上了。看着时间哗哗溜走，但车在路上一动不动，心里是干着急，也没有办法。

车像蜗牛一样慢慢地爬，真是让人无可奈何啊。现在脑子安静不下来，干任何事心都不静。感觉很多事要做，但却不知道该从哪件事做起。

王晓妍一边开车，一边想着有哪句话忘记交代了。她既担心孩子光看英语，耽误明天的地理；又害怕孩子光看地理，忘了看英语的作文；还担心孩子光弄品思，耽误了数学；又担心孩子光弄数学耽误了品思，心里七上八下，乱糟糟的。

王晓妍更担心在这样的关键时刻，孩子复习抓不住重点，有遗漏的地方太多。她不明白，孩子考试，家长怎么就焦虑成这样？

胡思乱想中，王晓妍走进了会议室。她发现这个会开得非常冗长，这个领导讲完，那个领导又开始发言。王晓妍的心思完全不在会场，她又想起学院里的烦心事。

现在学院的竞争处于胶着状态，不到最后一刻，两个人谁也不轻易言败，办公室的人都在坐山观虎斗。这个阶段，大家都明哲保身，谁也不愿意蹚浑水。反正大家明白，不管是谁上台，自己的课都得照样教。

目前，王晓妍已被动地卷入竞争了。即便你想着到处解释，大家也会笑话你口是心非。所以，既然大家都认为你有这个企图，作为当事人，干脆什么都不说，也不解释，顺其自然。

按照正常的情况，新领导应该任命了，但过了这么长时间，还迟迟没动静，大家都不知道是因为领导忙，忘了这件事，还是因为领导还没有做最后的决定。总之，僵持的局面一直维持着。

这段时间，王晓妍处事非常谨慎，在关键时刻，必须要眼观六路，耳听八方，不敢晚来，更不敢早走，更要注意对方又在背地里采取什么行动，是否又给自己添什么麻烦了。细节决定成败，这些都很重要。即使她的心不在单位，人也要在单位坚守着。坚持，再坚持，直到最后一刻！王晓妍给自己加油。

看着台上的领导谈兴正浓，王晓妍却已忍无可忍，她的心又飞到家里。

王晓妍知道李兴宇管不住自己，虽骨子里也想考个好成绩，但处于无人监管的状态下，肯定会开小差！不行，必须得给他打个电话，监督一下。他现在到底在干什么？

想到这里，王晓妍趁着大家不注意，悄无声息地走出会议室，找个僻静的地方，往家里打电话查岗。

电话很快就接通了。

"你在干什么？"王晓妍严肃地问。

"早知道你会打电话。"孩子倒是料事如神，他镇定自若地说道，"我刚看完英语，现在在背地理，我很忙，你别打扰。"

"你没有偷懒吧？"问这个话的时候，王晓妍感到自己有些心虚。

"没有，没有，你怎么总是这样不相信别人？"孩子义正词严。

"我没有不相信你，只不过想知道你在干什么。"王晓妍赶紧解释。

"从你上班到现在，我一分钟都没有闲着，一直在看，一直在看。"李兴宇大声地说。

听了这话以后，王晓妍悬着的心放了下来。

"好孩子，好孩子，表现很好，我很满意，先挂了。"

王晓妍转念一想，将在外，君命有所不受，反正电话里只能听见声音，又看不见人，孩子说什么，那就是什么呗。从电话里感到孩子确实很老实，或者说是装作老实，按照他的话，他是头悬梁锥刺股，总之，是个勤奋学习的好孩子，至于真实情况如何，王晓妍无法判断。

但目前王晓妍只能靠着打电话，对他动之以情，晓之以理，督促他靠自觉学点东西。这样想着，王晓妍感觉打这个电话还是能起点作用的。

孩子终于走进考场了，王晓妍除了默默地祝福和期待之外，一点忙也帮不上。她人在会议室里，心却跑进了孩子的考场。人在单位，心在成绩，她感觉非常口渴，总是不停地喝水，但还是很渴。王晓妍紧张得想哭，更想表达什么，但却又不知道该怎么办，只能在网上寻求安慰。她看看周围有不少人低头看手机，于是，也小心地掏出手机，放在会议记录本上，专心地看起来。

群里的家长都很激动，转眼就是一连串的留言划过，仿佛考试的不是孩子，而是家长。真是应了那句话，虽然考试的是孩子，但家长更焦虑。

王晓妍发现，在家长群里，一谈学习，一谈成绩，家长们立刻就不淡定了，群情激奋，大家你来我往，唇枪舌剑，恨不得要你死我活，决一雌雄。尤其到了等考试成绩的时候，大家的心情更加紧张，真可谓硝烟四起，烽火万里。

经常为一句话不投机而吵得面红耳赤，甚至为了表示对对方的不满，用退群做抗议。但今天，大家的情绪虽然激动，却还没有吵架的，王晓妍想知道大家的想法，只好快速地浏览网页，查看刚才的谈话：

"对了，什么时候能知道成绩？焦虑中……"赵瑜妈妈问。

"哈哈，俺也一样的状态，明明知道早晚的事，但是看不到孩子的成绩，就是慌。"刘骏妈妈说。

"孩子成绩考我们耐性，你们都慌神了，孩子能不慌神吗？淡定点，早晚不都能知道嘛。"孙嘉怡妈妈说。

"世界上最有趣的事，就是家长和孩子们一起等成绩。"刘骏妈妈说。

"据可靠消息，这次是全区统一阅卷，其顺序是把所有学生的卷子扫描到电脑中，所有学校的老师在电脑上批，区里统一批改，考完试五天后，家长可以登录电脑查询，届时输入孩子的准考证号码就能查到孩子的成绩。在正式成绩发布之前，老师有可能把自己学校学生的卷子先批改完毕，发下去。当然这个成绩和最终电脑上的成绩有几分的误差，但不会太大。"徐阳爸爸发布着精准消息。

"唉，专家就是专家，什么消息都知道。"刘骏妈妈随后留言道。

下面又是一群家长给徐阳爸爸点的赞。由于徐阳的成绩好，徐阳爸爸在家长中有一批忠实的粉丝。

"语文考试的作文题目是什么？"

"父母的爱，这个题目应该是不限文体的。"

"这个不好写，写着写着就写成散文了，我孩子语文是弱项，尤其作文，不知道怎么写，以前孩子考试的时候经常写跑题，这次估计会跑得更远了。"

"确实不好写。今天上午儿子还猜作文题，会不会是环保的，会不会是有关雨雪天气的等等，都没押中。我告诉孩子肯定考记叙文，四平八稳地写就行，看孩子的有些同学写得真好啊，文笔细腻。"

"应该好写，这个题目写起来题材宽泛。咱们的孩子不缺少爱，可写的很多，但他们都认为所有的爱是应该的，缺少感恩的心，也许我们包揽得太多了，孩子就不容易感到爱，就算感受到了，也不一定能用语言表达出来。所以，不要代替孩子的体验，多给孩子机会。不管，是不是就是最好的管呢？我经常在思索这个问题。"

"这次语文考试，很遗憾没有给孩子押对作文题，没准孩子的作文会扣一些分，从而影响最后的总成绩。"徐阳爸爸叹气道。

"淡定，孩子的成绩咱控制不了，但只要他尽力就好。家长在他本人能达到的基础上，给他的要求再稍微高一点就行，这样孩子感觉能达到目标。"刘骏妈妈说。

"老徐，不是说你，要多关注孩子的成长，不要过于关注孩子的分数，成长比成才重要，知道吧？"王海洋妈妈说。

……

大家你一言，我一语，情绪非常激动。

王晓妍悄悄抬起头，看看四周，黄主任还在讲话，只见他侃侃而谈，仿佛永远也讲不完。台下的人装作听讲话，但每个人的手里都抱着一个手机，不知道听进去多少。

看到这些，王晓妍放心地抱着手机，加入到群里的讨论中：

"每次和大家聊天，收获都是满满的，马上就要考完试了，孩子们也该放松一下，趁着成绩还没有出来，咱们带着孩子聚餐去，怎么样？"徐阳爸爸提议。

"好啊，好啊，我同意，最近一段时间，脑子乱哄哄的。大家一起吃个饭，也乐呵乐呵。"王晓妍表示赞同。

"按照时代的新潮流，大家 AA 制。"刘杰妈妈说，"到哪里去吃？"

"行，有家鲁菜馆不错，咱们订个包间，按人头算，怎么样？"孙嘉怡妈妈说。

"举双手赞同。"王晓妍说道,"现在上班没有时间,咱们晚上如何?"

"没有问题,现在我订个包间,晚上六点半,不见不散!"

"不见不散!"

学霸牛蛙 修炼攻略

孩子在考场考试,家长在考场外分析考题。

虽然嘴上不说,但每个家长的心里都在意孩子的成绩,但心里的焦虑不会表示出来。

在孩子考试的前夕,家长要帮助孩子缓解压力,放松心态,拿出最好的状态应对考试。

NO.19 熊孩子翅膀没硬就想飞

以前孩子不是这样的性格，那个时候，孩子多听话啊！脾气温顺，乖巧，现在怎么变得这样敏感好斗了？没说几句话，就掉眼泪，难道这就是传说中的青春期？

孙嘉怡妈妈看见孙嘉怡从校门口走过来。

"怎么才出来？比平时晚了半个小时。"

"今天我做值日。"

"考得怎么样？"

"还可以吧。"

"孩子，你非常努力，妈妈也看到你的努力了，无论你考得怎么样，我都不会给你压力。"在群里和几个家长聊完后，孙嘉怡妈妈感觉收获不小。回家后，她想和孩子谈谈心，拉近距离。

"我知道你怎么想的，虽然你嘴上说不在乎，但心里还是在乎的，就像狼永远是要吃羊的，没有家长不在乎孩子的成绩！"

"在乎又能怎么样？不过，我确实希望你能考个好成绩，知不知道什么时候发卷子？"孙嘉怡妈妈非常急切地想知道孩子的成绩，希望自己的孩子就是传说中的那个百年不遇的牛蛙。

怎么可能不是？从小到大，付出了多少，才来到这所学校。如果在这里能脱颖而出，将来考上好高中，进入好大学也是水到渠成的事。

虽然孩子的成绩现在还不理想，但说不定哪天就会脱颖而出！

"不知道，你问老师吧。"孙嘉怡说。

"算了，先不管那些事了。今天晚上和你的几个同学还有他们的家长一起吃饭去，咱们先赶紧把书包放回家吧。"孙嘉怡妈妈说。

"啊？"孙嘉怡愣了一下，说道，"我不想去，还是回家吧。"

"为什么？"

"不为什么，就是不想去。"

"不能不去，我都和他们约好了。"

"约好了，还可以改，什么事都可以变。"

"君子一言，驷马难追，约好的事是不能随便改来改去的。"

"你倒是和别人约好了，可却没有问过我到底想不想去，而且事先也不征求我的意见，从来都不问问我是不是愿意，什么事都自己拿主意，真受不了你。"

"哪来那么多事，以前我们不是经常和同学家长一起约好出去玩吗？"

"以前是以前，现在是现在。"

"是不是现在你的翅膀硬了，就想着要飞？"

"随便你怎么说吧，反正今天我就是不去。"

"不去怎么行？都答应好了，怎么找推辞的借口？"

"那是你的事，和我没有关系。"孙嘉怡昂着头，毫不退缩，一副宁死不屈的样子。

"是不是在学校里碰上什么不开心的事了？"孙嘉怡妈妈问道。

"没有，我就是不想去。"

"你这个孩子，真是奇怪，平时没事的时候，总是嫌我的手艺不好，没有外面做的好吃，今天叫你出去吃，你又不愿意，这到底是怎么回事？"

"没有怎么回事，就是不喜欢你总是不尊重我，我的什么事你都替我拿主意。别的同学的家长就不这样，刚才我在校门口，听见徐阳爸爸和他商量到底去还是不去，还说了如果徐阳愿意去，再去。哪像你，二话不说，根本没有和我商量的余地，直接命令我去，有你这样的家长吗？除了对我的分数感兴趣，其余的事你从来都不关心我的感受。"

"真受不了你这个孩子，不就是吃个饭嘛，你怎么还这事那事的，有完没完？"

"随便你怎么说吧，反正我不去，要去你自己去吧。"说完，走进卧室，不再出来。

也难怪孙嘉怡不愿意去，因为她有一肚子心事。今天数学考试，她有几道题做错了，一肚子懊恼，根本没有心思吃饭，但这话又不好和妈妈说，所以不愿意出去吃饭。

但孙嘉怡妈妈不知道，看见她无精打采的样子，怎么劝都不愿意去，肚子里的火苗腾地就升了起来："你真是越大越不争气，越来越难管教了。小时候，我说什么你听什么，现在却变成这样，到底怎么回事？是不是想把我气死，我真想打死你。"孙嘉怡妈妈说话的声音大了三分。

"想气死我的是你，有本事就打吧。"孙嘉怡的声音高了八度，她越想越委屈，眼泪哗哗地流下来，然后躺倒在床上哭起来。

孙嘉怡妈妈听到她的哭声，越发心烦意乱，"哭什么哭，这么大了，还这么没有出息，不就是和同学吃顿饭吗？又不是要你的命。"

"你还不如要了我的命。"孙嘉怡越发委屈，哭声更大了。

"好了，别哭了，别哭了，咱们不去了。"孙嘉怡妈妈无可奈何地服软了，孩子最近的性格很怪，她有些丈二和尚摸不着头脑。

以前孩子不是这样的性格，那个时候，孩子多听话啊！脾气温顺，乖巧，现在怎么变得这样敏感好斗了？没说几句话，就掉眼泪，难道这就是传说中的青春期？

"要是你早说这句话，我不就没事了吗？"

"好了，别哭了，别哭了。"孙嘉怡妈妈看见她泪流满面，很心疼。

"你走开，我要一个人先静静。"

孙嘉怡妈妈只好无可奈何地走出孩子的卧室，感到前所未有的挫败。最近和孩子冲突不断，是不是哪个地方不对劲？

"有空的时候，得和其他家长多谈谈心了。"孙嘉怡妈妈想着，"看看人家是怎么教育孩子的，也多取取经。"

正在这个时候，孙嘉怡妈妈的手机响起来："徐阳爸爸啊，什么？就差我们一家了？好好，我们马上到。"

"咱们赶紧走吧，人家都去了，你总不能叫我说话不算数吧。"

"走就走吧，反正你总是给我不断地惹麻烦，我早就知道你不去心里很难受。"

"什么事啊！叫你吃饭，还要了你的命？"

"有完没完？再不闭嘴，我就不去了。"

孙嘉怡母女俩刚走进包间，王晓妍也带着李兴宇过来了，身边还跟着刘骏和他妈妈、王鹏和他妈妈。

"正好看见王鹏也回家了，都是同龄人，就把他们也邀请过来了。"王晓妍对大家说。

"欢迎，欢迎，真是贵客加稀客。"

酒席很丰盛，孙嘉怡忘记了刚才的不开心，和几个同学玩起了游戏。

孙嘉怡妈妈趁着这个机会，悄悄地对王晓妍说："你说最近孩子的脾气怎么这么大？"

"都一样，孩子大了，有棱角了。"

"再有棱角，也得讲理吧？我家孩子真是莫名其妙，就像爆竹一样，说炸就炸。她的眼泪，就像自来水一样，说来就来。你说孩子这样，我怎么办？"孙嘉怡妈妈唉声叹气地对王晓妍说。

"你应该高兴才好，干吗这么纠结？"

"什么？孩子变成这样，我还要高兴？怎么可能高兴得起来？"

"那就是你的问题了，还拿老眼光看孩子，对孩子的成长视而不见。不瞒你说，你家孩子的独立意识开始萌芽了，很快就会变得更加独立。她对你的命令抵触，说明她需要尊重，需要家长和她平等地交流。"

"你说的也有道理，不过，我总是着急，经常和孩子发生激烈的冲突，虽然事后很后悔，但关键时刻，总是克制不住自己，遇事儿也不冷静。比如说今天这件事吧，孩子就非常抵触。"

"那你以后再做决定时，得多征求孩子的意见，什么事在决定之前，得先问问孩子愿不愿意。其实，今天我答应这件事儿的时候，也有些莽撞，孩子过来的时候，我对他说，徐叔叔邀请咱们去吃饭，我先征求一下你的意见，不知道你同意不同意？结果孩子看见我征求他的意见，感觉自己受到了重视，自然就很开心地答应了。你们家闺女，应该不是反对来吃饭这件事儿，她反对的应该是你不尊重她的态度吧？或者是在学校里遇到了什么不开心的事，不想出门。我发现孩子上了初中后，班里的竞争太激烈，他们经常不开心。"

"听君一席话，胜读十年书。原来教育孩子不是那么简单，我有很多没注意的地方，以后得多注意了。"

徐阳爸爸说："养孩子，真是门大学问。孩子大了，咱们不能总是一味地硬碰硬，要和他们斗智斗勇了。要是再强制孩子干什么事，不干什么事，时间长了，他们就会阳奉阴违，不再和咱们多接触。"

"真是爸爸出手，一个顶俩啊。"在座的几个妈妈竖起了大拇指。

"哈哈。"徐阳爸爸听了后越发得意，继续发表高论，"其实吧，换位思考很不错，如果你在孩子的年龄，你站在孩子的位置上思考，从孩子的角度看问题，所有的问题就会迎刃而解。"

"所以说，孩子不听话，咱们也没有什么丢人的，因为咱们说的话并不都是对的，干吗要孩子言听计从，是吧？咱们也不要说大话，在孩子面前也客气一些。"徐阳爸爸总结。

"难怪你总是挨熊？你在家里的地位排在第几？"孙嘉怡妈妈调侃道。

"当然第三。不过，无所谓。反正男孩子和女孩子的教养方法是不同的，男孩子完全没有必要太温顺了。十二三岁的毛孩子，就像刚长出几根羽毛的小公鸡，还没有学会跑，就要飞，感觉自己长大了，什么都知道，最烦大人把他当小孩了。平时学习、交友经常会遇到很多压力，家长宜疏不宜堵。只要不是原则上的大事，家长就没有必要强制孩子，这么大的孩子需要大人像朋友一样，跟他商量该干什么不该干什么。要是和孩子顶牛，到时候搞不好，越不让干的事越去干。"徐阳爸爸继续传授经验，"最近我发现，孩子大啦，有想法了，不是小时候大人一瞪眼就哆嗦的时候了，我的脾气反而好了很多。"徐阳爸爸的话，引起一阵哄笑。"还是和孩子把关系搞好，才能教育好孩子。现在孩子很有思想，看什么事儿都有独到的一面，很多地方家长应该放下架子，多听听孩子的想法。"

"感觉自己还是个孩子，怎么突然就成了孩子的妈了！感觉自己还没长大，怎么已经是半大孩子的爹了！面对着比自己高一头的孩子，常有力不从心之感。以前是老子修理小子，现在是小子修理老子。时代不同了，小鬼当家了。"刘骏妈妈说。

"话是那么说，但当妈的是不愿受气，不行就骂一顿。"孙嘉怡妈妈说。

"骂不得，骂不得。"王鹏妈妈说，"最近，我就总是后悔，想骂孩子，人家也不给我机会了。两周回一次家，每次不在家的时候，我总是想起孩子的好，可是只要一回家，我就生气，真想揍他。一送走孩子，就又开始心疼，熊孩子也不给我打个电话回来，偶尔打一次还是以秒来论的，十几秒，真是秒杀。"

听了这话，徐阳爸爸笑了起来："嘿嘿，养个儿子跟玩游戏差不多，建个账号，起个名字，然后开始升级，不停地砸钱、砸钱、砸钱，一年升一级，等以后等级起来了，装备也神了，却被一个叫儿媳妇的盗号了。"

几个家长聊得热火朝天，那边孩子们也在三三两两地说着他们感兴趣的话题。突然孙嘉怡的手机响起来，接电话后，她神情显得有点儿紧张。孙嘉怡妈妈的耳朵马上像兔子一样竖起来，只听见孙嘉怡说："亲爱的，我在外面玩，很开心，什么？你还在写作业，我都忘了这回事了，请问周末的作业是什么？知道了，谢谢，亲爱的。什么，啊，我知道了，嘿嘿，好老公，我真心爱死你了，晚安，会想你的。"说完，扣下电话，还打了个飞吻。

看完这一幕，孙嘉怡妈妈顿感大事不妙，到底发生什么事儿了？"亲爱的"，难道她早恋了？真有可能。最近这段时间，她发现女儿越来越注重打扮了，难怪学习成绩下降，原来这孩子把心思都用在这方面了。

本来孩子青春期的性格已经弄得自己焦头烂额了，现在竟然又早恋了！

但对方是谁？他们两个到底是怎么一回事？孙嘉怡妈妈决定搞个水落石出。

学霸牛蛙修炼攻略

养孩子，是门大学问，初中生自我意识开始增强，家长一定要学会换位思考。

如果站在孩子的位置上思考，从孩子的角度看问题，所有的问题就会迎刃而解。

只要不是原则性的大问题，家长就没有必要强制孩子。很多时候家长应该放下架子，多听听孩子们的想法。其实孩子们很有思想，看什么事儿都有独到的一面。

NO.20 孩子的分数牵动家长的心跳

如果孙嘉怡的分数高，就会激动得心跳加速；如果孙嘉怡的分数低，就会伤心得心跳加速。总之，一谈成绩，一谈分数，心跳就失常，血压也不对劲了。

"家长们真是太过分了，拿回家 80 分，他会说你怎么没有考到 90 分；真拿回家 90 分了，他们又说你怎么不考 100 分。我是发现了，反正不管你有多努力，哪怕是你拿个 99 分回家，他们的眼里也只是盯着你被扣掉的那一分，而不会去关心你拼命学习，熬了几个夜晚才得到的 99 分。总之，家长们都是一些人心不足蛇吞象的家伙。"刘骏慷慨陈词。

"就是，他们对孩子的要求简直是贪得无厌，好像分能当钱花一样。少给他们挣一分，就好比要了他们的命，真受不了。"王海洋叹道。

"每次考试前，他们都比我紧张，嘱咐这个，嘱咐那个的。每次公布成绩回家，他们比我还着急知道成绩。考好了，他们遗憾没有多考点；考不好，他们就气得够呛，唠唠叨叨的没完没了，真受不了。每次发卷子，如果成绩不好，我都发愁回家怎么交代。"赵瑜说。

"总有人不发愁的，你看。"刘骏指着身后，王海洋和赵瑜回头一看，只见徐阳得意扬扬地拿着卷子："有不服气的可以来比比，李兴宇，你多少分？"

李兴宇撇撇嘴："知道你的狼心狗肺，就不告诉你。"

"我告诉你，我考得不好，就 100 分。"

"那是你的事儿，我就不告诉你我多少分，就是不说，憋死你！看你怎么办？反正现在班里不排名，也不公布分数，我的成绩就是最大的秘密，就是不告诉你，气死你，哼哼。"李兴宇说。

"我才不生气，我平时光玩儿，不看书，竟然考 100 分，原来考试这么简单！每次瞎猫都能遇上死老鼠。"

"真是超级自恋，作为学霸，我无语。"李兴宇说。

"你学霸？那我就学神了，知道学霸和学神的区别吗？"徐阳问道，"不知道？那我告诉你，学霸考了 98 分，学神考了 100 分。学霸以为和学神的差距就只有这两分。学神说：你考 98 分是实力只有这么多，我考 100 分是试卷只有这么多分。"

"学神，你生物多少？也是满分？"李兴宇说。

"差两分。你满分？"徐阳问道。

"虽然我不是满分，但温晓明是满分，正好他又是学神。"看见徐阳孤独求败的样子，李兴宇帮徐阳找出来一个对手。

"温晓明，你满分？"徐阳有些不相信。

"不好意思，打击你了，是吧？没有办法，水平高，想低调也不行，别羡慕哥，哥就是一个传说，真的是个传说。"温晓明得意地回应。

"李兴宇，你考得怎么样，还不说？"徐阳的注意力又转到李兴宇的身上。

"我愿意，你管不着。"

"那么说，你哪门课的成绩可以和我比试一下？"

"比什么？老师说了，不谈成绩，谈成长，所以没有必要纠结成绩。"

"比不过人家的都这么说，有本事，待会老师发语文卷子，我敢说，你还得闭嘴。"徐阳说。

"闭嘴的还不知道是谁。"李兴宇毫不示弱。

两人正说着话，课代表就把语文卷子发下来了。李兴宇看到卷子上的分数大吃一惊，怎么比预想得少好几分?!

他转眼看见徐阳吃惊的表情，心里好受点，但当他用余光一扫看见95分的时候，心里猛地一沉。

此时，孙嘉怡的心也恨不得跳到嗓子眼里，她有种不妙的感觉，后面的那道大题，如果不出意外的话，应该是做错了。

"唉，真不理想，我才考了99分。"刘杰得意扬扬地拿着卷子，心花怒放地看着卷面上鲜红的分数。

"嘚瑟，真是小人得志。"孙嘉怡看着她得意的样子，心里很不满，两人从坐同位的那一天起就为分数明争暗斗。他们的成绩今天你高，明天我高;今天你生物的成绩超过了我，明天地理的成绩我超过你。到目前为止，两个人只能说是势均力敌，打了个平手。

"谁小人，说清楚。"刘杰不高兴了，但因为成绩不错，并不打算和孙嘉怡计较。

"好话不说第二遍，说谁，谁心里明白。"孙嘉怡一脸鄙视。

"哼，你难道不是小人?是驴子是马拉出来遛遛，有本事把你的卷子也给我看看，你敢吗?"

"有什么不敢?"孙嘉怡外强中干，有些心虚。

"孙嘉怡。"课代表拿着卷子走过来，她赶紧以闪电般的速度接过去，生怕被别人看见了分数。

"你多少分?"刘杰的眼睛紧紧盯着她的卷子，想找到老师用红笔写的字，更想知道同位的成绩比自己低多少。

"用不着你操心，我对你偷偷摸摸的行为很不满。"孙嘉怡有种预感，今天刘杰会占据绝对的优势，她不能让她得逞，"你烦不烦？干吗总是关心别人的成绩？吃饱了撑的不是？"

"你怎么这么说话？老师不是说过要互相关心，互相帮助吗？我可是好心好意地关心你。"

"谢谢你的狼心狗肺，就你那副狼子野心，地球人都知道，呸！"孙嘉怡的心里像明镜一样，使劲地白了刘杰一眼。刘杰没有吱声，被人看透内心的滋味很不舒服。

看着刘杰不再往自己这个方向凑了，孙嘉怡的心开始狂跳，赶紧拿出卷子。她吃惊地看着卷面上的成绩，天啊！这么低，到底是怎么回事？她的脸色瞬间变白，紧接着血液开始上升，此时要是能够趴在桌子上大哭一场该有多好！但不能哭，要是哭的话，周围的人都知道自己考得不好，那样肯定会招来鄙视的眼光，于是，她强忍住已经在眼圈中打转的泪花。

"看你这个样子肯定考得不错吧？"刘杰不打算放过她。

听了这话，孙嘉怡的心就像被刀割一样，她笑了一下，但那种笑比哭还难看。

孙嘉怡拿起卷子，赶紧把分数盖上，但还是不放心，生怕刘杰偷看，于是干脆就把卷子放到了书包里。刘杰的好奇心再强，也不至于随便翻别人的书包吧！但回家后该怎么办？要是父母知道考了这样悲剧的成绩，不知道会受到什么样的刺激，发什么样的疯。不管了，当务之急是先把卷子藏严实了，不让同学看见，比什么都强。至于以后该怎么办，孙嘉怡也管不了那么多了，走到哪步算哪步吧。

这时候，放学的铃声响起来，平时孙嘉怡恨不得立刻就飞到家，因为家里早就把丰盛的晚餐摆到桌子上了。但今天，她感到腿就像灌了铅一样沉重。她不敢想象，回家后等待她的将会是什么。

"期末考试的成绩知道了吗？"孙嘉怡刚进门，她妈妈就问道。

听了这话，孙嘉怡的心狂跳，真是怕什么，家长就问什么。但她打定主意，暂时先不把成绩告诉妈妈，她知道，要是妈妈知道自己考成这样，绝对不会善罢甘休的。

"不知道。"孙嘉怡镇定自若地说道。

"你感觉考得还不错吧？"孙嘉怡妈妈边说，边从厨房里端出刚做好的菜。她的时间观念很强，每次都能赶着孙嘉怡放学回家的时间，把饭端上来，这样孩子就不会饿肚子了。早点儿吃完饭，孩子就能早点儿写作业，现在学校的功课繁重，写完作业还得复习当天的内容。现在班里的竞争实在太激烈了，如果不这样做的话，成绩就会落到后面。

"不是告诉你了吗？"孙嘉怡打着马虎眼。

"我想你应该考得不错，你们老师的动作怎么这么慢，赶紧把成绩批改出来，该有多好。"

"心急吃不了热豆腐，你就是心急，刚考完试才两天，得给老师批改卷子的时间。"孙嘉怡爸爸忙打圆场。

"考完试都两天了，不对，三天了，老师还没有改完卷子。真是要命！每次课前的小测验，老师只要一节课就能改出成绩，这次拖的时间太长了。要是早点知道成绩，我们就能放心了，对不对？"

"你在吃饭的时候，张嘴成绩，闭嘴成绩，搞得人心惶惶，心跳加速，还让我们有吃饭的心情吗？"孙嘉怡爸爸很不满。

"我这心里怎么一天都没着没落的呢？孩子考试的时候没紧张啊，今天咋就不行了呢？"孙嘉怡妈妈说。

"说句实话，我看你一直紧张，从考试前到孩子考试后，一直到成绩出来的时候，你就没有放松过。今天孩子回到家里后，你张嘴闭嘴全是分分分，能不能不焦虑？能不能叫我们吃顿安生饭？"孙嘉怡爸爸抗议道。

他发现，只要一提分，孙嘉怡妈妈的心脏跳动的速度就加快，血压就升高。

如果孙嘉怡的分数高，就会激动得心跳加速；如果孙嘉怡的分数低，就会伤心得心跳加速。总之，一谈成绩，一谈分数，心跳就失常，血压也不对劲了。

孙嘉怡看着父母你一言我一语的说得很带劲，便一言不发，闷闷不乐地走进自己的小屋，把书包放下，躺到床上盯着天花板纠结着。

"好吧，好吧，不谈成绩了，先吃饭，其实我也不想这样。奇怪，她今天怎么不出来吃饭？喂，没有看见饭做好了吗？赶紧过来吃饭。"孙嘉怡妈妈在餐厅喊道，"先吃完饭再学习。"

喊了半天，屋子里也没有动静，于是，孙嘉怡妈妈端着对虾，推门走进孙嘉怡的屋子，"快来吃饭。"

"不饿。"孙嘉怡满腹心事，没有心情吃饭。

孙嘉怡妈妈把又红又大的虾放到孙嘉怡的眼前，"你的眼睛是不是近视？我做的可都是你平时喜欢的菜，没有看见？赶紧起来。"

孙嘉怡毕竟是孩子，看见对虾，又使劲呼吸一口，馋虫和饿虫瞬间冒了出来，她的口水也流了出来，胃口终于回来了。

"好吧。"

遗憾的是，孙嘉怡爸爸的一句话，对她很打击："对了，嘉怡，考试成绩真没出来？"知女莫如父，孙嘉怡爸爸若有所思地问。

"当然没有。"孙嘉怡的心差点跳出来，她赶紧摸摸自己的小心脏，刚才冒出来的馋虫和饿虫差点又被吓回去。

"不对啊，刚才我看见老师在群里留言，告诉家长要正确面对考试成绩，说这只不过是一次普通的考试，家长要淡定地面对，这是什么意思？"孙嘉怡爸爸说。本来他想先不提这件事，等吃完饭再说，但却没有按捺住强烈的好奇心，还是问了起来。

"是不是考试成绩不理想？没关系，孩子，只要努力了就好，胜败乃兵家常事，成长比成才更加重要，放心，我们不会过度关注你的成绩。"孙嘉怡妈妈的心有些下沉，但她还是镇定自若，毕竟当了那么多年的家长，也算是有经验的人，心里想的和脸上的表现并不一样。

"我知道你平时非常努力，所以，只要你尽力了，至于最终的成绩，我们并不看重。"孙嘉怡爸爸说。

孙嘉怡愣了半天没说话，心里却在翻江倒海，做着激烈的思想斗争。她半信半疑地看着父母一唱一和，凭经验，她不相信父母的话，他们怎么可能不关注分数？都说分分分，学生的命根，但分数何尝又不是家长的命根？两人对分数的关注程度，远比自己高，他们就像债主，供自己吃好的，喝好的，但这些都是有代价的，自己必须用高分来回报他们的付出。一旦得知这次考试成绩很不理想，他们肯定会感到付出没有得到回报。

孙嘉怡又看看父母一副苦口婆心的样子，感觉他们说的似乎像真心话。

她审时度势，既然父母似乎已经知道了真相，还不如老老实实地交代，争取宽大处理吧。在学校忍了一天，现在她再也忍不住了。

"对了。"孙嘉怡吞吞吐吐地说，"我突然想起来了，老师把卷子发了，刚才忘说了。"

父母对视一眼，一副三百年前早知道的表情："早就猜到是这样了。"

"我看看你的卷子。"两个人异口同声地说道。

孙嘉怡妈妈情知不妙，以她多年的经验，要是孩子成绩好，早就开心地叫喊了，但现在孩子的表情，说明她很不满意。

"在我书包里，我饿了，你们吃完饭再看吧。"

没有等她说完，孙嘉怡妈妈拿着勺子正准备盛饭的手，突然停了下来，一个健步走进孙嘉怡的书房里，以闪电般的速度，熟练地从书包里拿出数学卷子。

"什么？你才88分？"孙嘉怡妈妈大惊失色地喊道，"是不是老师把成绩判错了？傻孩子，你也不算算分，肯定是老师把成绩判错了。"

"88分，怎么可能？每次考试你不都是高分吗？怎么才一个来月的时间，你就退步得这么快？到底是怎么回事儿？"孙嘉怡爸爸本想把一只虾放进嘴里，听见后胃口接着就没有了，那只可怜的虾掉到了桌子上，他连看都不看一眼，"是你有问题，还是老师判错了，或者这次的题偏了？"

说完后，看看孙嘉怡，又看看孙嘉怡妈妈，两个人大眼瞪小眼：孩子考出这样的成绩，真出乎他们的预料！

"你们到底什么意思？到底什么意思？不是说不在乎我的成绩吗？不是说只要努力了就好，过程最重要吗？怎么转眼就忘了自己的话，有这样做父母的吗？"孙嘉怡发现再一次上当了。

怎么突然之间智商为零，竟然相信父母的话！他们能不关心分数吗？简直是天大的笑话。就像大灰狼嘴上对小羊羔说，我是不想吃你们的，有人信吗？

"我们是不在乎分，但你怎么能考成这样？"孙嘉怡妈妈说。

"说来说去，你们还是在乎我的成绩，我的心情也很烦躁。要知道，我也努力了，从来也没有偷懒，我付出了多少汗水，付出了多少精力，谁知道这个分到底是怎么回事？你们以为我愿意考成这样吗？

"什么，你连怎么考的都不知道，你到底能知道什么？脑子里整天想什么了？是不是属猪的？"孙嘉怡爸爸非常生气。

"你的话太过分了。"孙嘉怡妈妈听了以后很不满意，使劲地白了孙嘉怡爸爸一眼，"对孩子能这么说话吗？"说完，转身对孙嘉怡说，"我搞不明白，你的两次成绩相差怎么这么远？要知道，上次你考了满分，这次才 88，退步这么快，到底是怎么回事？"

"怎么了，怎么了？还用得着问吗？上次的题有多简单，这次的题有多难，要是这次考试还和上次考的内容一样，我肯定还能考满分。"

"难道是这次出的题有些偏？"孙嘉怡妈妈很不甘心，"是不是这次整体考得都不好？"

"应该是这样吧。"孙嘉怡赶紧点头，好像大家都陪着她考不好，她的罪过就会小一些。

"孩子啊，我早就说过，你的学习缺乏主动性，也不刻苦，只想着好吃、好喝、好玩，不想奋斗。这怎么行？孩子，你知道，我们是怎么进的这所学校？当时你只差一分，妈妈到处托关系，为了你的前途，我们都豁出去了。你想想这些，是不是很有感触？"

"我不是不吃苦，我愿意吃苦，我也愿意努力，更愿意付出，但那些题我真的不会做。"

"一次不会做没有关系，你可以多看多做，多想，我就不信，多做几次还不会？告诉你，只有两种人才有可能在这所学校最终胜出，一种是刻苦学习的孩子，他们有着一般人不具备的顽强精神；还有一种是虽然不刻苦，但人家聪明。你却两种资本都不具备。比聪明，你不如别人；比刻苦，你更不行，所以，你只能被别人踩在脚下。"孙嘉怡爸爸恨铁不成钢。

"好，好，好，我笨，我该死，我什么都不行，我给你们两人丢脸了，好不好？"

"能考成这样，你不是笨，是什么？要是我考出这样的成绩，我就从楼顶跳下去。"孙嘉怡妈妈说。

"行，行，行，这可是你说的，我这就从楼上跳给你们看看。"

"你要是敢跳，我算是服了你。"孙嘉怡妈妈越说越上火。

"你们两个闹够了没有？"孙嘉怡爸爸一看架势赶快转换态度，"手机响了，老师发来的飞信：

各位家长，虽然说这次的考题偏难，但由于我们班孩子整体的基础不错，所以成绩还算理想，但对数学基础有些薄弱的孩子，打击不小。如果孩子没发挥好，家长不要太过于在乎，希望大家能正确看待他们的努力，分析试卷，找出薄弱环节，对症下药。

"这是老师的留言，还有什么话要说吗？"看着孙嘉怡把头低下去，孙嘉怡爸爸长叹一声。"先吃饭吧，吃完我帮你分析一下成绩。"

"吃吃吃，看你们这副样子，我还吃得下去？"孙嘉怡使劲把筷子摔在桌子上，然后一扭头，回到自己的房间里，躺在床上，用被子蒙住头。

孙嘉怡父母对视一眼，一言不发。孙嘉怡妈妈走过去推门，发现门从里面反锁了，她看着满桌丰盛的饭菜，没有人动筷子，很失落。

"我先看看她的卷子，到底是什么环节出现问题了？"孙嘉怡爸爸心急如焚地把卷子从头到尾看了一遍。"嗯，这次试卷，虽然题目的量不算大，但确实也不算简单，有些难度，后面这几道能拉开分数的题，她倒是做对了一半。我发现很多题，平时她都做过，怎么换个马甲就不会做了？是因为她的考试心态不好，临场没有发挥好，还是因为她这些题根本就是似懂非懂的？你说孩子的大脑是不是有问题？当年我在学校里虽然不是全校第一，但也差不到哪里去！她的脑子肯定不随我，这点倒很随你，满脑子糨糊，文科还不错，只要一谈理性思维就歇菜。这样下去真是麻烦事儿，很快，物理、化学就要开始学了，这些功课对她都会是很大的挑战。"

"谁的脑子是个糨糊，虽然我是学文的，但我的数学也不差，你对孩子别太悲观。"孙嘉怡妈妈不服气地说。

"你的数学还不差？连孩子姥姥都说过，你数学考得不好，自己偷偷签字，被老师发现了，找到家长，她丢人都丢到学校了。要不是你的遗传，孩子的数学也不至于考那么差劲。"孙嘉怡爸爸一脸鄙视。

"嘘，你小点声，别叫孩子听见，也学会弄虚作假了。"见被人揭短了，孙嘉怡妈妈很没面子。

学霸牛蛙
修炼攻略

家长们都关心孩子的分数，但过度的关注会给孩子造成很大压力。

在应试教育下，当孩子考试成绩不理想时，心里已经很难受。他们在学校已经承受了很大的压力了，回到家中，他们需要的是安慰和鼓励，而不是家长的冷言冷语。

面对成绩不理想的孩子，家长要做的应该是鼓励孩子，哪里跌倒的就要从哪里爬起来。

NO.21 孩子的日记和QQ，都藏着什么秘密

> "最近一段时间，我看见咱们家马虎闺女的QQ总是挂在线上，于是，我就进入她的班级群里，发现了很多八卦的事。不过，在说之前，我得警告你，管住自己，别让咱闺女知道我在偷看她的QQ。"

"唉！"孙嘉怡爸爸长叹一声，坐在沙发上，"孩子的成绩真让我痛心疾首，孩子是咱的希望，她考成这样，我的眼前是一片灰暗。这对她的学习信心也是一种打击，最后会恶性循环。她这样的成绩上最好的高中肯定没戏，只能上个二流的。不行，不能再这样下去了！我一定要好好辅导她，我就不信，她的数学成绩上不去。"

"算了吧，你整天出差，根本靠不住，赶紧给她找个老师，最起码是一对一的辅导，否则又是虎头蛇尾。每次孩子考得不理想，你就指天发誓，要帮她改头换面，但每次都是三分钟的热度。不，三秒钟的热度，这个劲儿过去了，接着就该怎么样还怎么样了。"

"这次真不会了，我知道轻重，初一很重要，是孩子人生的关键时刻，绝对不能掉以轻心。"孙嘉怡爸爸说。

"现在咱们两个在这里使劲不管用，孩子的学习缺乏动力，关键得孩子自己着急，明白如果现在不好好学习，明天就找不到好工作，没有饭吃，就上对不起祖宗，下对不起后代，总之，就是千古罪人。一旦她有了这种负罪感，就会觉得不努力学习就是一种罪恶。我记得小时候，家里总是告诉我，不学

习就要去扫马路，连累父母在亲戚面前抬不起头来。"孙嘉怡妈妈说。

"也就是你们家会编出这种低级的话骗你这种脑残的人，这些小把戏还能骗咱孩子？告诉你，她和我一样都属于高智商，根本不理会那些小把戏。我想起来，孩子班里有个同学，家里是农村的，他深知城市和农村之间的差别，知道要想成功，一切需要个人奋斗，所以，学习特别有动力，最终一切都如愿以偿。所以动力需要靠自己激发出来。"

"你说话太过分，我们家的智商怎么就低了？"

"当时你听了家里的话，信吗？"

"当然不信。"

"所以，这些低智商的话就别说了。"

"要不给她多看看励志电影，虽然只有五分钟的热度，说不定也能帮她多提高几分。"孙嘉怡妈妈说，"对了，上次我听她喊谁老公，不知道是什么意思。"

"真是一波未平一波又起，这个事儿先放放，咱们一个个来。今天晚上先跟她谈谈心，端正学习态度。我感觉这都是态度的问题，只要态度好了，学习自然就上去了。"

"算了吧，她不能说不用功，每天回家作业都写到那么晚，再说她的文科成绩还算不错，我感觉还是思路的问题。"

"不管是什么问题，总得和她谈谈，她是很努力，但比她努力的孩子更多。她不聪明，再不比别人付出更多的努力怎么行？现在肯定是比她聪明的人，都比她用功！你把她喊出来。"孙嘉怡爸爸说，"这个工作应该由你来做，得准备一下和她谈什么。"

"反正冲锋陷阵的活儿都是我的。"

孙嘉怡妈妈走到门前，一推门，发现门已经开了，孙嘉怡正在写作业。

"过来，你爸爸有话说。"

孙嘉怡没说话。孙嘉怡妈妈走到门外，"你过来吧，到这里谈。"

"我看了你的卷子，感觉咱们在数学上还是要加强一下。下一步，你要做的就是提高效率，尽可能地把作业往前赶，每天都要拿出一些时间，用在基础薄弱的功课上，只要坚持下去，成绩肯定会有提高。咱们下一步还是要多努力，学习的主动性要强一些，多下一些功夫，遇见问题要学会换个角度多思考。"孙嘉怡爸爸语重心长地说。

"你爸爸说得对，书山有路勤为径，学海无涯苦作舟。你知道，我和你爸爸当年是怎么杀出一条血路的？我是下岗职工的孩子，家里没有钱，没有权，我当年比吃比不过同学，比穿更是比不过人家，但我可以和人家比吃苦，我起得比任何人都早，睡得比任何人都晚，一个汗珠子掉到地上摔三瓣，都可以砸个坑，我就是靠着拼命吃苦，才为你提供了今天富裕的生活。"

"你们两个的意思，我很明白，不就是嫌我考的成绩低，给你们两个丢人了嘛。我的成绩和你们有关系吗？是，我不是学霸，更不是学神，我也没有本事考出满分，在你们的眼里只看见我被扣掉的分，但你们看见我得到的分吗？你们看见为了得到这些分数我所做的努力吗？告诉你们，考这个分，我也不开心！以后我会努力的。"

孙嘉怡爸爸本来准备了很多话，但被孙嘉怡说得哑口无言，他使劲地咳嗽几声，赶紧给自己找个台阶下："有了这个态度就行，当然也不排除这次只不过是个意外，但即使是意外，我们也要警钟长鸣。最近，我给你找个 对 的老师，专门教你数学吧。"

"你们说完没有，现在这么晚了，我得赶紧写作业了，要不然又要熬夜了。"

"赶紧写吧，我们出去了。"孙嘉怡的父母关上门出去。

正在这个时候，孙嘉怡的手机响起来。孙嘉怡妈妈很好奇，她想知道这么晚了，谁还给孩子打电话，于是，故意没有走远，竖起耳朵听动静，只听见孙嘉怡说道："啊，是老公啊，什么，你问今天的作业，稍等，我找找作业记录。这样，我待会发到你QQ上。先挂了，亲爱的，晚安，拜拜。"

听了这个电话，孙嘉怡妈妈火冒三丈，真想推门进去问孙嘉怡，这到底是怎么回事儿？但想想又不能太草率行事，不然到时候和孩子的关系会进一步僵化。

她左右为难，走到床前，躺下，两眼盯着天花板想起了心事儿，孩子的老公到底是谁，让她说话那么温柔？刚上初中还没有几天，学习成绩不见什么起色，竟然有了老公，这到底是什么世道？

是不是该告诉孩子爸爸？要是告诉孩子爸爸，以他的火爆脾气，肯定又会引发一场家庭风暴。现在家里已经充满了火药味，她真不想再惹出什么事儿，况且还没有搞明白眼前到底是什么状况，有必要去引爆那颗定时炸弹吗？

唉！她感到心情沮丧，想着想着眼泪就流了出来，最后小声地哭开了。

孙嘉怡爸爸走进屋，看见她满脸是泪，很疑惑："至于吗？孩子考得不好，是让人伤心，但日子还得继续过，总不能孩子考不好，就把她撵到大街上。再说了，考不好也不是什么世界末日，至于这么鼻涕一把泪一把的吗？瞧你，女人的心眼就是小。"孙嘉怡爸爸说完后，一脸鄙视。

"嘘嘘嘘。"孙嘉怡妈妈忽地一下，从床上跳下去，走到门口，探出脑袋看看对面孩子的书房门紧闭，这才放下心来。她悄悄地关上房门，蹑手蹑脚地走到床前，指着孙嘉怡爸爸的鼻子说道，"你知道啥，就知道分分分，好像除了分，这世界上啥事儿都没有了，真是头脑简单四肢发达。"

"我看你的动作怎么就像做贼一样？在自己的家里至于这么偷偷摸摸吗？"孙嘉怡爸爸觉得莫名其妙。

"你小点声说话好不好？现在她刚平静下来，要是让她听见了，又开始爆炸了。"孙嘉怡妈妈做着手势。

"什么，难道还有比考试成绩更重要的事？"孙嘉怡爸爸的心咯噔一下，"莫非这丫头早恋了？虽然我是个开明的家长，知道孩子早晚要出嫁，可现在早恋也太过分了，这才多大，就有那份心了！告诉我，那个坏小子是谁，看我不打断他的狗腿。"说完就抡起胳膊。

"切，瞧你那副德行。你找谁打架去？人家父母没有找你就算好事儿，况且我怎么知道是谁？"

"不行，我得找孩子谈谈去。"

"就你，一个爸爸和女儿谈早恋？"说完一阵冷笑，"你开得了口？"

"也是啊。"孙嘉怡爸爸使劲拍拍头，"那你说该怎么办？难道就任其发展？"

"只能以静制动，静观其变吧，多留意她的各种举动，多留意她的手机和 QQ，搞清楚状况，然后再对症下药。"说完得意地看着孙嘉怡的爸爸。

"别说，你还真有点办法。唉，养个孩子真累，整天都是些烦心事。又是考试，又是早恋的，她就不能消停会儿？"

"消停会儿？这才刚刚开始好吧！人家都说了，越往后，家长操心的事越多。"

"唉，养个女儿，就像种一盆稀世名花，从小到大小心翼翼，百般呵护，捧在手里怕掉了，含在嘴里怕化了，晴天怕晒，雨天怕淋，操碎了心，盼酸了眼，好不容易一朝花开，惊艳四座，却被一个叫女婿的瘪犊子连盆端走了。"

孙嘉怡妈妈从此开始留意孙嘉怡的行为。孙嘉怡上学后，她看见桌子上有张皱巴巴的小字条："这个该死老八婆，真是可恨。整天除了盯着我的成绩之外，还能干什么？这个家真叫人受不了，我一刻也不想待了，早晚会把我逼得离家出走。"

她的心就像被刀子捅了一下，难受极了，但想了一会，又把字条夹到了书里。

又过了几天，孙嘉怡爸爸提前下班，看见孙嘉怡妈妈也从单位早回家，买了一大堆饭菜，正合计着给孩子做什么饭。

他一脸神秘地对孙嘉怡妈妈说："最近一段时间，我看见咱们家马虎女儿的QQ总是挂在线上，于是，我就进入她的班级群里，发现了很多八卦的事，不过，在说之前，我得警告你，管住自己，别让咱女儿知道我在偷看她的QQ，要是这样的话，我在孩子心目中的高大形象就会毁于一旦。"

"放心，我肯定不会说的，你赶紧告诉我到底是什么事，看你一脸神秘的样子？"

"我看孩子班里的同学，整天老婆老公的喊，都是闹着玩的，看起来热闹，但没有想得那么严重。"

"怎么说？"

"老公、老婆都是喊同性的同学，咱孩子喊她同位叫老公，其实她同位是个女的，不是男的，所以咱也不要过于小题大做。"

"她的老公是个女的？难道她们是同性恋？"

"闭上你的嘴，有这么说孩子的吗？你们女人的想象力就是丰富。"

"那我就放心了，只要她嘴里的老公是她的同位我就放心了。"压在孙嘉怡妈妈心头的一块大石头终于落了地，她轻松了许多。

"不过，孩子班里还真有不少八卦事，有几个孩子认别人干爹干妈，不知道家里都是怎么教的？"

"上次和孩子的老师聊天，老师说班里有一些单亲家庭，孩子缺乏完整的爱，认别人干爹干妈也许是想找到家庭的归属感？"

"谁知道是怎么回事！"孙嘉怡爸爸说。

"她的老公是个女的？那么说警报解除了，咱女儿没有早恋？"孙嘉怡妈妈长出一口气，"你这么说我多少放心一些了，毕竟学校的校风好，家长重视孩子的教育和引导，老师抓得也很紧。孩子们比的都是学习成绩，谈论的都是读书，怎么提高成绩，并不攀比吃穿，谈朋友的也少。在这样的大环境下，孩子也不会出格。我听说一些管理不善的学校，校风不好，孩子放了学好多都是一对对的，在校门口还有一些社会青年想着和学生交朋友。有不少孩子除了不谈学习之外，什么都谈。"孙嘉怡妈妈爆料。

"从这点上说咱家孩子到了校风好的学校，孩子的行为不会出格，真是幸运啊！不过，她会不会暗恋谁了？"孙嘉怡爸爸说。

"暗恋就暗恋去吧，都初中了，也是正常现象，有什么大惊小怪的，谁还没有个暗恋对象？只要别真有什么老公就好。"孙嘉怡妈妈想起当年上初中的时候，自己就对班里一个帅气的男孩子心驰神往，女儿到了这个年龄，情窦初开，偷偷喜欢谁，也是人之常情。

"这次没想到你倒是很开明。"孙嘉怡爸爸调侃。

"那是，我一直都很开明，这个年纪，暗恋某人也是正常现象，没有必要当做洪水猛兽，不过……"孙嘉怡妈妈刚刚舒展开的眉头又皱起来，"若只是轻微暗恋的话还好，就怕迷恋某人，陷得太深，整天朝思暮想的，光想着打扮，心思不放在学习上，那样的话麻烦就大了。原来我上中学的时候，班里有个女生，本来成绩很好，可是到了初二的时候，变成了个情种，整天描眉画眼，和几个男生打得火热，成绩直接就掉下来了，据说连高中都没有毕业就退学了。"

"那是极端的例子吧？"

"现在你看出什么问题没有？咱们该采取什么对策？"

"目前，还看不出什么苗头，再多观察 下，我奉劝你先别声张，要是闹僵了可是件麻烦事。"孙嘉怡爸爸长叹一声，坐在沙发上，"唉，养个闺女怎么这么麻烦，该谈对象的时候不谈对象，不该谈对象的时候倒谈对象。"

"都说女儿是小棉袄，我看家里这个祖宗是个刺猬，刺都朝里长，穿上这个棉袄，得扎死人。总是和我较劲，害得我血压呼呼地涨，嫌我管她，天天看我不顺眼，受不了啊，受不了。"孙嘉怡妈妈说。

"受不了也得受，我说你是不是该给宝贝女儿做饭了？"

"谁说不是？今天我从超市买了些海参，晚上给她做海参汤喝。"

"少放点盐，她喜欢喝清淡的，要是太咸了不对她的胃口。"

"知道了，我得赶紧做饭去，要不然耽误她放学吃饭就不好了，孩子在学校待一天，肯定饿坏了。"

学霸牛蛙 修炼攻略

　　初中的孩子，谁没有个小秘密？早恋也是件很正常的事，只要不影响学习，家长应该关注但没必要过度紧张，只要正确引导，孩子们都会正确对待。

　　面对孩子的日记，能把持着不看的家长也算圣人了。大部分家长都会看的，但一定要知道，孩子不喜欢这样，所以即使看了，也要顾虑他的想法，不要引起他的反感。

NO.22 为啥牛蛙女孩比男孩多？

"你们整天就会刺激我，使我难受，行，行，行，你们现在的目的达到了，我就是笨蛋，我就是天下最大的笨蛋，给你们丢脸了，叫你们失望了，现在高兴了吧？你们干吗都站在我的屋里？别看我了，让我一个人安静会儿，安静会儿。你们不走是吧？那好我走。"

考完试等成绩这段时间，所有家长和孩子的心情都不淡定。

王晓妍也一样，想知道孩子的成绩，但又害怕知道，心里七上八下的。

"孩子考试，我紧张什么？"她对李一帆说。

"你总是干些莫名其妙的事，我就不着急，不就是个考试成绩嘛，有什么大不了的？"李一帆表面上很淡定。

"你不急，鬼才信！你不急整天登录成绩查询系统干什么？"王晓妍毫不犹豫地把他的面纱撕掉。

"嘿嘿。"

"说实话，我一直紧张，从考试前到孩子考试后，一直到成绩出来，我就没有放松过，但愿我的焦虑没在孩子面前表现出来。"

两人正说着，就看见李兴宇背着超级重的大书包，风尘仆仆地走进来："累死我了。"

"少背点课本，书包这么重，把你压得不长个了怎么办？"王晓妍赶紧接过李兴宇的书包。

"你考得怎么样？"李一帆问道。

"咳咳。"李兴宇没有马上回答，他愣了一会儿，然后低着头换上拖鞋，走进书房，没有出来。

王晓妍和李一帆相互看了一眼，跟着走进了书房。王晓妍感觉心脏下沉，情知不妙。知子莫若母，以她对孩子的了解，要是他成绩好的话，一进门肯定就会说了，根本轮不到问，现在都问他这么长时间了，却一句话也不说，所有的迹象表明，他的成绩……

"数学……语文……"话还没有说完，李兴宇的眼泪就流出来了，"你们自己看吧，看吧，如果想看的话，卷子全在书包里。"

"这不是挺高分的嘛？90分，为什么要哭？"王晓妍长舒一口气，情况还不错，没有预想的那么糟。

"高什么？全班60个人，数学90分以上的很多，我才这么低。语文就更不用说了，卷面被扣了很多分。我的数学成绩一直不错，现在我的强项没有显示出来，弱项自然更拼不过人家，很多平时不如我的人，考得都比我强，我的总成绩肯定惨不忍睹，看着那些人得意扬扬的样子，就像被针扎一样。"说完，李兴宇大哭起来。

"别太在乎成绩了，你的努力有目共睹，知道你为考试付出了很多，所有的学生都希望能考出好分数，但即使不如意也要正确对待。"

"你们不在乎，我在乎，这是我的成绩，关乎我在班里的位置，关乎老师用什么样的眼光看待我。老师们都喜欢学习好的，我也想用成绩博得老师的欣赏，现在都这样了，老师肯定更看不上我了。"

"唉，又是一个被应试教育伤害的孩子。"李一帆赶紧转移话题，"对了，徐阳考得怎么样？"

听了这句话后，李兴宇哭得更厉害了："你问这个干什么？你问这个干什么？你去问他，干吗要问我？"他想起在学校徐阳张狂的样子：各门成绩都很好，竟然有了一种傲视群雄的气场。

"怎么就不能问问？你们当时的成绩都差不多……"李一帆说，"况且问他的目的是想知道你是进步了，还是后退了。"

"对啊，我们的目的是为了鼓励你，通过徐阳的成绩鼓励你。你看，你曾经的同学，当时和你一样的水平，现在的成绩那么好。他行，你一定也行，原来你们不是都在一个起点上吗？现在人家怎么都跑到你的前面了？"王晓妍发现最近孩子丧失信心了，面对那些咄咄逼人的牛蛙，总感到自己不行，越来越不自信。

"我都忍一天了，再也无法忍受他那作死的样子，就像喝了喜酒一样，你们为什么要刺激我？你们是想用他的成功来刺激我吗？如果是这样，你们成功了。好了，好了。既然我这么笨，那我就不学了。"说完，他气得把桌子上的书、笔袋全都扔到地上，"你们整天就会刺激我，使我难受，行，行，行，你们现在的目的达到了，我就是笨蛋，我就是天下最大的笨蛋，给你们丢脸了，让你们失望了，现在高兴了吧？你们干吗都站在我的屋里？别看我了，叫我一个人安静会儿，安静会儿。你们不走是吧？那好我走。"说完就跑到卫生间里去了。两个人只听见卫生间哗哗的流水声。

王晓妍和李一帆看着满屋子的狼藉，一言不发。

他们无助地听着孩子在厕所里声嘶力竭的哭声，心如刀绞。

"要不是你问孩子成绩，他也不至于成这样，你急什么急？"李一帆说。

"真是血口喷人，明明是你先张口问的，怎么又推到我身上了？他成这样，你不管也说罢了，干吗没事埋怨别人？"王晓妍反讽。

"还不是你整天和我谈成绩，搞得我脑袋疼？本来我并不关注的，现在倒好，整天被孩子的成绩折磨得焦虑不堪，却有劲使不上。"李一帆生气地说。

"孩子遇上问题，你作为家长不但不想办法解决，还推卸责任，真没有见过你这样的。"王晓妍看着李一帆那副熊样，气不打一处来，"到了关键时刻就把责任全都推到别人身上。"

"什么？"李一帆气得使劲一拍桌子，"真叫人受不了，这才初一的期中考试，家里就变成这样了，将来中考、高考，我们还有活路吗？"说完，走进屋子，"咣当"关上门，生闷气去了。

听着巨大的关门声，王晓妍感到眼前漆黑一片，心里满是绝望，这是什么鬼日子啊？

孩子在厕所里哭，夫妻俩在屋里吵，整个家里到处充满了火药味，家庭战争一触即发，随时都会演变成一场杀伤力巨大的恶战。

过了好久，感觉有一个世纪那么长，李兴宇从厕所里走出来，带着眼泪说道："唉，要是你们不问成绩的话，我也不会这么激动，今天晚上又浪费了这么多时间，真是可惜，还有很多作业没有做。"

"总不能忙得连哭的时间也没有吧，尽情发泄自己情绪的时间还是应该有的，该哭的时候尽管哭，千万不要忍着不吱声。"看着李兴宇的情绪发泄出去了，王晓妍的心情也稍微好了起来。自从上了初中，儿子仿佛变成了一个只顾埋头学习的背影。在家里聊天、自由休闲的时间越来越少了，感觉他的身体也越发瘦弱。

"不过，也不要太着急，这些成绩还不是最终的成绩，过两天电脑上所有的成绩都会出来，说不定其他科考得不错，咱们再等等吧。"王晓妍安慰道。

"真不敢想其他功课的成绩会怎么样，但愿别太差。"李兴宇说。

"付出总是会有回报的。"王晓妍说。

"希望如此吧。"李兴宇说。

王晓妍嘴上宽慰孩子，但心里却非常忐忑不安。她发现，作为初中生的家长，尤其是刚进入初中，还没有完全适应初中学习生活的家长，得有一颗强大的心脏。

期待好成绩的何止是孩子，家长更加期待孩子的好成绩。就像以种庄稼为生的农夫，辛辛苦苦地播种，期盼能有个好收成。对于孩子的分数，哪怕外表再能装淡定的家长，心里也会非常在乎。每一分都是孩子辛苦的汗水，无论考了多少分，分分皆辛苦。

王晓妍在单位忙了一天，到了下班的点急忙回家给孩子做饭。

不幸又遇上了大堵车，她只好把手刹挂在 N 档上，顺手拿起手机看起来，不看不知道，一看吓一跳，家长群此时已经有十几条未读信息了。她用余光看一下，原来徐阳爸爸在群里又扔了一颗炸弹："各位家长，现在从网上可以查到孩子的成绩了。"

看到这句留言后，王晓妍突然感到心脏突突地跳得厉害，几乎要从胸膛中跳出来了，头也有些眩晕，呼吸急促。

"淡定，淡定，没什么大不了的，只不过是孩子的一次小小的期中考试罢了，又不是什么决定终身命运的大考，至于吗？"她安慰自己。

无论她怎么宽慰自己，心里就是不踏实，此时，她恨不得飞回家中，打开电脑，仔细地看个够。

但此时，马路上的车龙从头看不见尾，没有一丝移动的迹象。王晓妍只能干着急，却没有办法，只能暗暗祈祷孩子的成绩能对得起他的付出。

不知道堵了多久，王晓妍终于回到了家里，没来得及换上拖鞋，就直奔书房，迫不及待地打开电脑查分数。这是李兴宇初一的第一次期中考试，王晓妍想知道他会考多少分。但网上一直显示着刷新，刷新，也许在那个瞬间，所有心焦的家长都迫切地想挤进去，在第一时间知道孩子的成绩，以至于把网络给挤爆了。王晓妍焦急地盯着电脑，心里暗暗地祈祷："希望有个如愿以偿的好分数。"毕竟，孩子付出了努力，他也很期待收获。

措手不及的时候，眼前突然闪出了一个让王晓妍极为吃惊的分数，貌似每门课的分数都比预期的低了几分，总分也不理想。天啊，到底发生什么事了？

"难道我看错了，很可能是我看错了。"王晓妍使劲揉揉眼睛，遗憾的是，电脑上清清楚楚地写着李兴宇，孩子的名字。

"难道是我在做梦？"王晓妍使劲掐了一下胳膊，巨痛无比，要多清醒就有多清醒。

难道网络出毛病了？就像一个快被淹死的人，抓住了救命稻草一样，虽然理智上知道出现故障的可能性很小，但感情上就是不想接受这样的分数。

王晓妍赶紧退出来，又登录一次，心里暗暗祈祷赶紧换个成绩，电脑上刚才出现的分数太让人受不了。怎么会这样？为了考试，孩子熬红了眼睛，如果孩子知道了这个成绩，肯定接受不了。自从上了初一，孩子更加努力地应对繁重的学业，然而，回报他的却是这样的成绩！

遗憾的是，这次电脑登录，出现的还是原来的分数，一连重新登录了三次，结果都一样。

这下，王晓妍不得不接受现实了。既然现实如此了，能做的就是帮孩子冷静地研究卷子，找出原因。

没有最低，只有更低，孩子所有功课的成绩都低于期待，到底是什么原因？是考试难度加大，还是孩子的知识点掌握得不扎实？为什么每次考试的分数总是低于预期？

仔细地在网上研究孩子的卷子，发现他的知识点都掌握了，没有不会的题，但笔下错误太多，因为粗心、马虎而扣了很多不该扣的分。除此之外，字迹潦草，也是他的致命伤。

唉，这就是男孩子啊，在应试上他们天生就处于劣势。女孩子会的知识点，大多数都能得到分，但男孩子就不行，明明会的题，因为书写和其他方面的原因，却很难得到分。

所以，处于同等学习水平的女孩子，在考试分数上会比男孩子高一个等级。在应试上，女孩子更加适应当今的应试教育，在各类考试中，占有更多的优势。都说男孩危机，从某个方面说，也许就是指在应试教育的大环境下，男孩子考试成绩的危机。

看着李兴宇的成绩，王晓妍非常难受，她无法接受这样的现实。钻心地疼，真想大哭一场，把眼泪都流出来才好，这样的分数如何接受？

不知道什么时候，李一帆站在身后，他的双眼紧紧盯着屏幕，他也发现成绩比预期低很多。

"怎么会这样？不行，待会熊孩子回家后，我非要他给我个解释，到底是怎么回事？要是解释不好，非得教训他一顿。"李一帆在空中伸出拳头，使劲砸到桌子上。

"你疯了？解释有什么用？他的分数会提高吗？"

"什么？考出这样的分，还不给我一个解释？都是你，当了那么多年老师，连自己的孩子都教不好，还有脸去教育别人的孩子吗？就是你把孩子给惯坏了，以后教育孩子的事，你就别管了，你只管做饭、洗衣服，辅导孩子学习的事，由我全权负责，我就不信教不好他。"

"你有病吧，养不教父之过，平时什么都不管，出了问题就大呼小叫的，理智点行不行？"

"他哪像我的孩子？想当年，要是哪次没考好，我就是不吃不喝，不睡觉也要找出原因，他考成这样，还说不得？"

"够了，你闭嘴吧。"

李一帆无可奈何，他一肚子火，无处发泄，好像受了多大的委屈，但又不知道是谁欺负了他。于是，便满屋子乱窜，看见旁边的玻璃杯子，就想扔到地上砸碎，但想起楼下即将中考的那位孩子的家长，要是摔下去，后果定会不堪设想，只好又放下。

看李一帆过于激动，王晓妍赶紧走进另外一间屋子回避。在走出屋门之前，王晓妍回头对李一帆说："说不定是老师判错了，你可以在网上查查卷子。"

"什么？老师判错？"这句话成功地转移了李一帆的注意力，只见他以闪电般的速度打开电脑，不再说话。过一会儿，王晓妍悄悄地走出屋门，看见他正在全力以赴地研究网上的卷子，还拿着手机拍照。

王晓妍看后，苦笑不已。理工男就是理工男，干什么事都要用事实说话，此时他正在认真寻找老师判分的错误，以期孩子的成绩能高一些。

人激动的时候，给他找到个发泄的出口，也好让他安静下来。

没过多久，李兴宇回家了。

"老师说可以查成绩了，你们还不知道吧？赶快打开电脑看看。"

"过去看看吧，你爸爸应该还没有关电脑。"

"什么，这么说你们是不是都知道我的成绩了？好紧张啊，千万不要告诉我，我自己看看。"李兴宇飞也似的跑过去。

王晓妍边做饭，边留意着李兴宇。一会儿，她走进书房，只见李兴宇坐在椅子上发呆，他的眼圈发红，一脸沮丧，等着家里即将到来的狂风暴雨。

"你们能不能狠狠地发一次脾气，狠狠地骂我一次？这样，我也踏实点。"

王晓妍何尝不想这样？但她知道孩子也期待好成绩，即使是这样不理想的分，也是经过努力才有的。王晓妍看到了他的艰辛，也了解他的痛苦。

王晓妍怜惜地说："为什么要骂你？"

"因为我考得不好呗。"

"打你一顿，就能有好成绩吗？"

李兴宇摇摇头。

"你愿意考这样吗？"

"不愿意，考成这样，我很难受。"

"你为考试付出了没有？"

"怎么没有，我已经很努力了，谁知道会这样？早知道努力也是这样，我还不如自暴自弃。"说着他的眼泪就流了出来，"不知道我在班里的排名如何？他们知道我的成绩后，会不会笑话我？"

说完，眼泪哗哗地流下来，就像一个在外面打了败仗的战士一样，浑身上下伤痕累累，"班里同学的成绩非常接近，谁也不甘落后，老师更喜欢成绩好的同学，对成绩一般的同学关注极少。"

王晓妍没说话，只是安静地听着，知道孩子压力极大，需要用语言去缓解、去疏导。

过了一会儿，李兴宇安静下来。

王晓妍和他谈心："没有关系，只不过是一次小小的考试罢了，又不是什么大事。"

"我费了半天劲，才考这样，早知道如此，还不如不努力。"

"如果不努力，连这个成绩也没有。虽然成绩不理想，但也是经过努力取得的。咱不和任何人比，要和自己的过去比，只要努力了，最终的成绩如何并不重要，过好每一天才是重要的。"

"你不在乎，我在乎，我伤心。"

"那咱们就总结一下原因，是努力不够，还是学习方法不对，抑或是没有抓住重点？找到原因后去努力，争取下次考好就行。"

王晓妍劝了半天，李兴宇的心情好一些了。

"正确的办法是找出失利的原因，找出知识的漏点，下次不要再错就好。"李一帆走过来说道。经过一段时间的思考，他已经冷静下来了，知道发脾气没用。

"对不起，我考得不好，让你们失望了。不过，我想，这只是个例外，下次我一定会努力的。"李兴宇说这些话的时候，就像大人一样。

"这次肯定是个例外，没有什么大不了的，我们知道你努力了，我们不在乎你的成绩，但要分析一下，为什么会这样？"王晓妍说。

"我也不知道，考生物之前，我拼命地看，都看好几个小时了。"李兴宇很茫然，"每次考试前，我都会很努力地看书，但不知道为什么，成绩总不是期待中的高分。我知道我不是牛蛙，也许你们会恨铁不成钢，但我已经努力了。"

王晓妍一句话没说。她能说什么呢？

孩子成绩不理想，在学校里会承受来自各个方面的压力，肯定也不开心，有很多情绪需要发泄。既然家是他停泊的港口，就让他尽情地发泄吧。

孩子回到家里更要养伤，他们期待家长变成朋友，不再纠结他的成绩，给他更多的安慰。此时，家长就不应该再在他的伤口上撒盐，应该给他提供宽松的空间和心灵的抚慰。

看着李兴宇的情绪渐渐稳定下来，王晓妍劝道："不管怎么说，成绩不如别人，肯定是有哪些地方做得不好，现在，咱不能丧失信心。你考前才看三个小时，但你有没有发现很多孩子都看了五遍、十遍，还有的孩子刚发下书来，就已经看了很多遍，这就是差别。目前你用在副科上的时间太少了，下一步要多花费一些时间。首先要学会预习，也要多整理资料，我看你的资料整理得不全，也没有及时装订，明天我多买点活页夹，帮你分门别类地整理资料，把知识系统地归纳一下，争取期末有个满意的成绩，最起码比期中强，有信心吧？"

李兴宇点点头，王晓妍接着说："我们再分析一下，你学习的时间都去哪了？从你进家门口开始算时间，你总是学会儿就玩一会儿手机，这无形中浪费了很多时间。如果把这些时间都利用起来，提高效率，赶紧写完作业，会有大量的剩余时间巩固老师的讲课内容，从而把知识掌握扎实。"

"好的，我知道了，得赶紧写作业去，老师让我们写期中反思，再把错题改一遍。"

"今天作业不多。"

"什么不多，除了这些，还有两张卷子，刚才浪费了那么多时间，我得赶紧写了。"

"什么？你们老师又布置这么多作业？"

"没办法，他们不布置很多作业，就没有存在感。不把我们累死，他们肯定活得也不开心。"

说完，李兴宇就开始找卷子："奇怪，我的卷子在哪里？怎么找不到了？你们谁看见我的卷子了？"

"再找找你的书包。"

"翻了很多遍，书包里什么都没有。"

"刚才你发脾气的时候，我看见你把书都扔到地上了，在地上找找。"

"没有，没有，我已经找了很多遍了。"

"别着急，我们帮你找找。"李一帆和王晓妍立刻兵分两路，到处找李兴宇的卷子。

"不会是彩色的吧？"

"肯定不是，就是一般的卷子，会不会忘到教室里？要是忘教室里，我可就惨了，老师会以为我故意没写作业。"李兴宇一边说，一边跪在地上，拿个手电筒在床底下四处照来照去。"即使掘地三尺，我也要找出那张卷子，找不到，老师是不会罢休的。"

王晓妍到书架上找，李一帆到客厅里找，他们翻箱倒柜找了很长时间，也没有发现卷子。

"难道真的神秘失踪了？"王晓妍说，"你看到了没，以后所有的学习资料都要固定放到一个地方，这样就不会搞丢了，你每天浪费在找资料上的时间也很可观。"

"你别说了，我也不想这样，再说我又急了，卷子到底在哪里？"李兴宇跺着脚说。

"肯定丢不了，先不找了，明天到学校跟老师再要一张卷子。"

"真崩溃了，现在都这么晚了，我却什么事都没有干，今天晚上又要熬夜了，怎么办啊？"

"你着急什么，办法总比困难多。"

"我都快恨死这些卷子了，要是找到那张卷子，我一定把它撕成粉末！它到底在哪里？"

"我有个好办法，让徐阳爸爸赶紧从网上给我们发一张卷子的照片，我帮你打印出来。"

"好主意，赶紧给他打电话，不知道徐阳做那份卷子没有，要是做了可就完蛋了。"

王晓妍立刻拿起手机："徐阳爸爸，能否把孩子今天布置作业的卷子发一份给我，我孩子的卷子找不到了。什么，你孩子都做完了？不是语文，是数学，太好了，赶紧发过来吧。谢谢。"

王晓妍飞速地把徐阳爸爸发来的卷子打印出来，"快点做吧，今天又晚了。"

"你看，这是什么？"一直在找卷子的李一帆拿起李兴宇的书，从里面拿出一张纸，"这个是不是今天的卷子？"

"对，就是它，就是它。"李兴宇激动至极，"今天真不顺利，连卷子也欺负我，从开始到现在，真没有什么顺心事啊，到了该休息的时候，也不让我安生。"

"唉，你连卷子都能丢了，考试成绩怎么能好？"

晚上，李兴宇睡着了，王晓妍想想孩子期中考试的分数，有种挫败感，"没有最低，只有更低。我有种危机感。"

"唉，大家都一样，也许孩子还不适应初中的学习。在学习方法和习惯上，初中和小学有很大的不同。功课增多，作业也大量增加。虽然他努力了，但还没有调整好状态，看来得给他足够的成长时间。"李一帆说。

"孩子越大，家长的失望越大，真是这样。"王晓妍说，"也许他是个蜗牛，是一只拼命努力，却怎么也跑不快的小蜗牛，咱们只好拿出更多的耐心教育他，而不是批评和打击他。不过，得采取行动了，否则孩子的成绩不会有质的飞跃。"

"想当年，我是不甘心这样的成绩的。"

"什么？又是想当年？收起你的想当年吧。都什么时代的事了？咱们那个时候，竞争哪有这么激烈？现在都是独生子女，是只能成功，不能失败的一代，咱们必须把更多的精力用在孩子的身上，否则到时后悔也来不及了。"

"有些搞不明白，孩子上初一，家长怎么就这么累？"

"大家都一样，又不是光咱们一家，你发现了没有？自从孩子上了中学后，孩子就变成了一个只顾埋头学习的背影。在家里聊天、自由休闲的时间越来越少了。他的身体也越发瘦弱。早上经常不吃饭，中午也休息不好。据说班里的纪律也一般，孩子又坐在后面，老师的声音小，孩子肯定听不清，晚上写作业到很晚，精神也不好，孩子有压力，情绪不好，随便一点小事都会刺激到他，性格就像爆竹烈火一样，一碰就炸，让人怪伤心的。他的成绩不理想，原因很多。对他还是要多多鼓励，给他一个宽松的环境。"

王晓妍顿了顿，说道："也没有必要太看重孩子的成绩了，只要他平时努力了就好。孩子有更多的信心了，成绩自然也会慢慢好起来。"

"他虽然努力了，但成绩还是不理想，每次都是很受打击的样子，还经常哭鼻子的，随便一点小事都会刺激到他。"

"即使他失败一万次，也要一万零一次相信他。"王晓妍说。

"当家长真不容易，既要承受孩子成绩不好带来的打击，又要安慰孩子被不理想成绩打击的心灵，还得鼓励孩子，告诉他考不好仅仅是个意外，只要努力，下次一定会考好的。真是承受了双重的压力，你看看人家那些牛蛙的家长多幸福！"李一帆说。

突然，李一帆紧盯着电脑屏幕，一直在研究成绩表的眼睛大放异彩，像发现新大陆似的喊了起来，"我发现孩子班里前几名的都是那几个很活跃的女生，你看刘杰，成绩不错，字也写得好，说话做事，都像个小大人一般。"

"是啊，班里的女生大部分都比男生更成熟，上课回答问题更加积极，交往能力也很强，平时说起话来都是伶牙俐齿、八面玲珑的，老师都喜欢这些伶俐的女孩子，班里的工作交给他们也放心，女孩子的管理能力也比男孩子强。"王晓妍说。

"听说很多男孩子对班级活动没有兴趣，也不想当什么班委，反倒是女孩子对当班委非常积极主动。唉，这都是怎么回事啊？男生比不上女生，你说怎么能解决阴盛阳衰这个问题？采取什么措施才能培养出更多自信开朗、不怕困难的男子汉？"李一帆叹气。

"你太高看我了，专家学者都解决不了的社会性问题，我哪有那么大的本事去解决？"王晓妍说。

"我还以为你是万能的！"

"要解决也只能从根本上去解决，从宏观的角度去解决，比如说男女之间按比例招生，男孩和男孩竞争，女孩和女孩竞争。"

"这倒是好办法，遗憾的是你不是教育部长。"

"够了，别想那么多了，累不累，大环境咱们左右不了，但可以做最好的自己，尽可能正确引导孩子。"

"快开家长会了吧？你去，还是我去？"

"我去，我去。"王晓妍赶紧把这个机会抢走了。"我想看看他在班里的真实情况，了解一下全班的成绩到底怎么样。"

学霸牛蛙 修炼攻略

在学校，阴盛阳衰越来越明显了。

现在随着教育改革的推进，文科分数比重加大，理科考试难度日渐降低，在考试中谁更心细，谁更严谨，谁就能取得更好的成绩。这对女生更有利。

女生普遍比男生成熟得早一些，在学习上也更加刻苦，加上天生心细，在考试中更容易胜出。面对这样的情况，家长应该对男孩子宽容一些，只要孩子努力，就不要过于苛求，相信男生的后劲。

NO.23 家长那颗受伤的心，有谁能读懂？

"我还没见过你这么没事瞎显摆的人，有什么了不起的？你的那点小心思，我又不是看不出来，你是关心我孩子吗？你是想着满世界嚷嚷你家孩子成绩好。看你那副小人得志的样子，真叫人烦。"

孙嘉怡妈妈正心烦意乱地往学校走，突然看见刘杰妈妈满面春风地迎面走过来："你这件衣服真不错，以前怎么没见你穿过？"

听了这句话，孙嘉怡妈妈浑身舒服，对刘杰妈妈的印象好多了："刚买的，第一次穿，你当然没见我穿过了。"

"你女儿考得怎么样？你知道吧，我孩子数学差两分就是满分了，开始我还以为她平时光玩，很少看书，会考得很一般，没想到这次真是瞎猫撞上死老鼠，竟然还考了不错的分。"刘杰妈妈得意扬扬地说着，就好像中了一千万的大奖。

难怪大老远和我打招呼，孙嘉怡妈妈的心就像被针扎了一般，她想起孙嘉怡那可怜的分，就像一块大石头沉甸甸地压在心头。

好几次，孙嘉怡妈妈都想躲到没人的地方大哭一场。你说这孩子到底怎么回事，平时小测验得了那么多满分，怎么到了最关键的考试，就考成这样！

再看看做错的题，仔细想想都会，但考试那会儿怎么就不会呢？难道真是心理素质不行？

本来就够闹心了，没想到，现在有人不识趣地跑到眼前揭人家的伤疤，什么玩意！有什么了不起的，这又不是高考，更不是中考，至于这么得意吗？瞧她那副德行，孩子成绩和她有什么关系？

她突然发现世界上最令人讨厌的人就是那些吃饱了撑得没事干，到处炫耀分数的家长。这些像苍蝇一样讨厌的家长，得了一种叫做牛蛙综合征的病，不管别人愿意还是不愿意，不管三七二十一，逢人便张嘴就报孩子的分，他们把自信建立在对方的挫败之上。好像一分钟不谈孩子的成绩，就活不下去了。

比如现在的刘杰妈妈就是这种典型，她没有看见自己的心情很不好，不愿意在公开场合谈孩子的成绩吗？真不懂事，孙嘉怡妈妈打算给她点颜色看看，把刘杰妈妈那不可一世的得意劲打压一下。

"差两分？怎么不是满分？多可惜啊，像你家孩子成绩那么好，我还以为你家也是满分。你知道徐阳吗？他考了满分，班里还有很多孩子也考了满分，据说还有很多只差一分也是满分的孩子。"

果然，刘杰妈妈刚才得意的表情一扫而光，脸上突然有种挫败感，"唉，是啊，我也很郁闷，怎么我家孩子没有考满分。她就不能再仔细点吗？我看了，那两分都是粗心写错的，我对孩子说，你不会的，做不对我没有办法，但你得保证，把你会的做对吧？唉，这个孩子，真叫人纠结，算了，我也不管了，能考多少是多少吧。"

听了这话，孙嘉怡妈妈有点小得意，所谓的幸福，所谓的高分，所谓的牛蛙，都是在和别人攀比中得出的，真是应了那句话：人的幸福就是自我的满足，人的不幸很多是在和别人的比较中产生的。

在牛蛙成群的班里，没有最高分，只有更高分，想脱颖而出，压倒别人不是那么容易。

但心高气傲的刘杰妈妈不甘心被别人比下去，她眼睛一转，很快就找到了突破口："你家孩子考得怎么样？"那意思是说，我比不过牛蛙，但比你家孩子总可以吧？

孙嘉怡妈妈刚才的好心情很快又被一扫而光，对方怎么这么不识趣？非要把别人身上的疤揭开才善罢甘休吗？既然你不仁，那就别怪我不义了。非得叫我说你几句，你才老实吗？于是，她大声说道："我真不明白，有人没事为什么总关心别人家孩子的成绩？有意思吗？干吗有事没事张口分数闭口分数的？和自己没有关系的事儿就不要打听，知道那么多有意思吗？"

听了这句话，刘杰妈妈很不高兴，"你这人怎么想歪了？问孩子成绩是关心你，不相干的人我才懒得打听，更懒得知道。现在大家都非常忙，谁也不会咸吃萝卜淡操心，真没有见过你这么刻薄的人。"

"我还没见过你这么没事瞎显摆的人，有什么了不起的？你的那点小心思，我又不是看不出来，你是关心我孩子吗？你是想着满世界嚷嚷你家孩子成绩好。看你那副小人得志的样子，真叫人烦。"孙嘉怡妈妈真想把这两句话送给刘杰妈妈，但话里的火药味十足，说出来后果恐怕极为严重，以刘杰妈妈像爆竹般的性格，哪是随便受别人气的？她听到这话肯定会一跳三丈高，卷起袖子，跺着脚和自己骂街。那时候，一场恶战就难以避免了。孙嘉怡妈妈思量一番，不敢保证自己能占到便宜。

于是，孙嘉怡妈妈强忍住一肚子的不满，咽下去了这几句话，大家抬头不见低头见的，孩子还在一个班，万一撕破脸皮，对孩子也不好。虽说平时看刘杰妈摆出一副牛蛙妈妈的张扬劲，心里充满愤怒，但她也不是罪大恶极的坏人，没必要和她闹翻脸。

她盯着刘杰妈妈看了一眼，说："想歪想不歪的，心里明白就好，别以为别人的智商不够用。"说完，头也不回地走进了教室。

此时，刘杰妈看见孙嘉怡妈妈急急忙忙走远了，感觉意犹未尽，她看见刘骏妈妈走过来，赶紧迎上去。

"你孩子考得不错吧？"

"我刚下班，什么都不知道。"说完就想急急忙忙地走开，但刘杰妈妈接着说下去："你家孩子这么聪明，肯定没问题，我家孩子的成绩不理想，真叫我伤心。"

刘骏妈妈一听刘杰的成绩不理想，心里长舒一口气，她心想，但愿刘骏考得不错。

没想到刘杰妈妈下面的话，让她的心提了起来："我孩子的数学没有考好，竟然扣了两分，英语倒是满分，但语文却扣了八分，看来她在班里的排名也就是前五名吧，真气人！我对她说，你这孩子，就不能再细心一些？不会的做不对，倒是情有可原，但会的题你也做错了，就太不应该了。"刘杰妈妈嘴上说遗憾，但脸上得意的表情，是无论如何也掩饰不住的。

听到这里，刘骏妈妈终于明白了，刘杰妈妈正在用巧妙的方式告诉别人，自己家孩子有多优秀。她听完后，非常挫败，别人的成功把自己反衬得越发落魄，她的心提起来，刘骏到底考得怎么样？

她看见刘杰妈妈意犹未尽，还要继续长篇大论夸奖刘杰的劲头，赶紧告辞，"快点去教室吧，要不咱们都迟到了。"

"好吧，好吧。"刘杰妈妈不情愿地打住。

人走背运的时候，喝口凉水也塞牙缝。孙嘉怡妈妈走进教室，看见很多家长坐在教室里，在激动地谈着话。

她刚进门就看见徐阳爸爸满脸兴奋地和几个家长说着什么，他抬头看见孙嘉怡妈妈进门，笑着冲她打招呼："看你满面春风的样子，心情必定很好吧？孩子考得怎么样？"

"马马虎虎，嘿嘿。"似乎满世界的人都兴高采烈，不知道是不是在嘲笑她孩子的分数？孙嘉怡妈妈真不愿意见到这些就像喝了喜酒一样的人，想躲却躲不掉，真是冤家路窄，人生处处都相逢啊。她不喜欢徐阳爸爸这种嘚瑟劲，没见过大世面！

想找个安静的，可以疗伤的地方，怎么就这么难？

她本来想着本色出演，对徐阳爸爸不搭不理就走过去，但别人又没有招惹自己，这样做有些太过分。于是，孙嘉怡妈妈只好随便打个招呼，想着把成绩的事儿回避掉，"咱们不谈成绩，谈成长。"

"对，成长比成绩更重要。"徐阳爸爸笑着说。

"是啊，成绩只不过是暂时的，成长才是永恒的。"孙嘉怡妈妈说完，赶紧装作和什么人打招呼，扭头就走，因为她又想起孙嘉怡的成绩，顿时感到灰头土脸的，很没面子。

但徐阳爸爸的兴致很高，还想着继续说什么，一转眼却看见孙嘉怡妈妈走到靠后的位置坐下来。

孙嘉怡妈妈终于看不见徐阳爸爸那副得意扬扬的样子，心里舒服多了。

也难怪，家有牛蛙，连说话都感到气壮。真不明白，孩子也很用功，怎么成绩就拼不过人家？孙嘉怡妈妈想起孩子的成绩，恨得牙根都疼。

孙嘉怡妈妈四周看看，一转眼看见了赵瑜妈妈，只见她表情凝重，一副心事重重的样子。孙嘉怡妈妈很好奇，想知道赵瑜的成绩，没准他比孙嘉怡低不少，那就是同盟军了。但转念一想，万一赵瑜的成绩高于孙嘉怡的，自己肯定又要遭遇二次打击。

原来考完试后，交流孩子的成绩，家长之间也需要斗智斗勇啊。

唉，还是不要问具体的分数为妙吧，只问个大概情况就好。

于是她对赵瑜妈妈说："你孩子成绩不错吧？"

回答她的是一声叹息："一般，有些课确实考得不错，但整体水平不容乐观，你孩子的成绩很不错吧？"

"也一般，我感到有些家长太张狂，真受不了他们那副德行，不就是一次小小的考试吗？张狂什么？看他们尾巴都翘到天上了。"孙嘉怡妈妈不满地说。

"对啊。"孙嘉怡妈妈的这些话，句句都说到了赵瑜妈妈的心坎里，她连连点头，"这算什么考试啊，对孩子今后的成长又没有什么影响，也不知道他们那种良好的自我感觉是从哪里来的？也许这就是典型的牛蛙家长综合征吧？人家都说母以子贵，看来在学校也是这样。有些家长，自我感觉孩子的成绩好，就不知道姓什么了，到处咋呼，生怕别人不知道他孩子的成绩，到处忙着炫耀，没见过比他们更忙的。"

"还用得着问吗？这就是典型的文化劣根性，什么事都要和别人比。唉，非要把别人比下去才好，看着别人家孩子成绩不如自己家了，心里就高兴，真受不了，比什么比？难道他们就没有看见孩子的成长远远比考试分数更重要吗？"赵瑜妈妈愤愤不平。

"真是，就知道成绩，鼠目寸光。"孙嘉怡妈妈一脸鄙视，她仿佛忘了，自己最关心的也是孩子的成绩。"我对孩子的成绩根本就无所谓，只要孩子能快乐地成长，成绩算什么？我在家里从来都不和孩子谈成绩。"

"就是，成绩只不过是一时的，成长才是永远的。"赵瑜妈妈说道，"我告诉孩子，不和别人比，和自己的过去比就行，只要比过去进步，那就是胜利。"

"我也这么认为。"孙嘉怡妈妈连连点头称是。

此时，王晓妍正在汤老师的办公室里。她今天来得早，想和汤老师谈谈李兴宇的学习。因为她已经不是第一次来了，所以，径直走到汤老师的办公桌前。

汤老师没在办公室，王晓妍便坐在汤老师的位置上等她。

王晓妍的目光很快就被汤老师压在一本书下的几张纸吸引了，她拿起来一看，原来是全班孩子的排名。

一看见这些，王晓妍的心跳急剧加速。真是来得早不如来得巧啊！这是王晓妍一直想知道的秘密。

为了知道李兴宇在班里的排名，她给汤老师打过几次电话，但汤老师总是支支吾吾地没给她透露任何信息。汤老师给她解释说，学校是不主张给初一的学生排名的，因为初一的学生还没有适应中学的学习，等着上了初二后，学校才给排名。

王晓妍在汤老师那里碰到软钉子后，好奇心反倒更强了，现在机会竟然摆在眼前，她怎么能按捺住强烈的好奇心！

于是，王晓妍飞速地拿起表格，贪婪地看起来。在密密麻麻的排名中，她顺利地找到李兴宇的名字。

在全班七十个学生中，李兴宇排在第十五名。

知道了这个情况，王晓妍的心情好了许多，虽然孩子的成绩不是很理想，但在班里，还属于偏上游的，原来孩子还不是太糟糕的，她终于放下心来了。

王晓妍还想看一下其他孩子的排名，比如徐阳、刘杰、刘骏……

说时迟，那时快，就听见门外有急促走过来的脚步声。

王晓妍赶紧把成绩单按照原来的样子放好，飞快地站起来，迅速走到门口："汤老师好，我刚进来，想和您谈谈。"

"哎呀，非常抱歉，改天吧。现在马上就要开家长会了，我是来拿笔记本的，还有 U 盘，咱们赶紧去教室吧。"汤老师风风火火地说着，从办公桌上拿起一个本子，扭头就走。

"好的，汤老师，我来帮您。"

"不用了，咱们快点走吧，刚才我看见教室里已经坐满了家长，大家平时都很忙，不能让大家等得太久。"

"好的，汤老师。"说完，王晓妍紧随着汤老师，向教室走去。

孙嘉怡妈妈和赵瑜妈妈正谈得开心，突然听见有人大声说道："欢迎各位家长在百忙之中，参加我班的家长会，首先对大家的到来表示欢迎。大家都已经感受到了，初中生活和小学生活完全不一样，孩子们在慢慢适应，家长们也要静待花开，不要过于着急。学校每天的作业不多，留给孩子们的时间不少，所以，晚上写完作业后，拿出半小时的时间阅读一下古今中外的文学名著，如果长期坚持下去，对孩子的写作会有很大的提高。"

汤老师说完后，英语老师又登台现身说法，她的意思也是这样，初一的学习并不紧张，每天拿出半个小时的时间，默读背诵课文，如果能够长期坚持下去，日积月累，对孩子的成绩提高会有很大的帮助。

"每天数学半个小时，语文半个小时，英语半个小时，再拿出一个小时看其他的副科，这就两个半小时了。还写作业吧？还吃饭、锻炼吗？"赵瑜妈妈撇着嘴说。

"真是，在老师的嘴里好像学生们都无所事事一般，貌似学习非常轻松，什么都只干半小时，就像玩儿一样。"孙嘉怡妈妈也很不满，"这些老师说话也不睁开眼睛，是不是喝多了？信口开河，满嘴胡言乱语的，好像什么都不知道。"

"是啊，老师很会推卸责任，啥事都没有，把压力全都转嫁到家长身上，每次开完家长会后，都感到亚历山大。"赵瑜妈妈眉头紧皱。

学霸牛蛙修炼攻略

虽然嘴上家长都会说不在乎孩子的分数，更在乎孩子的成长，但在应试教育的大环境下，能真正超脱的有几人？

每次考试之后，受到打击的何止是孩子？家长也会感到挫败。

成绩优秀的孩子家长要低调一些，不要过于张扬，毕竟周围有很多家长此时正在为孩子的成绩备受煎熬。

NO.24 提高成绩选辅导班的诀窍

"这个嘛，还是得具体问题具体分析，还是得看自家孩子的情况。有些孩子吃不饱，在学校老师讲的只是课本上的内容，要想多学点，优质的辅导班自然是很好的去处。"

王晓妍开完家长会后，没有直接回家，而是继续坐在教室里，想着私下里找老师聊天，了解孩子平时在学校的表现。

但她下手晚了，此时汤老师已经被一群家长围得水泄不通，再没有外人插脚的地方了，她只好等待合适的时机。

王晓妍还有个想法，刚才在汤老师办公室太紧张了，没看仔细看其他孩子的排名，想等汤老师回到办公室后，找个机会再看看。但这个想法是不好在人前沟通的，只能在没人的时候和汤老师私聊。

王晓妍听见一个胖胖的、有点秃顶的家长问汤老师："您上课的时候，发现我孩子的听课情况如何？"

"听课还可以，我看见他也做笔记。"

"你感觉他的精力集中吗？还是经常开小差？"

"这个？"汤老师愣了一下。

王晓妍感到这个家长的问题不好回答，自己也是老师，全班七十多个孩子，讲课的时候，老师的主要精力都集中在知识内容的讲解上，哪还有时间去关注某个孩子听课的注意力是否集中？！

但汤老师毕竟是老教师，她顿了顿，随口说道："孩子听课应该还可以，不知道回家后，学习情况怎么样？"

"回家后，孩子就开始写作业，但经常有很多错题，我感觉他还是没有抓住课堂，您能不能以后多提醒他上课集中精力听讲，多提问他？"

"行，以后我会多关注他，但回家后，你也要多提醒孩子及时复习当天的内容，还要注意课前的预习。"

"非常感谢。"胖胖的男家长刚说完，一个在旁边等了很长时间、打扮时尚的女家长接着问，"我家孩子的成绩怎么这么低？你说这是怎么回事？也不知道他是怎么学的？"

听了这句话，所有的家长都沉默了，也许大家都在想，问这个问题很不妥，让人家老师怎么回答？老师嘴上不说，心里肯定会想"你孩子怎么学的，成绩怎么样，你都不清楚，我教七十个孩子，哪有精力顾得过来？"

但汤老师却很淡定，毕竟当了那么多年的班主任，见过各种各样的家长，什么问题没有听过！她知道这个家长的本意不是质问自己没有教好她的孩子，而是因为孩子成绩很不理想，心里很焦虑，想找出考试成绩不好的原因。

孩子成绩不理想的原因很多，哪里是一句话可以说完的？

于是，汤老师笑着说："别着急，别着急，孩子很聪明，也许这次没有发挥好，咱们要做的应该是多安慰，平时多督促，给他点时间，静待花开，对吧？回家后还是要多鼓励他，事实已经如此了，他心里肯定很难受，就别再施加压力了。"

这个家长听后，眉头果然舒展开了："汤老师，太感谢你了，我就是太心急，每次看见孩子的成绩心里就不淡定，发完脾气后就开始后悔。您说得对，回家后分析下原因，找出解决的办法，这才是最要紧的事。"

"那孩子的成绩怎么能快速提高？"那个女家长并不打算就此罢休，紧接着又问道。她好像有很多问题要问，才不枉来学校一次。

王晓妍眼看汤老师身边里三层外三层，围的家长越来越多，根本没有插进去的机会。心想汤老师忙了一天，就别再给人家添麻烦了。况且，孩子成绩的提高，和孩子自身的关系极大，家长的教育理念也起着不小的作用，仅仅和老师的一次谈话，对孩子成绩的提高帮助也没有多大作用。

再看看汤老师周围的家长没有散去的意思，她只好先和周围的家长聊天。

只听见刘骏妈妈说："我孩子的成绩真让我崩溃，我真受不了他的慢节奏。我告诉他，以后必须抓紧时间，提高效率，鲁迅把别人喝咖啡的时间用在写作上，你必须把别人睡觉的时间用在看书上，不能浪费时间。下一步，我必须控制孩子的上网时间，每周玩的时间不能过长。另外，我还得给他找个合适的辅导班。徐阳爸爸，你说那个奥数辅导班有必要上吗？"

"这个嘛，还是得具体问题具体分析，还是得看自家孩子的情况。有些孩子吃不饱，在学校老师讲的只是课本上的内容，要想多学点，优质的辅导班自然是很好的去处。"最近一段时间，徐阳爸爸的心情不错，因为徐阳考试的成绩令他非常满意。他想找各种机会谈论孩子的学习，顺便把徐阳的成绩告诉别人。"但有些孩子课内的没有掌握好，找个老师把课内的内容打扎实了，也不错。"

"很有道理。我得多考察几家各种类型的辅导班，给孩子制订好计划。"刘骏妈妈心事重重，她想知道徐阳的成绩，却又不想让徐阳爸爸知道自己孩子的成绩，内心期待别人家孩子的成绩不如自己，但又要防着人家孩子的成绩高于自家孩子而带给自己的打击，"另外，不能没事儿就泡在网上，这样下去会越来越麻烦。"

"对，不能沉溺于网络。天将降大任于孩子，必先把孩子的 QQ 卸掉，把孩子的微博给封了，微信也得删除，没事最好少上网，当然查资料的时间除外，把他的手机也得看严实了，游戏更不能多玩。让孩子远离网络虚拟的世界，然后静坐、喝茶、思过、锻炼、读书、弹琴、练字、明智、开悟、精进，而后必成大器也。"徐阳成绩好，徐阳爸爸心情很好，说起话来也是一套一套的。

"我平时太忙，不在家的时间多，孩子就喜欢玩游戏。人家说玩完游戏后，学习效率高。"赵瑜妈妈说。

"那也没有关系，当家长的得学会引导，让孩子对电脑提高兴趣，学会编程，岂不是美事一件？"徐阳爸爸说。

"你真有水平，我老公可没你的高度，他看见孩子玩电脑，自己也被吸引了。"刘骏妈妈说，"对了，你知道哪家辅导班的性价比比较高？哪家辅导班的师资力量比较雄厚？现在孩子上了初中，小学的那些辅导机构，就不太合适了，我得为孩子重新选择新的校外辅导机构。"

"不瞒你说，孩子根本不用管，顺其自然最好。"徐阳爸爸得意扬扬地说，只要一提到孩子的成绩，他就变得神采飞扬，"辅导班只是一个方面，家长辅导孩子也很关键。"

"徐阳爸爸，你的水平高，还有时间，你自己辅导孩子肯定没有问题。要不这样吧，我把孩子送到你那里，你也顺便给我家孩子进行辅导，我给你课时费。"刘骏妈妈说。

"我的水平不够，到时候把你家孩子耽误了，麻烦就大了。"

"怎么会？"

"现在真的水平不行了。"徐阳爸爸说，"在很久很久以前，我能做三角函数，解多元高次方程，能背文言文，知道英语的所有语法现象，知道辛亥革命的意义，会画大气环流图。再往前，我能背化学元素表，知道氧化还原反应和中和反应，看得懂各类电路图，知道牛顿三大定律，知道植物细胞有细胞壁而动物细胞没有。现在，闲暇时除了看手机，就是上网，我就是个文盲，什么都不会了。"

"真幽默，真有才，编出这么有趣的段子。"刘骏妈妈笑了。

"不好意思，这个不是我编的，是我从朋友那里看见的，人家说得真好啊，把我的心里话都说出来了。想当年，我也是那样，不过，现在，唉，真的老了，孩子课本上很多题，我认识它们，但它们不认识我。"徐阳爸爸说。

"我更是这样。"刘骏妈妈说，"当然，要是仔细想，仔细看，我也能看懂，但那得浪费多少脑细胞啊？我还要给孩子做饭，还要上班，哪里还有那么多精力研究这些题！所以，自己辅导，麻烦多多，还是干脆花钱找人辅导吧。"

"这也是不错的办法。"徐阳爸爸说。

"但找到合适的辅导班很不容易，我去附近的几家辅导班看了看，发现大班的课，学生太多，都是将近三十个人，听课的效果很不好。"刘骏妈妈说，"徐阳爸爸，关于选择辅导班，给我们提一些合理的建议吧。"

徐阳爸爸开始高论："从我个人的角度看，培养好的学习习惯，告诉孩子好的学习方法，比辅导班更重要。毕竟孩子的学习最终要靠自己的努力。

"关于辅导班，成绩最优秀的孩子和成绩在平均线以下的孩子倒真是有必要去上辅导班，因为最优秀的孩子课内根本吃不饱，他们需要更多的知识充实自己，他们需要多学习一些课内老师涉及不到的知识，毕竟学校教育属于大众化的教育，最优秀的孩子完全有能力超越平凡，挑战更高的目标。而在平均线以下的孩子，课内的知识消化吸收遇到了障碍，也需要辅导班的老师给他们指明方向。

"中等孩子如果没有更高要求的话，辅导班未必是最好的选择，当然要是想变得更加出色，选择适合自己的辅导班未必不是件好事，前提是一定要适合自己。对中等孩子来讲，适合自己的高质量的辅导班对学习有一定的促进作用，尤其是对考试分数的提高效果很明显。如果家长能找出孩子的弱点，然后有针对性地找老师辅导，把孩子的弱点和盲点都攻克了，这样效果最好，孩子的成绩自然就上去了。"徐阳爸爸讲得头头是道。

"你说一对一的效果怎么样？"赵瑜妈妈问。

"一对一的效果是最明显的，其实最好的一对一老师就是家长，专职给孩子一个人辅导，知道孩子的弱点，引导孩子把更多的时间和精力用在难点和弱点上，对症下药，孩子会提高得很快，另外也省去孩子来回奔波的苦了，要知道和孩子一起学习是件多么开心的事。"徐阳爸爸说。

"和孩子一起学习，听起来很美，但不现实。工作太忙，每天回到家里累得连话都说不出来，更别提看书了，还是找老师吧！你说一个小时得多少钱？"赵瑜妈妈无奈地说。

"150 到 300 吧，根据老师的资历和水平，具体得和辅导机构面谈。"

"既然一对一的效果很明显，我就给孩子报一对一的辅导了。"

"一对一的效果是很明显，不过不便宜，但不这样又不行，班里牛蛙太多。我每个月光学区房的房租已经花 3000 元了，也不在乎额外上辅导班、找家教的钱了。听朋友说，自从找到好家教后，她孩子对数学不再畏惧了。"孙嘉怡妈妈接过来说。

"花钱买分数是个好办法，平时我们工作忙，没有时间管孩子，把孩子托付给老师也放心。反正是花钱买分数，只要孩子成绩上去了，这点小钱算什么，和孩子的前途相比，一切都不是事儿。"赵瑜妈妈特大方地说道，"要是老师教得好，孩子成绩提高快，我会请那个老师长期代课，还会给他丰厚的大红包，前提是老师必须负责。"

"哇，有钱就是任性，一对一还是小钱，考好了，还有大红包，真有钱。"周围几个家长叹道。

"和孩子的前途相比，钱算什么啊，都是小事。"赵瑜妈妈说。

"你真是财大气粗，一对一太高大上了，对我们普通家庭来讲，就像大餐，偶然吃一次不错，但不能天天吃。我们还是上辅导班吧，徐阳爸爸，现在铺天盖地到处都是辅导班的广告，鱼目混珠，良莠不齐，到底该怎么选择好的辅导班啊？"刘骏妈妈说。

"首先选择规模大、口碑好的辅导机构，那里的老师经验丰富，毕竟没有好老师是不可能有好的教育效果的。但也不要过于迷信名师，名师只是少数，未必适合所有的孩子，应该针对孩子的情况选择合适的老师。在辅导班报名的时候，家长可以和老师多交流一下，看看老师有没有教学经验，是否有亲和力，看看孩子是否接受他的讲课风格。"徐阳爸爸接着说，

"再问问往届家长，这个老师的口碑怎么样，最好别着急交钱，先试听几次，看看效果。如果学校不允许家长听课，可以回家后检查孩子的学习效果，如果孩子真正掌握了课堂上的知识，说明这个老师的教学水平还是不错的。最重要的一点是，选择辅导班要少而精，选择过多的辅导班只能疲于奔命，效率低下。"

"太好了，真实用。"几个家长听后，连连点头。

"要是孩子幸运的话，遇到优秀的老师，教给孩子学习的方法，就等于把知识宝库的金钥匙教给了孩子，这对孩子来讲是受益一生的宝贵财富。"

"不知道我们能不能遇到这种幸运啊。"

学霸牛蛙 修炼攻略

　　孩子成绩不理想，很多家长把辅导班当做提高分数的灵丹妙药，但如何选择辅导班也是个大学问。

　　家长应该找出孩子学习上的薄弱环节，有针对性地选择合适的辅导班，而不是盲目跟风或者看辅导班鼓吹的那一套。如果家长能够静下心来研究课本，辅导孩子学习，对孩子的学习将会有极大的促进作用。

NO.25 为培养牛蛙，要不要做全职妈妈？

心里有个想法越来越明确，辞职，但却非常犹豫，不知道这个决定会产生什么样的后果。她不敢想象暂时没有经济来源的生活是什么样的，但目前鱼和熊掌无法兼得，只能舍鱼而取熊掌了。

开完家长会，刘骏妈妈又赶到单位加班。

刘骏妈妈在商场的办公室工作，整天和各种表格打交道。虽然领导说每天八个小时的工作时间，但工作忙起来的时候，加班加点是家常便饭。

今天要做的表格又很多，不得不加班整理资料，等她忙完，发现天已经有些黑了，"糟糕，孩子胆小，不知道现在在干什么？"想到这里，她赶紧打车回家。

刘骏妈妈急匆匆往回赶，走到楼前时，远远看见有个孩子正在四处张望，不是别人，正是刘骏。刘骏一看见妈妈，便迎面跑了来。

"你终于回来了。"

"你怎么不上楼？爸爸不在家吗？"刘骏妈妈心疼地问。

"我按了半天门铃，家里没有人。"刘骏说。

"对了，刚想起来，你爸爸又出差了，你不是有钥匙吗？怎么不上去？"

刘骏爸爸是电力设计院的工程师，由于单位的工程项目一般都在外地，所以经常出差，一年四季，在外面待的时间远远多于在家里的时间。所以，家里大大小小的事，全都是刘骏妈妈风雨一肩挑。

"楼梯口太黑了，我不敢上楼。"刘骏很无奈地说。

"挺起胸，你怎么又驼背了？早就告诉你书包里要少装点书，每天上什么课，带什么书，你总是不听话，每次都背这么多当天用不着的书到学校，看把背都压弯了。"

"你什么都不知道，现在老师总是换课，上课不按照课表来，经常搞得我们措手不及，要是不多带点书，到时候上课，根本都不知道老师讲的什么内容。"

"以后你胆子要大一点，楼道一黑，你就不敢回家写作业，万一妈妈加班，你不是把时间全浪费了？期中考试后，还有个小测验，成绩怎么样？"

"回家再说吧，我都快饿死了。"

刘骏妈妈正在琢磨刘骏不直接谈成绩，是不是考得不理想，一听孩子饿了，心里就发慌，"再坚持十多分钟，我马上给你做饭。"说完，立刻领着刘骏上楼回家，马上走进厨房，她一边淘米，一边对刘骏说："以我多年对你的了解，你这次成绩貌似不算高？能不能告诉我具体的成绩？"

"唉，你能不能吃完饭再问，要不然，我连饭也不吃了。"

刘骏妈妈很纠结，他想知道刘骏的成绩，但更怕刘骏不吃饭。"好吧，先不问了，吃完饭再说吧。"心里不由嘀咕起来：现在都是什么世道啊，连问孩子的成绩都得等孩子吃饱饭、心情好的时候才能知道。

吃完饭后，刘骏妈妈飞速打开刘骏的书包，看见里面的卷子，赶紧拿出来：成绩还不错，但比预想的低不少。

"肯定是老师算错分了，以后发下卷子的时候，你要检查一下卷子，看看老师给的成绩对不对，要是少给的话，一定叫老师把成绩改过来。"

"要是多给了，是不是我也这样？"

"你脑子进地沟油了？要是多给你分了，那就别咋呼了。总之，老师发下卷子后，你一定要把卷子检查一遍，然后放好，别让人家发现老师少扣你分了。有些孩子就喜欢没事找事，专门到老师那里告状。你看吧，老师还真的多扣了你三分。"

"真的？在哪里？你再算一遍？"刘俊的眼睛一亮，母子俩又仔细地算了一遍，"唉，白激动一场，没有多扣。"刘骏很失望。

"你怎么考成这样了？"刘骏妈想起家长会上那些牛蛙家长像喝了喜酒的样子，心就像针扎一样。"就凭你这点分，在班里恐怕是中游水平吧？"刘骏妈恨铁不成钢，"你的学习怎么这么不专心？"

她抬头看见刘骏，一副闯了大祸的样子，脸上很委屈，不忍心再说下去了，但心里堵得慌。于是，便长叹一口气，坐到床上，过了一会儿，她说道："卷面，卷面成绩被扣了这么多分，小学时让你练字，你总是不愿意去，现在吃亏了吧？在中学里，字写得好，会占很大的优势。"

"谁知道老师们草菅人命啊，扣分像杀手一样，多扣我两分，我一定要找他去。孙嘉怡天天都要分。不要不行，关乎荣誉，关乎我在班里的地位，关乎我的未来，关乎我的前途。"

"早干吗去了？当初你多看几眼，还用得着现在这么低三下四地要分？"

"你也别急，我小学有一段时间学习也不好，后来成绩不也上去了？"刘骏虽然心里很不好受，但还是先安慰妈妈。

"谁知道你今后还能不能总是这么幸运？"

"应该可以，下一步我会提高效率的。"

"你是应该提高效率了，以后胆子再大一些多好，天黑你都不敢上楼，胆子太小了。"

"你不能早点回家吗？"

"你爸爸经常出差，我最近总是加班，不能早回家。行了，过去的事就别多想了，我去把单位的表格填完，你赶紧把作业写完。我发现你的基础知识没有掌握好，你写完作业后，我得把你今天学的内容提问一下，期末争取考个好成绩，你的学习必须要抓紧了，否则一步赶不上，步步赶不上。每天，我都得给你检查一下当天学习的内容。"

听到这里，刘骏的心情很低沉，双目无光，虽然是这样的成绩，也是一连几天，熬夜到凌晨才得到的。他确实已经很努力了，但却没有达到自己的目标，更没有达到家长的预期，他感觉自己真的很无用，眼睛里流了几滴眼泪。

"哭什么？说你几句就不行了？难道说错了，看你委屈的？哭也没有用，下次努力吧。"

"唉，即使孩子考了99分，父母所关心的永远都是你被扣掉的一分，而不是你拼命努力获得的99分。不管孩子怎么努力，家长永远也没有满足的那一天。"

"你……"刘骏妈妈愣了半天，一句话也没有说。她一夜未眠，感到下一步必须得想办法拿出更多时间和精力用在孩子身上了。

第二天，刘骏妈妈刚走进办公室，方主任就对她说："明天，领导派咱们到外地出差，晚上回家后，你安排一下家里的事吧。"

"什么？出差？去几天？"刘骏妈妈大吃一惊，刘骏爸爸最近一直不在家，要是自己再不在家，刘骏胆子这么小，回家晚了，连楼也不敢上，怎么敢一个人在家里待好几天？

"三天。"

"三天？这么长时间？"刘骏妈妈大声说。

"本来是老张去，但他家里老人突然住院了，现在单位人员紧张，所以只能临时派你去了，就三天的时间，要是家里有什么困难，克服一下。"方主任看出她的犹豫，赶紧做工作。

"可是，可是……"刘骏妈妈看见方主任已经不想再多说话了。于是，赶紧答应下来，"好的，方主任，您放心吧。"

"知道你家的情况，要不是因为工作实在安排不开，也不会派你出差，这次你就辛苦一趟了。"

"谢谢方主任理解。"刘骏妈妈说完后，坐在电脑旁边，想想孩子最近每况愈下的成绩，满腹心事。

到底怎么办？刘骏妈妈的大脑飞速地运转起来，要是不去的话，领导的脸色肯定不好看；但真要去的话，家里一摊子事，谁管？要是真出差了，孩子吃什么，喝什么？

想到这里，她拿起电话，想着搬救兵："你什么时候能回家？"

"很快了，这个项目马上就干完了。"

"每次都是很快了，很快了，我想知道，这次的很快是几天？"

"不多。"

"到底是几天？给我一个准确的数字。"

"具体的时间得看领导的安排，我说了也不算。再坚持坚持吧，时间过得很快，应该没有多长时间了。"

"好吧，好吧，从结婚那天起，你就告诉我没有多长时间了，现在又是老调重谈，我也听够了。"

"没办法，工作性质决定了要经常出差，多支持一下吧，你辛苦了。最近家里有什么事吗？"

怎么可能没事？刘骏妈妈想，你倒好，一走了之，家里啥事都不操心，搞得我一个人忙里忙外，心力交瘁。

但这话不能说，说多了，搞得老公心情不好，会影响工作，得不偿失。

罢了，罢了，千斤的担子一个人扛吧！想到这里，刘骏妈妈强忍住心中的千言万语，稍顿片刻，缓缓地说道："算了，没事，你放心吧，你多注意身体，少抽点烟。"

"好的，会注意的，你放心吧。只要这边一忙完了，我就立刻回家，家里的事，你就多费心吧。"

打完电话后，刘骏妈妈知道刘骏爸爸这次又靠不上了，只能自己去面对。

她有种泰山压顶的感觉，头隐隐的有些疼。

到底该怎么办？她一天都心不在焉，愁得中午连饭也吃不下去。

每天都忙忙碌碌的，但却不知道忙了些什么。工作干得不顺心，孩子的成绩也不理想，有种深深的挫败感紧紧抓住了她，一整天郁郁寡欢地坐在办公室里。

心里有个想法越来越明确：辞职，但却非常犹豫，不知道这个决定会产生什么样的后果。她不敢想象暂时没有经济来源的生活是什么样的，但目前鱼和熊掌无法兼得，只能舍鱼而取熊掌了。

刘骏妈妈很羡慕刘杰妈妈，人家过得很悠闲自在。怎么活不是一辈子，干吗非要和自己过不去？！

晚上，刘骏睡着后，刘骏爸爸打电话回家："家里是不是有什么事？白天听你的语气，好像不高兴。"

"单位要派我出差，现在你不在家，丢下儿子一个人，我不放心。"

"要是你出差了，我也不放心。要不然的话，你干脆辞职在家算了，反正家里有我顶着，也不差你那些小钱。"

"我也有这个想法，说句实话，我受够了，每天累死累活的，就像狗一样跑来跑去的，在路上就要花费三个小时，单位一堆事，拼命地工作，自己累得够呛，老板还不满意；孩子也没有照顾好，考成这样，真让人伤心，这样的日子到底什么时候是个头？"

"没那么严重，想开点，差不多就行了。"

"整天瞎忙也没有意思，我想着两头都忙，什么都忙不好，还不如只忙一头，就像刘杰妈妈那样，全职在家，活得悠闲自在，经常锻炼身体，精神也很好，人也显得年轻，还能把大量的时间和精力都用在孩子身上。"刘骏妈妈不满地对刘骏爸爸说，"我不想干了，想着在家里待一段时间。"

"既然你也有这个想法，那就辞职吧，我的工作性质决定了我三天两头出差，我挣的钱足够咱们花了，现在孩子上初中很关键，家里需要有人照顾，你在家里待两年，对孩子的成长也不错。"

"既然你也支持，我现在就打辞职报告，明天就交上去。"

"什么？你要辞职？"方主任的眼睛瞪得比铜铃都大，"都是中年人了，千万不要意气用事，辞职不是一件小事，你想好了，确定要辞职吗？"

"唉，没有办法，孩子上初中了，成绩很一般，他爸爸一年四季经常不在家，我又是工作又是给孩子做饭、辅导功课，总觉力不从心。不到万不得已，我也不想这样。"

看着刘骏妈妈义无反顾的样子，方主任叹息一声："既然决定了，那我也不多说什么，你在这里工作这么长时间了，大家都是好朋友，别忘了经常回来看看我们。"

"放心，会的。"刘骏妈妈说道。

离职后，刘骏妈妈浑身有种虚脱失重的感觉，突然从忙忙碌碌的职场回到家里，完全不适应新生活。

早上送走孩子后，刘骏妈妈一个人坐在家里，无所事事。

突然之间，她感觉自己办了件傻事。这个工作干了这么多年，收入、同事关系都不错，怎么突然之间就扔掉了？不知道过两年孩子大了，住校去了，自己还能不能找到合适的工作？

现在老公整天不在家，万一他再有别的什么想法，自己又没有经济来源，如何去面对？

想到这里，她直冒冷汗。她发现辞职真不是件小事，随着辞职离开自己的不仅仅是工作、收入、人脉，最重要的是安全感。以前虽然忙碌，但心里很踏实；现在很清闲，心里却非常恐慌。

我还有没有未来了？她非常迷茫，今天该怎么过？明天该怎么过？她坐在家里呆呆地想着。现在我和整天围着锅台转的家庭妇女有什么区别？以前每到月初，几千块钱都是非常准时地打到工资卡上，现在工作没了，这就等于自断财路，没有财路在家里还有什么话语权？

现在吃的喝的都由老公埋单，虽然说老公是长期饭票，但天下没有无缘无故的免费午餐。时间短了还好说，要是时间长了，还真是件麻烦事，别的不说，到时候和老公吵架都没有底气。

刘骏妈妈像困兽一样，在屋里转来转去，不知道如何去打发时间。以前整天都忙忙碌碌说不完的话，现在倒好，想说话都找不到人。

我为什么要辞职？当初是哪根筋搭错了？能不能把辞职信收回来？

她像一个快要被淹死的人，感到窒息。要不然，干脆回到单位，跟领导说句好话，再上班去吧，还有这种可能吗？

应该有可能吧？跟着方主任风风雨雨地干了这么多年，没有功劳也有苦劳，看在多年下属的份儿上，方主任还能收留自己吧？

但他真的能收留自己吗？

想到这里，她突然感到自己的想法真是个天大的笑话，真会开玩笑啊，开弓哪有回头箭？单位现在一个萝卜一个坑，自己又不是什么技术高管，更不是核心管理层，手里哪有讨价还价的资本！肯定是前脚刚走，后脚就安排人手去干自己这摊活儿了。

干吗回去低三下四地求人？人要脸，树要皮，不能丢人。世界那么大，天下的工作很多，何必做没脸的事？

既然已经决定了，就不能反悔，无论前面的路怎么样，只能硬着头皮去面对，哪怕是被摔得头破血流，浑身伤痕。但也坚决不能这么在家里傻待着，总要找点什么事干才好。

万般无聊，她约刘杰妈妈一起到超市购物。

"什么风把你吹来了，你个大忙人怎么会有时间约我？"刘杰妈妈感到很奇怪。

"唉，我辞职了，现在赋闲在家，时间多的是。"

"那太好了，又多一个朋友，最近开心吧？"刘杰妈妈问。

"别提了，说句实话，一点也不开心，不但不开心，而且还很伤心。"

"怎么会这样？"

"你不知道，最近一段时间，我好像得了自闭症，连熟人都不愿意见。知道的，明白我是为了孩子辞职在家的，不知道的还以为我被老板扫地出门了，你说我要是挨个解释一遍，那该有多累啊！现在每天孩子上学后，我都不知道怎么打发时间，心总是悬在半空中。还有，以前我买东西很少讨价还价，现在倒好，非常关注物价，感觉物价就像坐了火箭一样，呼呼向上窜，也不知道是物价真的高了，还是因为我现在没有经济来源，人变得小气了。"

"你说的这些感觉，刚开始我也有，慢慢就好了。"

"你说我是不是有福不会享，天生的劳碌命啊？突然有这么多时间，却不知道该干什么了。"

"怎么能不知道该干什么？我感觉你需要好好调整一下心态。你看，我也全职在家，但每天忙得要命，感觉时间都不够用。早上孩子上学后，我就和朋友玩，还没有玩尽兴，就得琢磨孩子中午回家吃什么，喝什么，想着做顿美食，下午也玩不了多久，孩子就回家了，又得做饭，时间很紧张。孩子上初中这段时间，正是家里用人之际，老公在外面奔事业挣钱，孩子的事我们必须得扛起来。"

"你每天怎么就过得如此滋润？孩子上学的时候，你都干什么？"

"我去健身房，做瑜伽，找朋友聊天，喝咖啡，定期美容，有时候在家里画画，还经常参加画展……总之，很忙的。"

"天哪，你的生活真有品位啊，我怎么就没你活得那么滋润？"

"只能说你是有福不会享，要知道快乐是自己找的，你不去找快乐，快乐是不会找你的，作为孩子的妈妈，我们更要活得精彩，活得滋润，活得自我，找到人生的乐趣。"

"听君一席话，胜读十年书，我发现自己有很多地方需要向你学习，以后要多向你这种有品位的人学习，我一定要重新设计我的人生，设计我的生活，设计我的未来，把这三年的陪读生活过得精彩，过得有滋有味。不过，不工作心里有些不踏实。以前虽然挣钱多，但工作很忙没有时间花钱，现在倒是有时间了，但又没有收入来源了。唉，人生真是没有圆满的时候。"

"千万不要这么想，咱们又不是不想去工作，主要是这几年家里需要人手走不开，将来孩子大了，要想工作随时可以出去找，只要不太挑剔，以咱们多年的工作经验，很快就会找到称心如意的职位。"

"你说得很有道理，在家里只不过是暂时的。"

"所以，你更不要担忧经济来源了，你老公在电力系统工作，工资高，你们又是拆迁户，家里几套房子，有钱又有房，物质基础有了，你现在需要追求更高层次的精神生活。"

"真羡慕你的精神生活。"

"我喜欢画画，我的朋友中有很多艺术家，大家定期聚会，最近我卖了几幅画，虽然价位不高，但也小有成就感。只要心里有追求，精神生活就会很丰富，关键是找到自己愿意做的事。"

真是想法一变，人的境界就完全不一样了。经过与刘杰妈妈一番聊天，刘骏妈妈决心要做个精彩的陪读妈妈。她开始精心设计自己的生活。

研究菜谱，注重营养搭配，无论是早餐，还是晚餐，都能给孩子设计得色香味俱全，全力以赴地做好刘骏的后勤工作。

要是在几年前，她根本不会想到自己会"堕落"到这一步。那个时候的她，心高气傲，不屑更不想这样，但生活最能改造人，转眼之间，她就全力以赴地做着这些琐碎的工作了。

"咱家的经济会不会有困难？"刘骏突然好像长大了似的。

"这几年我和你爸爸风里来雨里去的，家里的积蓄足够了，房子拆迁又给了一笔钱，所以你不用担心家里的经济状况。等你考上好高中住校了，我再出去找工作。"

"万一我考不上好高中怎么办？"刘骏忐忑不安地看了一眼妈妈。

"不管它，只要咱尽力就行。人家不是说了嘛，每个孩子都有花期，早晚都会绽放，只要努力了，不管最终的结果，反正我成天早起晚归的也累了，正想着休息一下。"

孩子听了这句话，点点头："你放心吧，虽然我能力有限，但会努力的，感谢你们为我创造了这么好的条件。将来长大后我会努力报答你们的养育之恩的。"

刘骏妈妈听了以后，非常感动，眼泪差点流出来。一生何求，孩子这么懂事，知道感恩，自己还有什么不满意的？所有的付出都是值得的。

虽然没有了工作，但这只不过是暂时的，利用这几年的时间，培养好孩子，自己多积蓄能量。将来孩子大了，还会再寻找到适合自己的工作，寻找到合适的生活方式。

她这样想着，感觉人生还是充满希望的。

学霸牛蛙
修炼攻略

在孩子人生中最关键的几年，家长们经常是人在单位，心在孩子身上。

有些工作繁忙的妈妈，一边忙工作一边忙孩子，顾此失彼，无法两全，最终选择全职在家照顾孩子。

全职在家，确实能把孩子照顾得很好，但其中个人的甘苦，只有经历过的人才知道。

如果选择做全职妈妈，要学会调理好个人的心态，不要和社会脱节，保持乐观的心态，照顾好孩子，为下一次走入社会积蓄能量和人脉。

NO.26 引导青春期熊孩子要讲策略

"当年你就是那样啊，天天说我是更年期的神经病，在日记里指名道姓地骂我，说我是疯女人，脑子有病。那个时候，我看着这些白纸黑字真是伤心难过死了。看了你那些东西后，我经常反思，感到自己有很多不对的地方。"

孙嘉怡妈妈开完家长会，想起别人家孩子的成绩，心里很不是滋味，但毕竟是自己的孩子自己疼，她想着也不能太逼孩子了，等孩子回家后，还是和她好好谈谈为妙。

但奇怪的是，到了放学时间，孙嘉怡竟然没有回家。

她看着钟表的指针已经指到六点了，孙嘉怡竟然还没进家门，心里非常着急。

于是，拿起手机给汤老师打电话："你好，汤老师，我是孙嘉怡的妈妈，请问学校是不是已经放学了？"

"你好，孙嘉怡妈妈，学校早就放学了，孩子还没有回家吗？"

"对啊，平时她五点半就到家，现在都六点了，怎么还没有回来？"

"别着急，我现在在办公室，马上到教室找，要是见到她，我马上给你打电话。"

"谢谢了。"

"不客气，我想着要是孩子没在学校的话，您也不要着急，也许在回家的路上和同学聊天，晚回去一会儿也是正常的。"

"好的，再一次表示感谢。"

孙嘉怡妈妈放下电话后，心里踏实一些了。她打开冰箱，跑到厨房里准备做饭。但过了很长时间，没接到汤老师的电话，孩子也没回家，她的心又悬起来了。

突然，她听见门铃响，心里很高兴，边打开门边说道："现在都几点了，你怎么才回家？"

"早上走的时候，不是告诉过你，晚点儿回来吗？"进来的不是孙嘉怡，而是她爸爸。

"唉，怎么回来的是你？"

"什么意思？是不是今天开完家长会，看到别人家孩子成绩好，又受到刺激了？"

"行了，别扯远了，都这么晚了，孩子还没回家，也不知去哪儿了？"

"什么，这么晚了还没有回来？"

"是啊，我急得要命，给她班主任打电话，她说早就放学了。"

"孩子能去哪里？"

"要是我知道的话，就不着急了。最近一段时间，你监控孩子的QQ又发现什么新动向没有？"

"目前还没有，不过……"

"别吞吞吐吐的，赶紧说，到底有什么情况？"

"我猜咱孩子是不是发现了什么蛛丝马迹，把密码改了，我已经登录不上去了。"孙嘉怡爸爸说。

"你个笨蛋，就这点智商，连毛孩子都斗不过，还当老板？真气死我，这不就意味着以后少了个监控孩子的渠道吗？"

"嘿嘿，这又不是什么光明正大的渠道，早晚会被孩子发现的。"孙嘉怡爸爸不好意思地说。

"你说孩子会不会真有什么情况啊？"

"怎么可能，你别胡思乱想了，会不会去哪个同学家了？"

"真急死人，这个小祖宗到底跑到哪里去了？"

夫妻两眼看着天色越来越黑，孩子还没有回家，两人心急如焚，一筹莫展。

"早就告诉你要淡定，要淡定，你总是那么焦虑。你看现在好了吧，孩子连家都不回了。"孙嘉怡爸爸埋怨道。

"你说话注意点好不好？好像你没有着急似的，那天谁说得那么难听？"

"我说得句句都是肺腑之言。"

"什么肺腑之言，也不考虑孩子的接受能力，有这么虐待孩子的吗？"孙嘉怡妈妈说。

"你说话注意点，到底谁在虐待孩子？"

"肯定是你。"

"行了，我是发现了，咱们家的教育方式有问题，无论谁在教育孩子，对方不但不配合，还总觉得对方在虐待孩子。"孙嘉怡爸爸说。

"你……"孙嘉怡妈妈心里想着老公的话也有些道理。

"好了，好了，别吵了，当务之急是先找到孩子，其他的话等着孩子回来再谈。"孙嘉怡爸爸当机立断。

"问题是孩子去哪了？"孙嘉怡妈妈的眉头紧锁。

"是啊。"孙嘉怡爸爸坐在沙发上，双手托住头，屋里一片沉寂。

"对了。"孙嘉怡爸爸使劲拍了一下大腿，激动地说，"我想起来了。"

"干吗一惊一乍的，吓死我了，你又想起什么来了？"

"会不会去她姥姥家了？上次你们母女两闹别扭，她就跑到她姥姥家住了几天，这次会不会故技重演？"

"是啊，我怎么没有想到这一点？有可能，非常有可能。"听了这话，孙嘉怡妈妈从沙发上跳了起来，"我给孩子姥姥打个电话。"

"先别，要是给她姥姥打了电话，她又该说你不会教育孩子了，还是你先过去，装作什么事都没有，顺便把孩子接回来。"

"好主意，还是你想得周到，那咱们赶紧走吧。"

"那是。"孙嘉怡爸爸得意地说，"这样，我把你送到孩子姥姥家，就不上楼了，在楼下等着你，你赶紧把孩子接回家。"

"随你的便，先找到孩子要紧。"

孙嘉怡妈妈赶到娘家，果然，孙嘉怡正坐在客厅里看电视。孙嘉怡妈妈真想上去扇她两巴掌，自己都快急疯了，这个熊孩子竟然还有心思看电视！

"你怎么不回家写作业，跑到这里干什么？"

"这不就是家吗？"孙嘉怡看也不看她。

"你……"

孙嘉怡妈妈正要说话，就听见里面有人喊道："谁在外面说话？"

"妈，爸，是我，我来看你们了。"孙嘉怡妈妈连忙走进屋向两位老人问好，只见老妈抱着一本书坐在沙发上，老爸正在阳台上浇花。"爸，妈，你们今天怎么没有出去跳广场舞？"

"家里不是来贵客了嘛，宝贝外孙女来了，我们哪有心思跳舞去！"孙嘉怡姥爷说。

孙嘉怡的姥姥姥爷都是退休的小学教师，现在孩子们都成家立业了，空闲时间比较多，趁自己身体还好，每天都早早吃完饭，和一群老朋友跳广场舞。周末要是赶上孩子忙，回不了家，就去公园逛逛，小日子安排得很滋润。

"你这张嘴就是会说话，现在你这么忙，还要照顾孩子，哪里有时间来看我们？我猜准是你们母女俩又闹别扭，你来接孩子回家，是吧？"老妈洞察秋毫。

"哪里，哪里，你多想了，像我这种好脾气的大人，怎么会和孩子闹别扭？孩子是想你才过来的。"那点小心思被人揭穿，孙嘉怡妈妈很不好意思，赶紧为自己圆过去。

"切，还给自己的脸上贴金，你肚子里那点虫子，还能瞒得住我？有什么样的家长就有什么样的孩子，你从小就任性，认死理儿，现在闺女和你一样的脾气，我没有说错吧？"

"当时我没有惹你们生气吧？"

"没少惹我们生气！差点儿没被你给气死。我记得你从小学五六年级就不好管，到了初中更是青出于蓝而胜于蓝，整天对我吹胡子瞪眼的。记得有一次，随口说了你几句，你竟然写纸条骂我，还把我的名字打叉号。当时我想着给你留着，将来长大了再给你看。"

"连这个你都知道？我还以为你什么都不知道呢。"

"也太低估我的本事了，就你那点事，我还有什么不知道的？"

"挺不好意思的，那个时候我太不懂事了。"孙嘉怡妈妈满脸通红，心里想着原来孩子的这些花招都是继承了自己啊。

"当年你就是那样啊，天天说我是更年期的神经病，在日记里指名道姓地骂我，说我是疯女人，脑子有病。那个时候，我看着这些白纸黑字真是伤心难过死了。看了你那些东西后，我经常反思，感到自己有很多不对的地方。"

"唉，那个时候我不懂事，老觉得你是我的死对头。什么事都故意和我作对，现在想想都脸红。"

"现在你知道那个时候不懂事了？这就好，所以你就不要着急了，慢慢来呗，孩子现在小，不懂事，将来长大懂事就好了。就像你，现在不是很好吗？记得你第一次发工资，钱都交给我，说我养你不容易，每次遇到什么稀罕的东西，先拿来给我，周围的邻居都非常羡慕我，说我是八辈子修来的好福气，养了一个懂事的好闺女。"

"妈！你说得我都脸红了，可怜天下父母心，就是因为当年我做得不好，总是惹你生气，所以，现在有条件了，我才要加倍地孝顺你，让你不再生气，不再受罪。"说完，眼圈就红了，"最近孩子刚上初中，学习压力大，我把时间和精力都用在孩子身上，回家少了，心里很愧疚，等孩子适应了初中的学习，我一定经常回家看望你们。"

"你的心我明白，现在社会上的压力太大，你没有更多的时间回家，我们都理解。我们身体还好，你尽管去忙，多注意身体。我今天就想告诉你一句话，孩子身上的不足也是大人的影子，批评孩子先检讨自己，你是不是也该多控制一下？听听孩子的声音？"

"也许你是对的，但现在和原来不一样了。那时候，我们姊妹几个，我混得不好，她们可能混得很好。现在我就一个孩子，万一不成才该怎么办？这一代孩子都是独生子女，只能成功，不能失败。"

"什么是成功，什么是失败？没见你成功，日子不是也过得很滋润吗？"

"我只不过是个能混饱肚子的小市民。唉，孩子可不能像我这样活得稀里糊涂的，她一定要有更好的生活。"

"谁不希望孩子有更好的生活？但也要开心每一天啊，为了将来，叫孩子当前每天都不开心，有意思吗？孩子还小，慢慢来，将来长大懂事了，自然就好了。"

孙嘉怡妈妈一肚子不服气，但又不能顶嘴，只好连连点头："是啊，我也想开了，孩子总有懂事的一天，我会耐心地等她长大的。"

"这我就放心了，孩子这几天住在这里没有问题，过两天自己想通了，自然就会回去的。"

孙嘉怡妈妈一听就着急了："什么，再过两天？不行，孩子这就得跟我走，我要辅导她写作业。要是再过两天，功课得落下多少啊，什么都可以等，孩子的成绩不能等！"

"什么？孩子在这里住两天就耽误学习了？"老爷子听了她的话，也不浇花了，走进来说，"学习有这么重要吗？我看孩子的脸色不太好，肯定是你又给孩子施加压力了。"

"爸，你不知道，这次孩子期中考试成绩很不理想，本来在小学时她的成绩还不错，在班里前几名。现在倒好，进了初一，第一次考试竟然考成了这样，排名很不堪。唉，不多说了，想起来我就一肚子火，真是丢人。"孙嘉怡妈妈说。

"我感觉你的思想有问题，孩子没有考好，你这个当妈的不安慰孩子，还感觉丢人，怎么丢人了？是偷人家的东西，还是抢人家的东西了？我在小学教了那么多年，这样的事也见多了，孩子的排名靠后是件很平常的事。"

"这对我来讲可是件天大的事，怎么能是很平常的事呢？"

"初中的学习和小学有很大的不同，有些在小学非常优秀的孩子，到了初中无论怎么努力，成绩还是不冒尖，也谈不上优秀。当家长的一定要认可孩子，不抛弃，不放弃。"

"那是怎么回事？"

"你这个糊涂妈妈想想吧，全市的小学有多少所？大约有 500 所吧？可是中学只有 50 所，是小学的十分之一。这样，将近 450 个全校第一名不就没有了吗？那么几千个全校前几名不是也没有了吗？所以，孩子到了初中后，排名下降很正常，没有什么大不了的，况且你当时中学成绩也没有名列前茅，数学成绩也一般，你这个当妈的都干不了的事，干吗逼着孩子去做？"老爷子说得头头是道，孙嘉怡妈妈翻了半天眼睛，也没有拿出充足的理由反驳，再仔细想想，感觉他的话也有些道理。

"唉，你什么都好，就是性格太急，不过有些时候也有你的道理。我们年纪大了，照顾孩子的生活没有问题，但作业是辅导不了了。要是孩子愿意回去，你再接她，千万不要硬来。"孙嘉怡姥姥说。

孙嘉怡妈妈一直以为父母什么都不知道，今天听到他们的一席话，才发现他们的话竟然有很多独到的地方。

以前怎么没有发现二老这么有思想？孙嘉怡妈妈连连点头说道："您二老一万个放心，我就这么一个孩子，又是她亲妈，总不会害她的。"

"说得也是，硬来她也未必听。"

"二老放心，我会耐心和孩子谈的。"

孙嘉怡妈妈说完后，走到客厅，对孙嘉怡说："咱们得回家写作业了吧？"

"别烦我，今天我不想回去。"

"你别不懂事啊，必须回家，刚开完家长会，我有话和你说。"孙嘉怡妈妈耐心地说。

"你想说，我还不想听呢。"

"先赶紧回家。"孙嘉怡妈妈依旧耐心地说。

"我就不回去，想打、想骂随你们，反正今天我就在这里住下了。"孙嘉怡不以为然。

"姥爷姥姥年纪大了，照顾不了你，别废话，乖乖回家。"

"我的年纪也大了，用不着照顾，在这里多好，我又不上网，还能看书。"

"你看的什么书？"

"当然是课本了。"

"你在家里都偷看小说，到这里没人管竟然能看书了？谁信？"孙嘉怡妈妈一脸狐疑。

"信不信是你的事，我没有办法。"

"别啰唆，赶紧回家写作业，我知道你怎么想的，就是不想被人监督。告诉你，我是你妈，只有你一个孩子，所以我失败不起，我一定要做合格的父母，为你的未来负责。"

"你还是合格的父母，真会开玩笑！每次只要你一开口教训别人，就像关不住的水龙头：从当前的事儿，回顾到过去，又联想到未来。摆出一副高高在上的态度，一点小事就翻来覆去地说个没完没了，唠叨起来漫无边际，我真受够了。"

"受够了也得听，老话说得好，养不教，父之过。监督你是我的责任，你还不懂事，所以现在对你要求狠一些，严一些，将来长大了，你就会理解我的苦心了。"孙嘉怡妈妈晓之以理动之以情。

"少来这套，我就不回去，看你怎么办？"孙嘉怡挑衅地看着她妈妈。

"你给我走。"孙嘉怡妈妈看见孩子那副德性，心里又开始着火了。

"我就是不走，你能怎么着？"看见她生气了，孙嘉怡摆出一副天不怕地不怕的架势。

"别气我，你这个软硬不吃的混蛋东西。"孙嘉怡妈妈按捺不住心头的怒火。

"嘿嘿，想着回家揍我一顿，没门！告诉你，这是姥姥家，不是你家。"孙嘉怡一副死猪不怕开水烫的样子。

"想死是不是？别以为有人护着你就无法无天了，知道什么是给脸不要脸吗？"

"既然你说我给脸不要脸，那我就不要脸了，看你怎么办？"孙嘉怡丝毫不示弱。

孙嘉怡妈妈气得浑身上下直打颤，她恶狠狠地指着孙嘉怡："你，算我倒霉，白生了你这个不知道感恩的玩意儿，早知道这样，我何必辛辛苦苦地把你养这么大？"

"现在后悔还来得及。"孙嘉怡冷冷地说。

"你们吵吵什么？"孙嘉怡姥姥走进客厅。

"我妈说她要回家，路上注意点，我就不送了。"

"你个混蛋东西，有本事这辈子别回来。"忍了这么长时间，孙嘉怡妈妈的怒火终于爆发了，她使劲拍着桌子，大骂起来。

"我就是不回去了。"孙嘉怡委屈得泪流满面。

母女俩唇枪舌剑，针锋相对，战火不断升级，眼看着一场世纪大战即将爆发。

"你别动，我这就打断你的腿。"孙嘉怡妈妈说完抬起手来。

"你敢？"孙嘉怡不但不躲，反而挺身迎上。

孙嘉怡妈妈本来只想吓唬她，但见孩子故意挑衅，便用尽全身的力气，使劲朝着孙嘉怡的脸上扇过去。眼前这个混账孩子今天真的造反了，看来不教训一顿不行了！

孙嘉怡大吃一惊，她没想到妈妈还真下手，一时间竟然不知所措地愣在那里，眼看孙嘉怡妈妈这巴掌就要落下去了。

在这千钧一发的时刻，就听见有人大喊一声："住手，不许打人。"

只见孙嘉怡姥爷以闪电般的速度从屋子里蹿出来，拼命上前挡住了孙嘉怡妈妈的手："怎么跟孩子说话？刚说好的对孩子要耐心，不要着急，怎么一转眼就忘了？"

孙嘉怡妈妈的手被孙嘉怡姥爷挡在半空中，见没有打到孙嘉怡的脸上，很不甘心，她还想着抬起另外一只手继续，但无奈老爷子像个雷神一般站在那里，她不敢轻易下手。

"这个混账孩子，好好和她说话根本说不通，就是欠揍，看我回家不揍死你。"孙嘉怡妈妈气得直哆嗦。

"那我就更不愿回家了，反正回家除了听你唠叨之外，就是写不完的作业，我还不如清净两天。"孙嘉怡昂着头迎战。

"早就告诉你，棍棒教育是最愚蠢的办法，谁教你打孩子的？你小的时候，我们也没有动过你一指头。"孙嘉怡姥姥也来助阵。

"俗话说打是疼，骂是爱，不打不骂是祸害。妈呀，你醒醒吧，现在孩子都被你惯得不成样子了，再这样下去会很危险的。"孙嘉怡妈妈说完，上前拉住孙嘉怡的胳膊，想把她拉走。

"够了，孩子今天就在这里住了，你赶紧回家吧，孩子爸爸肯定得着急了。"孙嘉怡姥爷看不下去了，教育女儿。

看见有姥爷姥姥在身后撑腰，孙嘉怡挑衅地看了妈妈一眼，干脆跑到卧室里不出来了。

孙嘉怡妈妈一肚子火，她对父母很不满，真想大声质问老妈，有这么干的吗？做父母的教育孩子，你们长辈也插手？手是不是伸得太长了？

但又不便和父母吵架，毕竟是长辈，没有功劳，也有苦劳。孩子不懂事，自己还不懂事吗？她只能干着急，但又无可奈何。

"妈，这个孩子太任性了，将来长大还不知道要惹出什么事。"

"教育孩子是对的，但也要选择合适的时间。现在你们母女俩的关系这么紧张，今天确实不是和孩子谈话的时机，你们都先冷静一下。不用担心你宝贝闺女，她姥爷早就领她去必胜客吃完饭了。"孙嘉怡姥姥说。

听了这话，孙嘉怡妈妈不好意思地说："唉，我教子无方，没本事管好孩子，让你们又破费了。"

"那点小钱倒没什么，我们两人的退休金花起来绰绰有余。"

"唉，本来你们退休了，结果又搅和得你们不得安宁。"

"别说那么多了，我想你也没有吃饭，厨房里有刚做好的鱼，你放到微波炉里热热吧。"孙嘉怡姥姥说。

"改天吧，今天我还有点事，先走了。"孙嘉怡妈妈想起老公还在楼下，赶紧离开。

她一肚子委屈，走出屋子，看看四周没人，赶紧擦掉眼角的泪，但没想到，泪越擦越多，最后她实在忍不住，就哭了起来。

孙嘉怡妈妈越想越沮丧，到底是哪里出问题了？怎么养了这样任性的孩子，不听话也就罢了，还故意和自己作对，看着自己生气，反而高兴。唉，别人的孩子都那么乖，怎么偏偏自己摊上这样的祖宗？最可气的是，父母太惯孩子了，竟然站在孩子那边，为孩子说话。

"又怎么了？又和孩子吵架了？还是被你父母骂出来了？要哭回家哭，别让人看见，丢不丢人，整天被孩子气得要死要活的。"孙嘉怡爸爸看见她满脸是泪地从楼梯口走出来，赶紧招呼她上车。

孙嘉怡妈妈坐到车里，想想刚才的事，越发委屈，她拿出卫生纸擦泪，"我真管不了了，你帮我好好收拾她吧。"

"看你那个狼狈样，我早知道会这样。"

"你什么意思？这就是你不上楼的真实原因吗？"

"还用说，别管是哪里，只要是你们母女俩凑到一起，立马就变成四处硝烟的战场。也算我倒霉逃不掉，那两个老人肯定被你们搅和惨了。本来人家清净日子过得好好的，你们这么一来，肯定是天翻地覆，人仰马翻。"

"说话不带这么尖刻好不好？在你嘴里，我们都成什么了？"孙嘉怡妈妈有些理亏。

"也不是我说你，最近一段时间你们有些问题，上次你被孩子气得浑身难受，这次你又被气哭，这么大的人了，干吗总是和孩子过不去？"孙嘉怡爸爸边说边开车。

"都是你不管孩子，什么事儿都由着她任性胡来，现在好了，都成精了。等着你狠揍她一顿，揍死才好，反正我是看出来了，不是她死，就是我死。现在我问你，在教育孩子上，你是站在我这边，还是孩子那边？"

"放心，我是坚定不移地站在你这边，和你并肩作战。"

"这还差不多，是该教训她一下了。"

"我学过跆拳道，肯定会好好教训她的，一脚就把她踢倒在地，不能动弹，行不？"

"你别吓唬我，哪有那样干的？专家都说了，揍孩子也是有诀窍的。千万不能揍得太狠了，也不能打要害位置，要是打到要害位置，到时候还得掏钱给她看病。"

"知道，你也得反思一下了，你们母女俩再这样闹下去，我非得被你们逼成神经病。"

"我反思，我凭什么反思？我督促她学习，反倒犯错误了？你们爷俩怎么联合起来欺负我，我真倒霉。"

"又开始怨天尤人了，什么时候你的脾气不再那么暴躁，不再动不动就发脾气了，孩子就会有所改变。"

"怎么遇见这么任性的孩子，气死我了。"孙嘉怡妈妈说完，又哭起来。

"哭什么，又哭，教育孩子是门大学问。你就是不行，现在家里鸡飞蛋打的，肯定是你不对。"

"你倒行，平时什么事都不管，家里一出事，你就唱红脸，把白脸给我，什么都向着她，把好人都做了，害得我里外不是人，你和她一起气我。"

有这么惯孩子的吗？都说养不教父之过，孩子变成这个样子，全是你的错。"

"总要有人唱红脸的。"

"当好人的事，全是你的，得罪人的事都成我的，你什么玩意！"

"以后教育孩子，真得讲究方法，不能再任性了。"孙嘉怡爸爸说。

"其实，道理我都知道，但一看见这个死丫头那副死猪不怕开水烫的样子，我就忍不住想发火。每次忍不住发火后都要自己检讨好一阵，然后，又忍不住骂她。可这些不都是为她好吗？地球人都知道我对孩子的好，只有她觉不出来。"说完，孙嘉怡妈妈的眼泪又流出来了。

"那又怎么办？现在都是一个孩子，大家的注意力全在她的身上，哪像我们小时候，家里兄弟姊妹多，老大不成器，老二成器就行，要是老二也不成器，还有老三，反正好几个孩子，能吃饱饭就不错了，谁还这么赔着小心？孩子稀里糊涂地就长大了。现在都是独生子，哪个是省油的灯？！所以，你也得与时俱进，跟上孩子的节奏，别总是管不到点子上，管十次九次半不成功，还搞得家里冲突不断，战火纷飞。"

"够了，够了，叫我安静一会儿吧。"孙嘉怡妈妈的脑袋都疼了，"你们每个人都是常有理，好像就我是罪大恶极。你说，孩子万一真不回来，该怎么办？"

"怎么可能？孩子的衣服，学习用品都在家里放着，她肯定会回来的，再说她不回来，我还能过几天清净的日子呢。"孙嘉怡爸爸倒是很想得开。

不出孙嘉怡爸爸所料，第二天放学，孙嘉怡就回家了。

虽然母女俩还是没有说几句话，但孙嘉怡妈妈感觉孩子不再故意和自己作对了。

过了几天，孙嘉怡妈妈整理屋子，发现孙嘉怡在日记上写道：

原来这个可恨的老婆娘也不是罪大恶极，听姥姥姥爷说，当时我是难产，为了生我，她受了很多罪，本来她的身体就不太好，生完我后，还大病了一场。

其实，想想那个老太婆对我也很好的，每次吃饭的时候，好吃的、有营养的都先夹到我的碗里，她总是吃一般的菜，看着我吃饱了，才动筷子吃好菜。虽然很啰唆，但啰唆也是她表达感情的一种方式。要是她再有一些耐心，多尊重我一些，该有多好啊！

"会的，孩子，我会的，知道你懂事了。"孙嘉怡妈妈感动得眼泪哗哗地流了下来，"以后也不再给你那么大压力了，只要你努力了，至于考得怎样，我不会过分地指责你了。因为我当年的成绩也不太好，也许我的智商遗传到了你的身上，影响了你的进步吧？"

同时她也特别感激二老，竟然在这么短的时间内，把一个令人头疼的熊孩子感化成了懂事的乖孩子。

学霸牛蛙 修炼攻略

和青春期孩子和平相处，不是件容易的事。选择针尖对锋芒，以硬碰硬，就会两败俱伤。以柔克刚，四两拨千斤，把矛盾化解于无形是家长出奇制胜的法宝。家长应该掌握一些沟通技巧，走进孩子的内心世界，弄清楚孩子的内心需求，才能实现顺畅沟通。

NO.27 学渣要逆袭，家长怎么办？

"要是孩子考个不高不低，正好在分数线附近的分，那家长的心情肯定就像坐过山车，一会儿上天，一会儿入地，一会儿哭，一会儿笑，每时每刻都像在火上煎熬。唉，没有足够强大的心脏，是承受不了这么大压力的。"

孙嘉怡妈妈在校门口和刘骏妈妈聊天，看见刘杰妈妈朝这个方向走来，很担心她又来炫耀孩子的分数。

孙嘉怡妈妈的大脑飞速地运转着，是装作没看见，无视她的存在，还是装作找人，趁机躲开？她因看不惯那些到处炫耀孩子高分的家长，想干脆眼不见心不烦。

但却来不及了，刘杰妈妈显然没注意到孙嘉怡妈妈的存在，由于走得太快，差点绊倒："不好意思，不是故意的。啊，怎么是你们？好久没见了，咱班孩子放学没有？"

"还没有。"刘骏妈妈说。

"那就好，我还以为来晚了呢。"

"干吗那么着急？"

"下课后有个辅导班得去，时间太紧，晚了就来不及了。孩子出来了，我们先走了。"说完，刘杰妈妈与大家挥手道别。

"奇怪，她怎么不显摆孩子的分数了？"孙嘉怡妈妈问刘骏妈妈。

"谁知道，听说她孩子在最近几次小测验中，数学成绩不理想，她说，孩子没发挥好是因为粗心的缘故。"

"什么？期中不是接近满分吗？现在数学退步这么快？我还以为她孩子是个逢考必得满分的考神，没想到，也有马失前蹄的时候，难怪她最近没有问我孩子的成绩了。"

孙嘉怡妈妈虽然做出一副很遗憾的表情，但嘴角却向上翘起，似乎怎么也压抑不住内心的喜悦。的确，她的心里就像三伏天吃了一块冰镇大西瓜。

孙嘉怡妈妈心想，亏着她孩子成绩不理想，要不然她的翅膀还不得翘到天上？就像一只好不容易下了蛋的母鸡，使劲大叫，恨不得让全世界都能听见她的声音，知道她下了一只大鸡蛋。

"可见所谓的学霸，也就那么回事，只是暂时的，并不是永恒的。"刘骏妈妈说。

"对啊，不到最后，谁也不要得意。我听说有个孩子在初一时曾经考过全校第一，到了初二，却再怎么努力，连前一百名也进不去了。在这里学习的孩子，只要稍微松懈一下，就会一滑到底。就像运动场上跑步，只要没有跑完，谁也不能保证一直靠前。"孙嘉怡妈妈说。

"满屋子的牛蛙，竞争很激烈，其实每个孩子的水平相差不多，主要就是看个人的发挥，没有必要比分数，也没有必要以一次的成绩好坏论英雄，谁笑到最后，谁笑得最好。"刘骏妈妈说。

"对，只有笑到最后的人，才是真正胜出的人。"孙嘉怡妈妈非常赞同，"一贯淡定的刘杰妈妈也开始焦虑了。"

"刘杰妈妈一看孩子成绩不理想，就赶紧给孩子报了辅导班，牛蛙家长的日子也不好过。孩子的名次退了几名，就坐不住了。"刘骏妈妈说。

"我还以为光我们这种孩子成绩一般的家长容易焦虑，原来孩子成绩好的家长也焦虑。"孙嘉怡妈妈说。

"只要孩子上学，别管孩子的成绩好坏，家长的日子就别想好过了。不过知足吧，孩子才上初一，面临的都是一些小考试，又不是那种决定终身命运的中考和高考。"刘骏妈妈说。

"真不敢想象，中考和高考学生的家长过什么样的日子？"孙嘉怡妈妈感叹道。

"要是孩子考个不高不低，正好在分数线附近的分，那家长的心情肯定就像坐过山车，一会儿上天，一会儿入地，一会儿哭，一会儿笑，每时每刻都像在火上煎熬。唉，没有足够强大的心脏，是承受不了这么大压力的。"刘骏妈妈说。

"听君一席话，胜读十年书，想想那些中考、高考的家长，我们还有什么理由焦虑？"孙嘉怡妈妈突然有种豁然开朗的感觉。

"孩子，没有关系，我们现在看了很多书，知道以前有很多地方做得不对，从今以后，我们不再对你的成绩指手画脚了，知道你也想考出高分，你这次考了89分，我们会淡定地对待。"赵瑜妈妈嘴上这么说，但心里对他的89分还是耿耿于怀。在她的心里，赵瑜应该和自己一样争强好胜，不甘心居于人下。

赵瑜妈妈是一个大公司的董事长，是有名的女中豪杰。

想当年，生意刚起步的时候，资产不多，没有人把她的公司当回事，把她当回事。经过十多年的摸爬滚打，她现在摇身一变，成了一位资产雄厚的公司董事长，管理着一个利润丰厚的公司。

在她的眼里，宝贝儿子赵瑜，也应该是个争强好胜的人尖，更应该是一个万能的超级学霸。在小学的时候，孩子很争气，成绩不错。

现在是他初中后的第一次期中考试，赵瑜妈妈对此非常关注，期待孩子能考出理想的高分，但孩子的成绩让她心里很不舒服。

"你可真会开玩笑，你会对我的分数不在乎？谁信啊？你们大人总是这样口是心非。"赵瑜撇着嘴说。

"真心实意地不在乎，从现在开始，我要做你最好的朋友，耐心地陪着你长大。不再纠结你的成绩，要是你遇见问题，我一定会和你分担。"

"真的？我没有听错吧？"赵瑜的眼睛转了半天，看得出内心在做着激烈的搏斗，过了一会儿，他慢慢地说，"那我就和你说实话了，但你必须保证做到，不打人，不骂人，也不许大声地喊，要是能做到这点，我会告诉你一个惊天的绝密。"

"什么绝密？还是惊天的？"赵瑜妈妈的心咕咚一下，她预感到有些不妙，与此同时，她的好奇心彻底被吊起来了，不仅仅是秘密，还是惊天秘密，到底什么秘密可以被称为惊天秘密？她急于想知道这个惊天的秘密，"放心吧，我保证绝对不打你，不骂你，你只管实话实说就行。"

"只要你不在乎，我的日子就好过多了。其实，89分的成绩还不算低的，书包里还有一张75分的卷子。"赵瑜下了狠心，冒死说出来这个令他恐惧不已的秘密。

"啊？你说什么？"赵瑜妈妈大吃一惊，几乎站不住了，她的脑子里面就像有个风车一样，嗡地一下转起来。她抡起胳膊，抬手就要打人，但强忍住了。

"什么？75分，你怎么能考这么低？我疯了，真的疯了！啊老天，你还想让我活吗？"赵瑜妈妈更想说这句话，但转念一想似乎不妥当，于是，只能在心里使劲地想，但强忍住没有说出来，她的心就像刀绞一样。没有最低，只有更低，这个熊孩子是不是在挑战自己的承受底线？她抬头看看天花板，有些眩晕的感觉。

"你说好了，不在乎我的分数。"

"也许吧。"赵瑜妈妈真想结结实实地揍他一巴掌，痛痛快快地把心头所有的恶气全部发泄出来。但古话说得好，君子一言，驷马难追，她只好强忍住心头的怒火。赵瑜妈妈毕竟是个经历过大风大浪的人，她很快就镇静下来，装作一副云淡风轻的样子。

她走到冰箱前，拿出一大杯子冰水，大口喝起来，想着用冰水把心头已经熊熊燃烧的怒火全部扑灭。要是平时，她是不会放这么多冰的，但今天，她感觉还是燥热。

看着妈妈没有动手打人，也没有骂人的意思，赵瑜又说道："还有一个更低的分数，69。"赵瑜想着一不做二不休。老妈就像侦探一样，任何考试的事都瞒不过她，所有卷子，哪怕是埋在地球的中心地带，她也会掘开地球，把卷子给挖出来。

即使偷偷地放到学校，或者把卷子彻底销毁，让卷子在人间蒸发，她也会通过老师或者其他的什么渠道问出来。总之，对于自己考试的分数，手眼通天的她，有着种种特异功能，早晚都会知道的。对于妈妈对分数的敏感性和执着，赵瑜无可奈何。

与其隐瞒不说，被她审问出来遭受惩罚，还不如趁此一鼓作气，全说出来算了，也少受点担惊受怕之苦的煎熬。

"69分？我的老天啊，到底是怎么一回事？哪怕你多考一分，70分，也让我跟别人说起来好听一些啊。"赵瑜妈妈想想刚才的75分，原来还是好成绩啊。她的眼睛睁得比铜铃都大，说话的声音都有些颤抖了："孩子，咱们得反思一下了。"

"我很无奈，努力过了，但成绩还是这样，帮我分析一下原因吧。"赵瑜满脸期待地看着她。

"好吧，别着急，我先看看卷子，看你错在哪里后，帮你诊断，然后再分析对策。"赵瑜妈妈看到孩子眼里满是无助，一副楚楚可怜的样子，在这一刻真把自己当朋友，反倒感觉应该和他一起面对了。

"反正我看书了。"赵瑜叹息道。

"你是不是还有什么没有告诉我的惊天秘密，趁早告诉我吧，反正今天我什么都能承受得了。"

"唉。"赵瑜想想刚才妈妈那副形象，不敢再多说了，要是说多了，说不定她控制不住，一时间火起，那就麻烦了。"有什么可说的？看看你的脸都变绿了。"

晚上，赵瑜妈妈一肚子气，她也不知道哪里来的邪火，就是生气，还很焦虑。孩子的成绩给了她不小的打击，她心口堵得慌。

最让她伤心的是，自己争强好胜，但赵瑜的身上哪有一丝自己的影子？在小学的时候，赵瑜的排名还是很靠前的，但到了初中，怎么竟是这样的格局？

初中课本上的知识点就那么一点，没有什么更复杂的东西，他为什么不玩命地学？他为什么不奋起直追？赵瑜妈妈真恨不得帮赵瑜学，世上无难事只怕有心人，只要想学好，怎么可能学不好？

但无奈学习是个人的事，家长是干着急使不上劲，她只能无奈地对着空气生气。

看着赵瑜一脸无辜的样子，她实在不忍心对孩子发脾气。赵瑜确实看书了，也许孩子的智力不如别人，也许是学习方法不得当？或者还没有在大脑中形成完整的知识体系？也许是因为孩子还小，管不住自己，只要家长不在家，就偷偷地玩游戏？

经过一番反思，赵瑜妈妈思考着下一步该采用什么办法提升他的学习。

下一步路在何方？如何教育孩子？必须得想办法了。

现在自己的工作这么忙，没有更多时间陪孩子，平时孩子貌似在学习，也不知道他真学进去了没有？看来，孩子在缺乏管教的情况下，自制力还是不够。

突然，赵瑜妈妈灵光一闪，脑子里冒出一句不知道在哪里听过的话："要想孩子成绩好，找个家教不可少。"

对啊，孩子的成绩不好，找个家教帮他快速提高成绩，是个非常不错的选择。

大家都说针对孩子的学习弱点进行辅导的一对一的家教不错，能快速提高孩子的学习成绩。自己没时间，钱倒是不在话下，一个小时几百元的辅导费，拿得起。

她决定不惜重金，花大本钱，把孩子的成绩提上去。

第二天一早，赵瑜妈妈就走进了状元家教中心。

张经理看见一个浑身上下珠光宝气的贵妇进来，知道财神来敲门了，脸上立刻盛开了一朵桃花，嘴都咧到了耳朵上。他赶紧站起来，毕恭毕敬地说道："请问这位女士，有什么需要帮忙的，尽管吩咐。"

"听说您这里的老师不错，是否有好的老师介绍一下？"

"您真是找对地方了，我们这里的老师绝对是超级一流的。小王，赶紧上香茶，上今年刚买的最好的，招待贵客。"张经理一看赵瑜妈妈说话的语气，知道只要小心伺候，肯定会接一笔大单。

"好的，好的。"手脚麻利的小王，快速地端来一壶刚刚沏好的、热气腾腾的香茶，又拿出精致的景德镇瓷器，毕恭毕敬地倒上，双手递给赵瑜妈妈。

"谢谢。"赵瑜妈妈接过茶，品了一口，"是这样，我工作比较忙，没有更多时间管孩子，需要找个有经验的老师辅导一下。"

"没问题，我们这里聘的老师，都是本市最有经验的，非常熟悉学校的考点。满大街的家长都知道，提分快，找状元，我们这里分级辅导，对症下药。不管什么样的孩子，只要参加我们这里的辅导班，成绩立刻会有质的飞跃。"

"是吗？那太好了！"

张经理的话直击赵瑜妈妈的内心，要是在生意场上，以赵瑜妈妈的精明强干，一眼就能看出这句话里隐藏着多大的水分。提高成绩是个长期的过程，怎么可能会立竿见影？

但开完家长会后，她为赵瑜的成绩极度焦虑，有病乱投医，早已失去了理性的头脑，全盘相信了对方的话，把对方当做孩子指路的明星、前进的灯塔了。

看见赵瑜妈妈的表情，张经理知道有戏，接着热情地说道："请问，你孩子什么情况？上几年级？需要辅导哪几科？"

"孩子上初一，需要辅导语文，数学，英语，都要最好的老师。"

"没有问题，要是快速提分的话，最好一对一辅导，我们这里的老师非常敬业，价格合理，服务周到，包您满意。"

"大约多少钱？"

"根据教师的资历论价，一般的老师每小时 200 元，最好的特级教师每小时 300 元，要是您需要的时间长，价格还可以优惠。"

"这样，我先试用一个学期，要是孩子的成绩有所提升，我再续费。"

"放心，我会给您找一个经验丰富、责任心强的老师，她带的学生中考成绩在学校都是数一数二的，只要你孩子跟她学，成绩很快就会提升。"张经理夸夸其谈，仿佛只要赵瑜妈妈交上钱，赵瑜就会前途远大，考试成绩就会有质的飞跃。

"先看看孩子的成绩，要是真像你说的那样，以后孩子的辅导就全拜托您了。"

"您放心吧，什么时候开始？我随时给您请老师。"张经理恨不得立刻把这件事办完，赶紧拿到钱。

"这周末就可以开始。"

"好，一看您就是一个爱孩子、懂教育的家长。这样，您先交完费，我马上给您联系最好的老师。"

"没问题，刷卡可以吗？"听了张经理的话，赵瑜妈妈立刻毫不犹豫地掏出钱包，拿出卡来。

"当然可以。像您这样事业有成的人，随身带现金不安全。这样，您先交上学费，我给你个年卡，每次孩子学习，直接记录在卡上就可以。"

"没问题。"赵瑜妈妈掏出卡来直接就划上了。"这样，您这两天就给我联系最好的老师，我带着孩子找个酒店请你们两人坐坐，就算是拜师宴了。"

"恭敬不如从命。"张经理最喜欢这样掏钱干脆利索，连眼也不眨一下的财神，"您尽管放心，像您这样优秀的家长，孩子的遗传肯定是一流的，只要遇见名师，孩子定会前途远大，这就是所谓的名师出高徒。"

"但愿经过辅导，孩子的成绩能上去，不过，我也想了很多，即使孩子的成绩不理想，也无所谓，现在孩子的出路也很多，要是在国内考不上好大学，进不了好学校，我就把孩子送到国外读大学。"

"对，现在孩子的出路很多。不过，要是送孩子到国外读书的话，外语成绩非常重要，我给您介绍一个最好的英语老师，她的经验很丰富，能够快速提高孩子的成绩。将来您的孩子无论是读国际高中，还是直接到国外读大学，都会立于不败之地。"

"你说得很有道理，孩子上初一了，确实也到了该规划人生的十字路口，你放心，只要能提高孩子的成绩，钱不能在乎。我要走出一条前人没有走出的路，探索一条适合男孩子走的学习理科的路。"赵瑜妈妈说。

晚上回到家里，赵瑜妈妈对赵瑜说："孩子，过去的事就过去了，现在妈妈给你找到了优秀的老师，你自己也要多努力。我平时工作太忙，没有更多时间陪你，所以你要自觉。失败是成功之母，聪明的人从失败中学习，从失败中吸取教训，愚蠢的人被失败打倒在地。我们要做个聪明的人，从现在起跟着老师努力学习，你看如何？"

"放心吧，我一定会努力的。"

这个时候，赵瑜爸爸走过来，严格说来赵瑜的爸爸并不是他亲爸，而是他的继父。赵瑜妈妈离婚后，带着赵瑜再嫁。

赵瑜继父的孩子已经上大学了，所以现在只有他们三口住在一起。

"我感觉给孩子报这么多辅导班没有必要。你想，孩子在学校已经学了很多知识，需要足够的时间和精力去消化，如果再给孩子报那么多辅导班，他不会有更多时间和精力去消化学校教的知识，更不会有时间去消化辅导班的内容。现在看似孩子的学习时间增加了，但有效的学习时间却无法保证，孩子很有可能身在教室心在外。当时佳佳就没有上那么多辅导班，不是照样考上好大学了嘛。"他说的佳佳是他的亲生孩子。

"你说的有一定道理，可佳佳那个时候，和现在完全不一样了。那时候，大家都很少上辅导班，但现在辅导班已经变成了一个潮流，不上不行。"赵瑜妈妈说。

"孩子上辅导班也没问题，我建议你选择他最薄弱的功课，有针对性地给他找一对一的老师辅导，现在你眉毛胡子一把抓，效果能有多少？"赵瑜的继父继续规劝。

"好了，你的话我知道了。"赵瑜妈妈挥挥手，表示不愿意再谈这个话题。

赵瑜的继父也及时打住，毕竟不是亲生孩子，有些话只能说说，但最终拿主意的还是孩子的亲妈。要是说多了，赵瑜妈妈还以为他心疼钱，舍不得给孩子报班，反倒起了相反的作用。况且，现在两个人虽然住在一起，但经济上都是独立的，赵瑜报辅导班花的又不是自己的钱，何必咸吃萝卜淡操心！

　　既然成人都不能保证自己是完美的，又何必苛求孩子每次都能拿到最优秀的分数？只要孩子学习的大方向不错，家长对孩子成绩的起起伏伏也要抱着平常心。

　　孩子的成绩并不是家长着急就能提高的，家长对孩子的学习上心是件好事，但不要盲目地指挥，否则会适得其反。正确的做法是从考试中找出薄弱环节，对症下药。

NO.28 最好的老师是家长

什么名师，什么一对一，什么专家，什么大师，在她的眼里，一切全是浮云，自家的孩子自己教，哪怕是当家长的没有学好，那种顽强的精神也要感动孩子。

开完家长会后，王晓妍和所有的家长一样，也在绞尽脑汁地想对策。王晓妍有种有劲使不上的感觉，觉得必须要采取点什么措施了。但采取什么措施呢？她急得团团转，在客厅里转来转去，一肚子的心事，却不知道该干点什么，找谁说话。

找老师谈谈吗？她转念一想，很不妥，老师也是人，忙一天了也得休息，最好别打扰人家了。

王晓妍强忍住没有给老师打电话，但心里就是难受，想找谁发泄一下，想来想去，也没有想出找谁好。对，找孙珊妈妈或者王鹏妈妈聊聊。小学的时候，大家都是好朋友，遇见事，大家谈谈心，就什么事都没有了。

于是，她拿起电话给孙珊妈妈拨过去。王晓妍熟练地输入孙珊妈妈的号码，拨打过去，手机刚响一下，她立刻就挂断了，不行。

因为孙珊妈妈接到电话后，第一句话要问的肯定是，你们家孩子期中考试成绩怎么样啊？考了多少分啊？

这个现在几乎成了家长在孩子们考完试后常挂在嘴边的问候语了，尤其是成绩比较理想的孩子的家长问得更多，就像以前人们见面后一般都喜欢问"你吃了吗"一样。

女人之间总是要比的：年轻时，比谁老公英俊，比谁老公有钱；结婚后，比谁家孩子聪明，比孩子的成绩。现在孩子进入初中后，第一次考试成绩不尽如人意，她还没有适应孩子从小学的牛蛙变成初中的普通学生的事实，因而并不愿意和别人分享孩子的成绩，所以，这几天不便和孙珊妈妈联系。

算了，算了，自己的苦，自己承担吧。

但王晓妍抑制不住焦虑的情绪，犹豫再三，还是拨通了孙珊妈妈的电话，刚响两声，那边就接通了："多巧啊，我也正想着和你联系，咱们真是心有灵犀，孩子考得怎么样，你们开家长会了吗？"

"开家长会了，孩子上了中学后，要学的内容太多，这门课的成绩上去了，那门课又下去了，时间总不够用，也许过一段时间就适应初中的学习节奏了，这次他的成绩一般。"

"你太谦虚了，孙珊很努力，但她对考试成绩很不满意，考完后心情一直不好。"

"孩子太要强了，王鹏怎么样？"

"他的成绩很靠前，尤其是理科，非常突出。当初很后悔让孩子去这种军事化管理的中学，最近看孩子适应了，考试成绩也可以，我的心情好多了。"

"看来你也适应孩子不在身边的日子了。"

"是啊，现在想想不吃苦怎么行？不经风雨，怎能见到彩虹？该经历的一定要去经历。如果没有足够的学习时间做保证，成绩是上不去的。住校虽然苦点，但孩子各方面的能力都锻炼出来了，孩子受的挫折也是有回报的。很多家长总是觉得孩子在眼前看着才放心，衣食住行都好好伺候着，事无巨细大包大揽，其实这样反倒阻碍了孩子的成长。

"士别三日当刮目相待，没想到孩子在成长你也在进步。"

"哪里，哪里！"

"你们两家孩子的进步，让我感到亚历山大。"王晓妍说。

"周围优秀的家长太多了，想不进步都难。"孙珊妈妈说。

"我听说你们班赵瑜的妈妈给孩子报了一对一，不过那种辅导班的价位太高，我想报个小班，李兴宇想报吗？要是想报的话，两个孩子做个伴。"

"行，我也想给孩子报个适合他的辅导班，但却苦于没有合适的。"王晓妍问道，"你考察的辅导班在哪里？"

"就是学校旁边的慧林教育，据说英语老师不错。"

"先让孩子听两次，看看有没有收获，再做决定。"王晓妍说。

"对，看孩子的意思。"

于是，两人利用周末的时间，领孩子们去慧林教育。上课的是个年轻的老师，非常热情，但王晓妍发现她的讲课水平很一般，上课时讲课的内容并不多，大量的时间都用在提问上。

她对老师的教学能力不放心。如果孩子在这里学习，浪费时间和精力不说，还不一定能学到什么知识。

"你感觉怎么样？"孙珊妈妈问。

"不是很满意，再考虑一下吧。"

王晓妍很头疼，性价比合适的辅导班就像女人买衣服，满大街的商店里摆满了各种衣服，但等着真要去买的时候，却发现没有几件衣服适合自己穿；又像女孩子找对象，满大街到处都是人，但想找个能过一辈子的，却比登天都难。

怎么办啊？时间不等人，孩子的成长不等人。王晓妍想着孩子不尽如人意的成绩，痛下决心，决定自己教。

但有时候，在单位忙了一天，回到家里连话也不愿意说，哪里还有更多的精力管孩子！要不也全职在家？

"你看，现在孩子到了人生的关键时刻，家长得全力以赴地盯上去了，人家刘骏妈妈辞职了，我也干够了，在单位整天混得魂不守舍，满脑子都是孩子的成绩，要不我也全职在家？"王晓妍说。

"全职在家？好主意啊！"

"这么说你也支持？"

"当然当然，我完全支持，我不但支持你在家，我也想着辞职在家，全职辅导孩子，做个全职爸爸，再也不用看单位那些人讨厌的脸色，陪着孩子长大，多有意思。"

"什么？你也辞职？"

"那是当然，现在工作压力那么大，谁不想辞职？要是我找个富婆，立马也不干了。"

"你个没出息的家伙，我是女的，可以不干；你是男的，怎么也偷懒？要是连你都辞职了，我们吃什么喝什么？"王晓妍表示鄙视。

"嗳，不是说男女都一样吗？怎么你想在家里白吃白喝，我就不能想了？"李一帆反击。

"你……"一贯伶牙俐齿、在家庭战争中占据优势地位的王晓妍，竟然被他问得哑口无言，琢磨半天也找不出合适的话反驳他。"好吧，好吧，看来我是劳碌的命，那就只好认命吧。"

"要是你在家里全职也没有问题，咱们就搬回原来的家，你每天接送孩子，本来你的工资除了自己吃饭以外，也就够租个房子了，要是你不上班，租房子的钱咱们也就免了吧。"

这倒也是，听了这话后，王晓妍立刻闭嘴，全职在家看起来很好，但并不适合所有的人，最起码自己的老公都不答应。既然这条路走不通，那就想想别的办法吧。

"你知道，现在孩子到了为今后人生打基础的年龄了，这几年很关键，我一定要在孩子背后帮他一把。"王晓妍认真地说。

"也不知道你是不是三分钟的热度？"

"以前是，但现在不是了，人生关键的路就那么几步，要是这几步路走不好，今后的麻烦事会更多。我肯定会辅导他，但时间精力有限，作为孩子的亲爸，你也不能袖手旁观，孩子的数学，你也得多操心。"

"这个好说。"李一帆倒是很通情达理。

两个人分工后，便开始分头行动。

什么名师，什么一对一，什么专家，什么大师，在她的眼里，一切全是浮云，自家的孩子自己教，哪怕是当家长的没有学好，那种顽强的精神也要感动孩子。

为了孩子，王晓妍亲自下水，赤膊上阵了。在给孩子辅导之前，王晓妍先了解孩子学习的真实水平。她拿出孩子的卷子，仔细地分析起来。只有发现问题的所在，才好对症下药，给孩子今后的学习开出良方。

都说笨鸟先飞，笨鸟先飞，孩子又不笨，智商还很高，成绩肯定能如愿以偿。

相信孩子就是相信自己，有什么理由不去相信眼前的孩子？

李兴宇的语文成绩不理想，从卷子上可以看出他在学习中存在不少问题。

首先是字写得不工整，很多错误归根于课本上的知识没有熟练掌握，下一步应该多重视孩子的基础知识，字词随时听写、默写，该背的、该默写的，一定得按时完成。

都说语文不好提分，怎么可能？一本书就那么多东西，字词句篇章。考试就那么薄薄的一本书，即使再难，也就那些知识点，能难到哪里？

把课本上最基础的知识踏踏实实地掌握，真正变成自己的知识，每节课老师发的练习题做好了，成绩怎么可能会不理想？老师出的考题再偏，也不会偏离航线太多。至于那些超纲的考点，只要去想，基本上也都能做出一部分。即使得不到高分，但成绩也不会差得太远。

至于作文成绩的提高，需要一段时间的积累。下一步要注意引导孩子多读多写，只有多输入，才会有收获。

要是让孩子每天写篇日记不现实，因为孩子的功课实在太紧张了，也拿不出那么多时间来，所以写周记还是比较务实的。

孩子平时休息的时候，可以多看一些有益的杂志，比如《读者》一类的文章，或者看一些关于地理、生物之类的知识性杂志。

在假期里，读万卷书，行万里路，鼓励孩子多看一些大部头的书，比如说四大名著和古今中外的优秀文学作品。有机会的时候，走出家门，带着孩子四处旅游，体验各处的民俗风情。只有大量的阅读，大量的练笔，孩子的作文才会有质的飞跃。

数学卷子反映出孩子的思维还不够缜密，不够严谨。数学的思维很重要，融会贯通，能把孤立的知识点连成一个面的孩子在学习中会有更多的幸运出现，但目前他还没有达到这一步，需要反复思考，继续努力。

数学需要在记住概念的基础上，多做一些题，只有量变，才会有最终的质变，不做足够的题，没有足够的训练，孩子的数学只能是中等偏上的水平。

地理、历史、生物、信息、思想品德虽然不是主课，但也要拳不离手曲不离口，隔三差五地督促他复习一遍，把老师平时划的重点反复多看，把知识点在大脑中形成一个框架。不能在考试的时候才临时抱佛脚，把知识推到最后，那样就太被动了。

成绩不好的孩子，肯定没有把老师讲的知识点理解透，学扎实。如果把每节课，每章节的内容真的学明白了，题再难也不会掉进陷阱里，说到底还是功夫没有到。

操千曲而后晓声，要是花费了足够的时间和精力，肯定会功到自然成。

孩子就是孩子，学习方法上会有很多缺陷，学习技巧上也受限制，家长如果能从宏观上指导他，随时让他把知识点都抓牢、学会，每天不留问题过夜，把每个知识点都学透，每个练习题都做完，多费功夫，把课本上的知识点学深，学透，学扎实，孩子的成绩肯定会突飞猛进，实现质的飞跃。

王晓妍仔细分析李兴宇的英语卷子，发现答错的很多都是课本上的内容，看来他对课本掌握得不扎实，有很多知识点被遗漏，没有复习到。

由此看出，孩子的学习还需要更加踏实，细致，需要更多的阅读量。精读的同时也要注意泛读，在时间充裕的时候，比如说假期，领着他看新概念，多读一些英文的课外读物和原版书，多看英语的原版电影，在休闲的时候，多听听英语故事，多培养孩子的语感，这就是所谓的功夫在书外。

王晓妍又找出孩子的课本研究起来，初一的课本内容相对简单，因为这是个过渡的阶段，看似简单，但里面却也有很多语法现象，为今后打基础。她看初二的课本，发现初二的英语，难度突然就上去了。所以，必须非常注意初一给孩子打好基础。于是，她计划把给孩子辅导英语分两步走，第一步重点抓课本，每天早上起床都要读课文，每课都要读熟，同时把课文辅导材料的题多做几套。

目前，李兴宇平时测验的分数都在90分左右，如果抓得紧一些，精读加泛读，孩子的成绩肯定会提高很多。

综合分析之后，王晓妍认为孩子还是有潜力的，缺的只是方法，有些方法家长可以告诉他，有些方法需要自己摸索。只要方法正确，多加努力，完全能取得所期待的成绩。

王晓妍从网上查了半天，又征求老师的意见，给孩子买了一套评价最好的辅导书，又买了语文、数学、英语的卷子，每当孩子学完了一个单元，就督促他做套练习题。

如果孩子能考到 90 分以上，说明这个单元确实理解了；如果孩子的成绩低于 85 分，就引导孩子再复习一遍，把数学错题本上的错题再看一遍。

这样坚持了一段时间后，她感觉李兴宇的成绩在稳步上升，自信心也在逐步增加。

学霸牛蛙 修炼攻略

教育的本质是爱，最好的老师永远是孩子的家长。

所有的家长都舍得为孩子花钱，但舍得为孩子花时间，陪着孩子学习的家长又有多少？

爱的教育，说到底就是陪着孩子成长，说起来容易，做起来难啊！

NO.29 孩子成绩忽高忽低，怎么办？

人生是一场慢跑，又何必在乎一时一地的成败？有娃不愁长，与其焦虑不安，不如静下心来，享受与孩子在一起的时间。

李兴宇毕竟还是个孩子，晚上写完作业后，又开始夸海口了。

"明天要考数学，这次我一定要考好，即使晚上不睡觉，也要好好复习，超过同位。"

"你先把书上的知识点掌握好，把平时老师讲的内容多看看，然后再做套卷子，我给你诊断一下，发现不足之处。"李一帆苦口婆心地说道。

"没问题。"李兴宇专心把相关资料彻底复习一遍，又做了一套卷子。

"不错，这次很好。"李一帆满脸笑容，"这个单元，你掌握得不错，只要细心，问题不大。"

"太好了。"李兴宇对这次考试也抱有不小的期待。

"赶紧睡觉，做个好梦。"

早上，李兴宇临上学前，就像一位即将奔赴战场的英雄，满怀信心地说："放心吧，全班第一非我莫属，我一定会努力把以前所有的耻辱洗刷掉，让大家对我刮目相看。"

"丑小鸭总会变成白天鹅，儿子本来就是一只天鹅，只不过需要展示的机会。"

"终于等到这一天了，我要报一箭之仇。"

"好的，好的，我也希望如此。"王晓妍就像送英雄出征一样，给他一个鼓励的微笑。孩子需要鼓励，哪怕是一句吹牛的话，也要给他肯定的回应。

"他是不是又在吹牛？"李一帆低声对王晓妍说，"好几次他都满怀信心，但最终落魄而归，不知道这次会怎样？"

"不管怎么样，反正再相信孩子一次吧。人家不都说嘛，相信孩子，就是相信未来，谁敢不相信未来？不管你信不信，反正我是信了。"

"不相信孩子就是不相信未来？照你这么一说，不管他说的是真话还是假话，我也只好信了。"

"那就对了，我肯定会相信未来的，所以，顺便就相信孩子了。"

第二天，在单位备课之余，王晓妍一直在想李兴宇会给家里带来什么样的消息。

王晓妍暗暗祈祷奇迹发生！她满心期待孩子拿回好分数，然后当别的家长问起来的时候，她也可以装作谦虚地说："有些小遗憾，要是满分该多好。"

她被自己的想法所鼓舞。于是抬起头来，伸个懒腰，看见旁边的老刘拿着孩子的课本正在攻读。

"老刘，你是教外语的，怎么也开始研究物理了？"

"别提了，孩子的物理成绩不行，我只能硬着头皮，咬牙坚持看物理，这门课真是又硬又冷，一点也不对我的路子，看得我头晕眼花的，好几次都想把书扔到大西洋里去。"

"至于吗？孩子都住校了，你还不消停一下，什么时候是个头啊？找个一对一的家教辅导孩子该多好，干吗折腾自己？"

"活着就是为了折腾！你有所不知，我天生就是瞎操心的命，养个孩子一下子就被套住了，想辞职都不行。反正我也想开了，既然辞职的路子走不通，只能咬牙干下去，再苦再累也不怕。"

"是这样的。"

"好爸爸胜过好老师，我要用实际行动告诉孩子，即使我先天物理的基础差，但通过后天的努力，也是能够弥补的，最起码看完书后，我能知道孩子的薄弱点在什么地方，到时候说孩子的时候，他也不会反驳什么。"

"你真励志！"

"不励志不行，高中生的家长哪是那么容易当的？身教胜于言传，家长不强大，老天都不容。我必须要用足够强大的内心，才能抵抗住孩子每况愈下的分数。没有最低，只有更低，虽然说孩子的学习是他自己的事，但成绩不理想，将来的麻烦会越来越多。"

"有这么严重吗？字字是血，声声是泪，太夸张了吧？"

"你的孩子才上初中，将来你就会知道什么叫高中生的家长了，也会知道当高中生的家长意味着什么。现在回想初中的时候，孩子们是多么轻松啊！"

"轻松？用亚历山大来形容一点都不过分。当初中生的家长不容易啊，晚上回家还要操心孩子的成绩，操心他吃什么喝什么，伺候完吃，还得辅导他的作业。哪像你们高中生的家长，孩子住校了，眼不见为净，也不用每天都伺候他们了。"

"唉，不完全是你想的那样。现在孩子住校了，我倒是不用操心他吃什么喝什么，身体不受累了，但心更累。孩子要上高二了，面临着文理分科，愁死我了。"

"孩子分科，你发什么愁？"

"孩子哪门功课的成绩都不好，但也不太差。想让孩子学文吧，担心将来的就业前景不好，找不到好工作。说起来，还是理科好找工作，但孩子的理科思维又不顺畅，将来也很难有大的起色，真是左右为难啊！真是愁啊，晚上一直睡不着觉，连头发最近都掉了不少。唉，都是因为初中对孩子的学习放松了，到了高中他的成绩才像瀑布一样一落千丈。"

"淡定，淡定，孩子的后劲很大，咱要静等花开。"

"我也是这么想的，管他开花不开花，反正是自己的孩子，随便他能考多少是多少吧，只要尽力就好。要是能再上一遍初中，我肯定不会放松孩子学习的。遗憾的是，人生没有回头路，只能向前走了。珍惜初中的这几年吧，非常关键，只要打好基础，将来会省很多事。"

"听君一席话，胜读十年书，本来我还以为生活在地狱，现在和你一比，我又感觉活在天堂了。"王晓妍笑着说，"下班了，该回家了。"

"不着急，反正孩子住校，你先走吧，你们走了以后，办公室安静，我再看看物理，一定要把这块硬骨头啃掉。"

晚上，王晓妍打开门，被大书包压弯身体的李兴宇风尘仆仆地走进家门。

她看着孩子，希望他主动爆出一个激动人心的消息，但李兴宇看了她一眼，什么也没有说，直接走进了屋里。

王晓妍满怀期待地问："咱们怎么样？"

李兴宇一缩脖子，低头走进来，"累坏了，累坏了，我要喝水。"

"早给你准备好了，快点喝吧。"

"谢谢了。"李兴宇咕嘟喝了一大口，他看看王晓妍，依旧没说话，走进自己的书房。

这时候，王晓妍情知不妙，赶紧安慰："没有关系，只要努力就好，你考到 80 分，我都能接受。"

但心里还是期待奇迹，没准这个臭小子故意开玩笑，其实考得很好，故意不拿出来，是等着给自己一个惊喜呢。

没有想到，剧情并没有朝王晓妍所设想的那个方向发展，李兴宇竟然愣了一下，然后缓缓地说："那就好，我放心了，和这个分数也差不多。"

"什么？啊？"王晓妍听了以后，大吃一惊，心想，还真是这可怜的分数？

真是没有最低，只有更低，孩子的成绩不断创造新低，不断地挑战着家长的心理底线。难怪大家都说随着孩子的成长，家长心里的泡泡也一个个不断地破灭，此话真是不假。

"到底是八十几？让你这样支支吾吾的？"

"嘿嘿，80，还真没有几。"

"还真 80 啊？"听了这句话后，王晓妍赶紧安慰自己，还好，不是 79，虽然 79 和 80 差一分，但在感觉上，差距不是一般的大。

"你先看看再说吧。"李兴宇脸上竟然还有笑容。

王晓妍赶紧拿过来一看，"什么？"

卷子上竟然写的是 79 分，脑子一胀，差点崩溃，本来感觉 80 分都很低了，现在竟然还不到 80 分！

王晓妍的第一个念头就是，老师批错分了，这个傻孩子也不去找老师改分，唉！

"你，这是怎么了？刚才怎么说的？不是说什么成绩都能接受吗？"

"对，对，能接受，能接受。"王晓妍压制住自己的情绪，装作大度地说道，只是内心只能用心如刀绞来形容。

王晓妍压住不安的情绪，对孩子说："没关系，只要努力就好了，我能够接受这个分数，不过咱得知道，得这个分的原因，我先看看哪里被扣分了。"但她心里想的是，不接受也得接受。

"我先看看。"李一帆一把抢过卷子，迫不及待地看起来。"我得给你做试卷诊断。你看，错得很低端，全都是计算错误，最难的都做出来了，本章节的知识点掌握得不错，但是以前的计算问题又暴露出来了。你昨天复习的都做对了，错的都是以前的知识点，括号前面是负数，去掉负号以后，应该变成正数。这些都是以前的知识点，你怎么又错了？"

"我这是怎么了，怎么努力也是这个成绩，一点也看不到希望，看不到光明。"李兴宇说完后，咧咧嘴，想哭，但没有像前几次那样哭出声来，只是干嚎几声，眼泪也没流出来。

王晓妍猜测，也许他被打击的次数多了，当初的痛苦也变小了，就像虫子那样，一代代不断地吃着杀虫剂，最终也产生抗药性了。从积极的角度上看，孩子长大了，虽然不甘心这样的成绩，但也学会不得不接受现实了。

"我每次都满怀信心，每次都遭受打击，好几次都这样了，你们是不是对我很绝望？"

李兴宇可怜巴巴地抬起眼睛，看着父母。

"没关系，即使你失败了一万次，我还会一万零一次地相信你。"

"我的这个毛病真的不可救药了。我感到绝望，怎么努力也是这样。"

"要是不努力，连这个成绩也没有。"

"什么，你看不起我？好好好，那我就不学了。"说完，李兴宇火冒三丈，气呼呼地走进屋里，关上门。

王晓妍对他的冲动已经习惯了，每次考完试回家几乎都是三部曲：发泄，痛哭，下决心。现在正处于第一和第二阶段，先让他自己安静地待上半个小时，他就会调整好心态，把伤口治愈；再过上半个小时，他就会走出考试给他带来的阴影，开始给自己励志了。

果然，当王晓妍做好饭、喊他吃饭的时候，见他已经趴在桌子上奋笔疾书了。

"我买了牛肉和披萨，又做了几样菜，咱们吃完饭后再写，如何？"

"好的，马上就来。"

李兴宇看见满桌丰盛的菜肴，立刻盛满一大碗，嘴里说着："哼，今天的考试，只不过是个例外，那些错题大多数都会，就是粗心，下次我一定会改掉这个毛病的。"说完后，李兴宇又是信心满满的。

"我也期待。"这样说着，王晓妍还真的期待了。

在心里，王晓妍非常羡慕李兴宇，正当年少就是好，可以做很多的美梦，可以有很多的期待，可以有很多的计划，可以有很多美好的设想，反正还会有很多美好的未来去期待。

王晓妍想着孩子最近几次考试的成绩，虽然有诸多不满，有诸多无奈，但出于对孩子的爱，她还是从孩子的身上发现了很多优点。也许做妈妈的都是这样带着有色眼镜观察孩子吧，虽然一次次遭受打击，但又一次次地从绝望中找到希望。

她把失望和焦虑埋在心里，自己承担，把宽容和微笑留给孩子。人生是一场慢跑，又何必在乎一时一地的成败？有娃不愁长，与其焦虑不安，不如静下心来，享受与孩子在一起的时间，尽人力，听天命吧。

为了让李兴宇重塑信心，王晓妍分析孩子各科的情况，决定引导孩子先攻英语。毕竟一直领着孩子从小读英语故事，又有海外读了几年小学的经历，他的英语底子还是不错的，虽然成绩在班里不冒尖，但只要紧跟老师的步伐，用心多读多背，成绩应该会快速提高。

"我回来了。"李兴宇背着沉重的书包，气喘吁吁地从门外走进家门，随手把书包扔到大厅内的沙发上。

"儿子回来了？"王晓妍眉开眼笑地看着孩子，"有什么事要告诉我？"

"没有什么事要说的。我都快饿死了，家里有没有什么好吃的？"

"有，有很多，想吃什么就吃什么吧，不过，我有些好奇，你是不是有什么需要告诉我的话？"

"唉，我得先换一下校服再说。"

听了这句话，王晓妍的心咯噔一下，坏了，根据她对孩子的了解，这个傻小子成绩肯定不咋样。难道又考砸了？她心里有些小失落。但转念一想，反正考砸已经不是一次了，再多一次又何妨？所谓的虱子多了不嫌咬！

"还知道先换校服再说，真是有进步，不着急，慢慢来。"王晓妍嘴上这么说着，但心里却痒痒得要命，恨不得立刻就知道他的分数，但毕竟是孩子的妈妈，还得带上一副家长的假面具，心里越想着什么事，但嘴上偏偏装作不在乎。

"这我就放心了，反正你也不着急。"李兴宇不紧不慢地走进自己的书房换下校服。

"我的心就像明镜一样，根据我对你的了解，应该不算怎么样。不过，儿子，没关系，妈妈非常大度，只要是 70 分以上，我都能接受，不要怕，妈妈一定会挺住的。"王晓妍说着，还举着拳头做了一个手势，又使劲地咧咧嘴，表示不在乎成绩。

遗憾的是，表演得不到位，给人一种皮笑肉不笑的感觉。她的心里暗暗地骂道，这个熊孩子，真是不争气！肯定又有哪些知识点没掌握好，才导致成绩不理想。"我先看看你的卷子吧。"

"你看吧，反正就在我的书包里。"李兴宇不紧不慢地打着官腔。

听了这句话，王晓妍再也转不下去了，她就像饿狼一样，飞速打开孩子的书包，在里面使劲地翻来翻去，翻了半天，却没有找到。王晓妍心急如焚，干脆把他的书、本子全都倒在床上，一个个地翻，但始终没有见到卷子的影子。她越找心越向下沉，很快就沉到了河底。此时，王晓妍很矛盾，她想知道成绩，又怕知道成绩。

李兴宇这种不说成绩、让人自己看的场面，还真不多。王晓妍猜测只有两种可能：一种是很高，给人一个惊喜；一种是很低，不好意思说出口。

老天，到底是哪种？王晓妍很焦急，但她又笑话自己，何必如此？只不过是一次小小的考试，对孩子今后的成长没有太多的意义，何必过分关注？不是说要放眼长远，不在乎眼前的得失吗？

真所谓道理谁都懂，但真到事上，就不是那么回事了。

"你怎么还没有找到？"见王晓妍忙活半天，什么都没找到，李兴宇反倒沉不住气了，"就在书包里，或者在某本书里夹着，你再仔细看看。"

"真没有，我想着你是不是没带还是丢了？赶紧告诉我，干吗吊我的胃口！"

"这不是吗？"李兴宇像闪电一样，抢过书包，他用自己特有的火眼金睛，一下子就看到了卷子，然后就像变戏法一样，从英语书里拿出一张卷子，"还是你自己看成绩吧。"说完他得意扬扬地拿出卷子，放到王晓妍的眼前，"你看看再说吧。"

王晓妍的胃口被吊得很苦，她一把就把卷子抢到手里，心里很纳闷，这个小子到底怎么回事？奇奇怪怪的，让人摸不着头脑。

"什么，100 分？难道这就是传说中的 100 分？"王晓妍大吃一惊，就像守财奴在突然之间大发一笔横财，又像中举的范进，她不敢相信眼前的现实，吃惊地说道："怎么可能？"

"怎么就不可能了？"李兴宇歪着脑袋说。看得出来，为了演好这场戏，他已经在私下里设计、排练了很长时间，剧情终于按照他所设想的情节发展，现在发展到了高潮。

李兴宇终于等到了梦寐以求的这一刻，为了这一刻，他熬了很多夜晚，付出了很多心血。"我就是要给你们一个惊喜。"

"亲爱的孩子，你真的给了我一个惊喜，又惊又喜，又开心，又激动。"

"其实我早知道，要是我考了 99 分，你们大人眼里肯定只会盯着我被扣掉的一分，说我学习不踏实，却看不见我为 99 分熬夜所付出的艰辛，我就是要你们不再对我的成绩指手画脚。"

"我要做完美的家长，和你 起成长，所以才不在乎你到底得了多少分！"

"别唱高调了，要是我考了 60 分回来，你不打断我的腿才怪！做人要诚实坦荡，你们大人总是这样虚伪，明明心里想的是一回事，但嘴里说出来的却是另外的一套话。"

"是这样吗？"

"是不是这样你心里清楚。"

"熊孩子，不过，我今天确实高兴。"

"我也高兴，你知道吗？全班只有我一个考满分的，那个学霸徐阳，被我远远地抛在了身后。"

"真的？远远地抛在了身后？你挺厉害，抛得有多远？"

"他才97。"

"嘿，才差3分，不过，是够远的。"王晓妍心里就像吃了蜜一样甜，本来想装出淡定的样子，却没有成功。

这天，王晓妍在学校门口等孩子出来，看见刘骏妈妈，两个人就像多年未见的朋友那样，聊起来。物以类聚，大家都怀着望子成龙的美梦走到一起，谈话的内容基本都以孩子为重点。

刘骏妈妈辞职后，心思全用在孩子身上，她一张嘴就是分数："我发现最近班里英语总是考试，我们家孩子的成绩一直很稳定。"

"那挺好。"

"好什么啊！唉，稳定在80分左右的水平上，你们家孩子怎么样？"

"还凑合吧。"王晓妍发现最近一段时间，孩子的英语几乎都在95分以上，心里像吃了蜜一样甜，她很开心地说道，"一般在95分以上，最近还考过100分。"

"什么？你们家孩子的英语竟然考到了100分，真是牛蛙，我家孩子的英语怎么总是80多分？真让我着急，你有什么经验一定要多多传授。"

听到刘骏妈妈谈起孩子的英语很头疼，她的心里感觉更加良好，但嘴上却很委婉："哪有什么经验，就是瞎猫遇上死耗子罢了，说不定下次就很难遇上了。"

"唉，你们总是碰上死耗子，我们怎么一次都碰不上？"

两个人谈兴正浓，只见李兴宇和一群孩子走了出来。

"我先回去了。"王晓妍和刘骏妈妈道别，她想着赶紧回家让孩子吃完饭，把作业写完后，复习一下当天的内容。

母子俩并排走着，气氛有些低沉，王晓妍问道："你这次英语怎么样？"

"在路上别说了，回家再说吧。"李兴宇一脸忧愁。

听了这句话，王晓妍的心里咯噔一下，刚才那种喜悦顿时消失得无影无踪。既然孩子不说成绩，肯定是没有考好。但到底有多不好？她非常急于知道。看看李兴宇的表情，她只好强忍住心中的好奇，不再多说。她安慰孩子，也在安慰自己："没关系，没关系，不就是一次小小的考试吗？"

但看见李兴宇面沉似水的表情，她无论如何也开心不起来，有些担心孩子的成绩因此会一蹶不起，王晓妍不知道是不是老天也看出她最近有些得意，害怕她过于骄傲，才给她一些小小的挫败？

学霸牛蛙 修炼攻略

家长不是那么容易当的，经常会有失望和焦虑之感。

人生是一场慢跑，又何必在乎一时一地的成败？与其焦虑不安，不如放松心态，享受与孩子在一起的时间。

是金子总是要闪光的，即使目前孩子是平淡的，谁又能预料到他的未来？只要把每个知识点掌握，打好基础，最终一定会成功。

NO.30 没有不想当学霸的学生

与牛蛙坐同位，不是件轻松的事。每个孩子都想成为一棵大树，不愿作别人身边的陪衬。面对强者，孩子是不服输的，他内心对成功的渴求是如此的强烈。

李兴宇走进屋里，关上门，确信没有外人了，眼泪哗哗地流出来。

王晓妍没有多说，看到他把情绪发泄出来，也是件好事。

"到底什么成绩把儿子折磨成这样？"

"在我的书包里，你自己看吧，自己看吧。"李兴宇非常无奈，"看了就知道了。"

听了这话，王晓妍立刻打开孩子的书包。

"真正的勇士敢于直面惨淡的人生，敢于正视淋漓的鲜血。"

真正的家长又何尝不敢于面直惨淡的成绩，敢于正视淋漓的分数？她拿出卷子，上面是刺眼的、鲜红的 85 分。看到这个分数，王晓妍突然怀念起前几天他考 95 分以上的日子。那个时候，她总是为李兴宇遗憾，要是再细心点，不就是 100 分了？

现在李兴宇考了 85 分，她忽然感到原来 95 分也是不错的成绩。

看着李兴宇一脸忧愁地发呆，王晓妍劝道："哭什么？也许是件好事，考试的目的就是把错误找出来，到了真正考试的时候不要再犯就好。"

"你们大人根本不懂我们，要是考前找出问题，成绩也不会这么低了。"

"说得好，这不是什么都知道吗？下次考试别再犯同样的错误就好，老师讲完这一章节，很快又要考试，那时候咱们一定会考出好成绩。"

"我真希望现在就考试。"孩子就是孩子，经王晓妍这么一说，他的心情很快就好了。

王晓妍也笑了，她很享受这段陪着孩子伤心，陪着孩子快乐，陪着孩子辩论，陪着孩子长大的时间。

"你不是说一考试就紧张吗？怎么又盼着考试了？"王晓妍问。

"既盼着考试有个好成绩，又害怕考试没有考好，把一天的心情都败坏了。"

"平常心。"

"你们大人是不懂孩子的心，班里之间的竞争，你们怎么能知道？"

唉，问世间，考试为何物，直教人生死相随！王晓妍很感慨。

李兴宇的上下眼皮直打架，脖子已经快支撑不住他的头了，他还在使劲地拽着头发，试图让大脑清醒一些。

"早点休息吧，你这样看书的效率不高，还不如不看。"王晓妍看着桌子上表的指针指到了十一点，心疼地说。

"不行，今日事今日毕，我的计划还没完成。"

"还有什么计划？"

"我必须再把英语的卷子做完，否则明天的考试会砸锅的。"

"什么，你疯了？根据你平时的进度，做完一套卷子，再加上订正错题的时间，需要两小时，可现在都已经快十一点了，今天肯定是完不成任务了，况且明天只不过是个单元小测验，又不是什么期中、期末之类的大型考试，不要太放在心里。你现在正在长身体，如果只顾学习，把睡觉的时间给侵占了，保证不了休息的时间，不但影响明天早上听课的质量，将来长个也会受影响。"

"不行，明天的英语考试，我一定要考过徐阳。最近几次考试，有时候我比他高几分，有时候他比我高几分，每次都是各有胜负，现在我们打了个平手。这次我一定要考个满分，最差也要超过他。"

"你也不要太好强了。只要努力就好，不要每次都那么争强好胜。"

"该争取的一定要争，真受不了他那张得意扬扬的脸，别的科我暂时还竞争不过他，总是被他高几分，但英语是我最强势的课，绝对要保住我霸主的地位，不能被他超过。这一次考试，我宁愿不睡觉，也要考出理想的分数。如果被他超过了，我还有什么脸在班里混？不行，一定要努力，远远地把他甩在身后。我的事你就不要操心了，别打扰我的节奏了，好不好，好不好？"李兴宇很激动，说得都快掉泪了。

"唉，你不知道有所得必有所失吗？"王晓妍很心疼，看见孩子一脸坚定的表情，害怕他的情绪过于激动，影响学习效果，赶紧走出他的书房，心里很感动，但又很心疼。

临到门口的时候，王晓妍回过头来对李兴宇说："只要你努力了，至于最终的成绩如何，并不重要。我虽然看重你的成绩，但更看重的是你的努力。只要努力了，即使这次成绩不理想，但总会有如愿的那一天的。"

"但我更希望这次也能看到努力的结果。"

与牛蛙坐同位，不是件轻松的事。每个孩子都想成为一棵大树，不愿作别人身边的陪衬。

面对强者，孩子是不服输的，孩子内心对成功的渴求是如此的强烈，远远地超出了王晓妍的预料。孩子宁愿晚上不睡觉，也要取得理想的成绩，不被对手打败，不被对手看轻。她非常感动，发现以前还真是不了解孩子的内心。

也罢，既然孩子有这个决心，就不要去阻止他了。世界上从来就没有免费的午餐，要想获得成功，唯有经过艰苦的努力，除此之外，没有捷径可走。

既然进了狼窝，那就只好变成一匹狼；既然进了虎穴，只好变成一只虎。现在既然进入了竞争如此激烈的学校，那就只好不惜一切代价地向前跑，别管能不能跑到前面，只要不停下脚步就是胜利。

总之，物竞天择，适者生存，我们要适应环境，而不是让环境适应我们。

老天不负苦心人，没多久，李兴宇的英语成绩有了不小的提高，并且稳定下来，和徐阳之间的竞争占据了优势。李兴宇在班里有了自信，王晓妍暗暗开心。

但老天似乎看不惯她开心，害怕她过于骄傲，还没等好日子持续两天，王晓妍的心事又来了。李兴宇为了保住英语在班里的霸主地位，每天都要花费很多时间和精力去学英语。

"现在你每天早上都在读英语，背英语，我怎么很少听你背语文？"

"没有时间，要想考出高分，必须要比别人多付出，现在徐阳和我之间的差距非常小，要是我的英语再被他撵上的话，就没有什么优势了。"

"但语文的学习也不能忽视。"王晓妍看在眼里，急在心里。长此以往，不就会偏科吗？原来她还不明白有些学生为什么偏科这么厉害，现在看见李兴宇有偏科的倾向，她终于明白了，原来偏科是这样炼成的！

王晓妍想着下一步必须要引导孩子关注语文了。在初一，绝对不能偏科，一定要引导他拿出更多的时间和精力去关注弱势学科。

王晓妍看着孩子睡觉了，于是打开电脑，又进了家长群。刘杰妈妈在群里扔了一颗重磅炸弹：

最新国产惊悚悬疑恐怖大片：《期末考试》即将在全国各地的中小学上映，由各地区教委做导演，由各校的学霸领衔主演，学生家长、教师及其他考生友情客串。

几家欢乐几家愁，考试是浓缩了人生百态的悲喜剧，有人哭，有人笑，有人伤心，有人难过，看点众多，精彩纷呈，敬请期待。

这颗炸弹的冲击波超级强大，直接把王晓妍的心情搅得天翻地覆，她看见群里所有家长都开始冒泡了，由于发言速度太快，她甚至看不清都是哪些家长说的话了，家长们的讨论越来越热烈，群里的对话快速流动着。王晓妍越看越焦虑，她既希望早点考试，孩子能考出理想的分数；又担心考试，害怕孩子考得不理想。于是，她站起来，在屋子走来走去。

"能不能安静一会儿，别像个没头苍蝇似的乱走？搞得人心慌意乱的。"李一帆不满地说。

"唉，我倒是想躺下睡觉，问题是也得睡得着啊。"王晓妍说。

"又遇上什么心事了？"

"说了也没用，你又帮不上忙，孩子的考试成绩就像过山车，忽上忽下，现在马上就要期末考试了，谁知道会怎么样。"

"这就不是你我能掌控的了。"

"你说的也是，世界上最重要的就是宁静的心态。我发现，别人家的孩子，牛蛙太多。既然上天给自己一个平凡的孩子，那就安心地培养他，按照他的能力去发展。不和别人比，只和自己的昨天比，只要孩子尽力就好。"

"想开就好。"

"大道理谁都知道，但还是焦虑。最近单位的事也叫人心神不安，开学都这么长时间了，一把手的事还没有个准信儿，搞得我心神不定。不过，听说校长回来了，是不是领导人选马上就要出炉了？"王晓妍忐忑不安地问李一帆。

"应该是吧，一般这样的大事，肯定是大领导最终拍板。"

"唉，随他去吧，其实当个普通老师没有什么不好，还有时间多管管孩子。"

"就是，想开点，什么事都没有，在单位干好本职就行，别那么争强好胜。你也算是教育界的专业人士，干了那么多年教育，应该知道培养孩子是细水长流的事，得用平常心去对待。"

"嗨，不管最终结果了，上好每一节课，过好每一天就行。对了，下周我还有公开课，肯定会有很多老师过来听，事关形象，得好好准备了，争取把本人的风采全部展示出来。"

"是不是学校的领导也会去听课？"

"唉，谁知道呢？你这么一说，我感到很有压力，赶紧做幻灯片去了。"王晓妍嘴上这么说着，但她一坐到电脑旁边，却又被家长群的谈话吸引住了。

"请欣赏一则放假通知：各位家长请注意，您寄往本校的各地熊孩子将于近期陆续暂退货回生源地，届时请注意查收。假期暂存货期间要用心看护好，小心喂养，不可怠慢。务必在春季前再次寄出时保证各个脸色滋润，心情舒畅，与你是一步三回头挥手离开。让你又是一个漫长等待收货期。"徐阳爸爸说。

"太好了，冬天来了，春天还会远吗？孩子们快考试了，放假还远吗？"王晓妍开心地回复。

"放假不远了，熊孩子们终于要从书山题海中解脱出来了。"刘骏妈妈欢呼。

学霸牛蛙修炼攻略

每个孩子心中都有一个学霸梦，想要成为学霸，不能总盯着一次两次的成绩得失，而应该从全盘考虑，实现可持续发展。先打好各项基础，基础打扎实了，才有逆袭、冲天的本钱。因此家长们务必要淡定，帮孩子打造持久的竞争力，而不是两眼只盯着一次考试的分数。

尾声 爱的是孩子，不是分数

既然跑不快，那就按照自己的节奏，慢慢地爬行吧，学会欣赏沿途的风景，学会用心去体味生活给我们带来的慢节奏的美。听听大自然的声音，听听小鸟的唱歌，听听发自内心的声音，总有一天，我们会长大。

王晓妍站在讲台上，看着大阶梯教室里坐满了学生，也坐满了老师，心里不觉有些紧张。她没有想到有这么多老师来听课，为了缓解紧张气氛，她对着台下微笑着。

突然，王晓妍的笑容有些僵化，她看见校长不知道什么时候悄悄地走进来，坐在台下听起课来。

不等王晓妍紧张，上课铃声就响起来，她开始讲课。

这节课的教学内容是学前教育小学化的危害，由于内容比较枯燥，为了活跃教学气氛，王晓妍从学生们在幼儿园的实习工作谈起。

"咱们班里有没有去幼儿园实习的同学？"王晓妍问道。

"老师，我假期去幼儿园实习去了。"赵敏说。

"能把我们课内的知识应用到实践上，很好。给大家谈谈吧。"

"那是家私立幼儿园，我教大班，老师对孩子的要求非常严格，每天都要求孩子们背古诗，孩子们会背很多古诗了。"

"看来那个幼儿园很重视对孩子的古诗学习。"

"对，那个幼儿园的园长非常重视孩子们的古诗学习，每天都要求孩子们背古诗，孩子们会背很多古诗。"

"挺重视国学教育的，幼儿园其他的教学内容怎么样？有没有科学课？教室里有没有科学角？有没有游戏室？唱歌跳舞的课多不多？"

"幼儿园有音乐课，但舞蹈课不多，孩子们做游戏的地方有，但科学角没有。"

"这个幼儿园教学小学化的倾向，目前非常有代表性。他们过分偏重于国学，对动手、动脑的功课重视不够。从学科均衡的角度上看，是非常不对的。现在学前教育小学化的倾向越来越严重，这非常不利于幼儿心理的健康发展，会对孩子们的健康成长产生很多危害。

"我们知道，儿童的心理和生理特点与大人完全不同。所以对于幼儿阶段的孩子，我们应该如何正确地教育呢？如何给他们创造一个健康成长的环境？这是非常重要的问题。还有孩子们这么小，就让他们坐在教室里学习过多知识，完全违背了孩子的生理和心理特点。下面根据我们所学到的知识，大家进行讨论，到底有没有必要对幼儿园的孩子进行小学化的教育，有没有必要让孩子们去上学前班？"

"老师，我认为还是有必要的，因为大部分孩子都提前学，如果不学的话，家长的心里不踏实。我妈妈一直对我弟弟要求很严，她说绝对不能输在起跑线上，现在不努力，老大徒伤悲，所以，她让弟弟学很多东西。"

"你妈妈的做法现在非常普遍，大部分家长都对孩子过度保护，过高期待，望子成龙，却忽视了幼儿自身的发展需求，那你弟弟愿意去学吗？"

"不愿意，但不得不去。"

"她的做法是可以理解的，现在的升学压力越来越大，幼儿教育小学化倾向越来越严重，应试教育的压力现在已经传到了幼儿的身上。这种小学化的教育，对幼儿的健康成长不利。要知道，幼儿期是充满生命活力、蕴藏巨大潜力和可塑性的重要发展阶段，也是一个非常脆弱，容易被外界环境影响的时期。我们不能无视幼儿个体身心发展的需要，要考虑幼儿的发展水平和特点。作为受教育的起始阶段，幼儿期应该培养孩子的兴趣，让孩子拥有自由想象的空间和健康、轻松的心理状态，享受童年的快乐。"

"我明白了，我妈妈这样做不符合弟弟的生理和心理特点，会给弟弟造成很多负面的影响。"

"你说得有道理，你妈妈想过没有，难道人生是一场比赛吗？"

"不是。"

"对，人生显然不是比赛，而是享受生命、实现人生价值的过程，所以不存在所谓的起跑。况且，孩子是为谁起跑？为家长，还是为自己？孩子学习书写的时候，家长有没有考虑孩子的手部肌肉是否达到了握笔和手写的成熟水平？他是否有兴趣学习？是否有足够的自由游戏时间？要知道，所有孩子的成长并不是按照同一个节奏进行。

"有的孩子大器晚成，有的孩子少年早慧。因此，我们要给孩子成长的时间。对儿童来讲，游戏是孩子神圣不可侵犯的权利，也是儿童最基本的学习形式。正确的教育方法应该在游戏中进行，在游戏中学习，创造和探索，会玩的孩子最聪明。"

"看来学前教育小学化是不对的。"

"因为它违背学前儿童身心发展规律和学前教育规律，过早强制灌输知识，不仅增加了孩子的生理和心理压力，而且容易使孩子从小产生厌学和恐惧的情绪。死记硬背的方式不仅扼杀孩子的想象力，而且限制孩子发散思维的发展。"

"下面我们打开课本，大家先看看学前教育小学化的危害到底有那些？然后进行分组讨论。"

班里的气氛很活跃，学生们的发言很积极，王晓妍很满意。

　　她瞟了一下教室后面的表，还有十分钟就要下课了，于是，便对这节课的内容做了总结："刚才大家的发言非常精彩。我们说，最好的教育是顺应天性，引导发展，在幼儿游戏、探索、发现、体验的快乐童年生活中，培养儿童学会认知、学会做事、学会共同生活、学会生存。童年的快乐是幸福人生所必不可少的。我们不能为了未来牺牲幼儿现有的快乐。

　　"卢梭说过：'大自然希望儿童在成人以前就要像儿童的样子。'如果我们打乱了这个次序，我们就会造成一些早熟的果实，它们长得既不丰满也不甜美，而且很快就会腐烂。"

　　"每个孩子都有自己生命的内在节奏，有他们特有的想法和情感。他们会花大量时间重复一些单调的活动，比如说玩沙子、玩泥巴，这些活动在成人看来是毫无意义的，但却是孩子们用自己的方式探索世界的过程，学习无处不在，尽管这种学习不求结果，也看不见摸不着，但却是孩子成长最重要的一环。

　　"所以，没有今天自由游戏、享受童年快乐的儿童，就没有明天活泼开朗、富于创造的成人。"

　　班里的同学频频点头。

　　王晓妍继续说，"有一种毛竹，最初五年在地下生根长达几千米，但人们却几乎看不到它的生长。第六年雨季到来时，毛竹钻出地面，以每天60厘米的速度迅速长到30米高。其实，前面的四年，竹子将根在土壤里延伸了数百平米，做人做事亦是如此，不要担心你此时此刻的付出得不到回报，因为这些付出都是为了扎根。

　　"孩子的成长也是这样，在幼儿期，他们是在游戏中学习，在游戏中完善，也许他们不懂很多东西，但到了条件和时机成熟的时候，他们就会长成参天的大树。学前教育是这样，其他教育，包括中小学教育，又何尝不是如此？家长要做的就是按照孩子发育的自然规律，让他健康快乐地成长，静待花开。如果花不开的话，只能说明孩子是一棵大树。"

王晓妍看见校长脸上赞赏的笑容。只见他站起来，带头鼓掌，王晓妍很感动，她感到眼圈发热。教育别人，又何尝不是教育自己？

下课后，王晓妍回到办公室。在这一刻，她突然之间释然了。

得换个方法管孩子了，孩子的功课越来越难，压力越来越大，竞争越来越激烈。所以，得给他多放松心态，给他一个温馨的避风港。

王晓妍发现自从孩子上了初中后，自己就变成孩子考试的奴隶了，经常和其他家长攀比孩子的成绩，接受不了别人家孩子更加优秀的现实，也接受不了孩子平庸的现实。失败不起，总是期待孩子考出高分，结果搞得心情非常压抑，孩子也不快乐。

尤其是最近，一直为李兴宇的成绩忽上忽下而紧张，迷失了判断力。一直以为只有考上好学校，孩子才有好的未来，所以总是为孩子将来是否能考上好高中、好大学而发愁。

现在突然发现，好学校只是成功的必要条件，仅仅为了考上好学校而忽视了孩子的全面发展，是得不偿失的。关注成绩是好的，但过分关注就会忽视生活中其他的精彩，忽视了全面的发展。

既然对别人的孩子这么有耐心，为什么不对自己的孩子有更多的耐心？现在孩子已经知道努力了，应该多给他一些时间，让他有个良好的心态，踏实地上好每节课，掌握好每个知识点，保持良好的心态，开心地考出在他能力范围内的分数。

况且孩子的成绩也不错，只不过是自己的要求超出了实际水平，这才是一切痛苦的根源。

以后应该把分数看淡，把更多的时间和精力用来关注孩子对知识点掌握的程度，关注他对学习的兴趣，关注孩子的成长。成绩只不过是暂时的，动态的，成长比成绩更重要。

与其向孩子要分数，不如给孩子培养一颗强大的内心，去面对今后人生的风风雨雨。

王晓妍想到这里，非常激动，她打开电脑，飞速地写道：

孩子，我亲爱的宝贝！如果，你是一只怎么也跑不快的蜗牛，我会更加爱你。

爱你的本人，而不是你的分数，也不是你的排名，更不是你其他的光环。

因为我知道，你已经很努力，很努力地爬行了，虽然你的能力有限，但依旧满怀着梦想，并且为之奋斗。

我们爱你美好的天性，我知道，在你的内心里，何尝不想考出理想的高分，何尝不想攀登到一个所有孩子都达不到的高峰！

就像我也在拼命地奋斗，却总是追赶不上那些美丽的梦，追赶不上很多优秀的同龄人。虽然尽最大的努力也达不到理想的高度，但谁又能否认我所吃的苦，所付出的汗水？既然我们都做不到的事，又何必逼着你去做？

我知道，有些分数，是你无论如何努力也考不出来的，只要努力了，我又有什么资格去责备你？

我知道，你周围有很多优秀的人，他们的天资好，又刻苦，也许你无论如何努力，也追不上他们的脚步。

但孩子，我不会着急，更不希望你着急。既然跑不快，那就按照自己的节奏，慢慢地爬行吧，学会欣赏沿途的风景，学会用心去体味生活给我们带来的慢节奏的美。听听大自然的声音，听听小鸟的唱歌，听听发自内心的声音，总有一天，我们会长大。

无论你成功也好，失败也罢，我会永远地陪着你，赏识你。为你的快乐而快乐，为你的忧伤而忧伤。我知道你一直在努力，每天都在进步。从来都没有放弃内心深处最美好的梦想。

每颗种子，每个孩子，都有适合它生长，发育，开花，结果的时机。

只不过每个人的花期不同。有的花，一开始就会很灿烂地绽放；有的花，需要漫长的等待。不要看着别人怒放了，自己的那个还没动静就着急。细心地呵护自己的种子，只要在春天里及时播种，给它充足的养料，耐心呵护，细心浇灌，它会开心地成长，开出满树芬芳的鲜花，收获满园的果实。

慢慢地看着长大，陪着他沐浴阳光风雨，这也是一种幸福。

孩子：

我愿意是急流，

山里的小河，

在崎岖的路上、

岩石上经过……

只要我的孩子

是一条小鱼，

在我的浪花中

快乐地游来游去。

我愿意是荒林，

在河流的两岸，

对一阵阵的狂风，

勇敢地作战……

只要我的孩子

是一只小鸟，

在我的稠密的

树枝间做巢，鸣叫……

图书在版编目（CIP）数据

学霸牛蛙初一修炼记/吴晨阳著．

—北京：中国青年出版社，2016.1

（新青年成长教育）

ISBN 978-7-5153-4038-8

Ⅰ.①学… Ⅱ.①吴… Ⅲ.①初中生—家庭教育

Ⅳ.① G78

中国版本图书馆 CIP 数据核字 (2015) 第 318363 号

书　　名：学霸牛蛙初一修炼记

著　　者：吴晨阳

责任编辑：庄庸　王昕

特约策划：张瑞霞

特约编辑：于晓娟

出版发行：中国青年出版社

社　　址：北京东四十二条 21 号

邮　　编：100708

网　　址：www.cyp.com.cn

门 市 部：（010）57350370

印　　刷：三河市君旺印务有限公司

经　　销：新华书店

开　　本：710×1000　1/16

印　　张：19.5

字　　数：300 千字

版　　次：2016 年 6 月北京第 1 版

印　　次：2016 年 6 月河北第 1 次印刷

印　　数：0,001~4,000 册

定　　价：35.00 元

本图书如有印装质量问题，请凭购书发票与质检部联系调换。

联系电话：（010）57350337

新青年成长教育

有趣、有爱、有用的"讲故事的成长教科书"

书名：今年，我们小升初
ISBN 978-7-5153-1371-9
作者：陈盈颖
出版日期：2013 年 3 月
定价：25.00 元

书名：11 岁的住宿生
ISBN 978-7-5153-1950-6
作者：陈盈颖
出版日期：2014 年 1 月
定价：29.80 元

书名：哦，初三，原来是你
ISBN 978-7-5153-3964-1
作者：陈盈颖
出版日期：2016 年 4 月
定价：29.80 元

书名：Hey，考神君
ISBN 978-7-5153-2865-2
作者：姜雨晨
出版日期：2015 年 5 月
定价：29.80 元

书名：小升初那些囧事儿
ISBN 978-7-5153-1949-0
作者：姜雨晨
出版日期：2014 年 1 月
定价：29.80 元

书名：今年，我们小升初 2
　　　（家长版）
ISBN 978-7-5153-2872-0
作者：吴晨阳
出版日期：2015 年 1 月
定价：35.00 元

家有辣妈熊孩，生活多姿多彩！

辣妈、熊孩，加上一个"不靠谱"的酷爸，一家仨就开始了打小怪兽。

辣妈熊孩系列全方位纪录熊孩子的"熊"，以及辣妈的对策和思考，为辣妈酷爸们解决孩子成长的烦恼提供有益的借鉴。

孩子成长教育的道路难道真要用"人民币"去铺?
用"黄金"支撑起的学区房为什么又老又破又小!

从学区房的"硬投资"，到"常青藤教育"的软投入，就像修建高速公路一样，是要用一捆又一捆的人民币去铺出来的。为孩子的教育"用钱铺路"，已经成为中国家庭面临的最大压力。